本书获西安石油大学优秀学术著作出版基金资助出版

融资结构、信息技术对企业创新的影响

杨帆 著

THE IMPACT OF
FINANCING STRUCTURE AND
IT ON ENTERPRISE INNOVATION

中国社会科学出版社

图书在版编目（CIP）数据

融资结构、信息技术对企业创新的影响/杨帆著 .—北京：中国社会科学出版社，2022.8
ISBN 978-7-5227-0757-0

Ⅰ.①融… Ⅱ.①杨… Ⅲ.①融资结构—影响—企业创新—研究—中国 ②信息技术—影响—企业创新—研究—中国 Ⅳ.①F279.23

中国版本图书馆CIP数据核字（2022）第145858号

出 版 人	赵剑英
责任编辑	张玉霞　刘晓红
责任校对	周晓东
责任印制	戴　宽
出　　版	中国社会科学出版社
社　　址	北京鼓楼西大街甲158号
邮　　编	100720
网　　址	http://www.csspw.cn
发 行 部	010-84083685
门 市 部	010-84029450
经　　销	新华书店及其他书店
印　　刷	北京君升印刷有限公司
装　　订	廊坊市广阳区广增装订厂
版　　次	2022年8月第1版
印　　次	2022年8月第1次印刷
开　　本	710×1000　1/16
印　　张	15.5
插　　页	2
字　　数	231千字
定　　价	86.00元

凡购买中国社会科学出版社图书，如有质量问题请与本社营销中心联系调换
电话：010-84083683
版权所有　侵权必究

前　言

随着我国劳动力成本逐渐上升与产能过剩问题的暴露，创新驱动发展战略成为经济持续增长的动力源。然而我国的整体技术创新能力与前沿国家仍有一定差距，还存在关键核心技术被"卡脖子"的现实问题。金融作为经济的命脉，其目的是通过优化资源配置推动主体的技术进步乃至经济增长，然而在当前我国银行主导的金融结构下，对于企业的技术创新能否得到充分有效的金融支持，尚存在许多争议。并且，金融配置过程中的信息不对称等问题同样成为阻滞优化的一大突出问题。与此同时，我国新一代信息技术的发展呈显著上升趋势，其大大提高了信息处理能力和信息使用效率，其能否成为创新驱动新的引擎？其在金融融资配置与创新过程中能扮演怎样的角色？沿着这些问题，本书利用我国2008—2018年沪深A股上市公司数据与省级新一代信息技术发展水平等宏观指标，通过理论建模和实证检验研究了融资结构、新一代信息技术对企业创新的直接与复合影响。此外，本书对融资结构进一步细分，从不同债务期限、债务来源或基金持股方面进行了相关讨论，并考察了所有制及产业技术的异质性影响。本书的主要研究结论涉及创新投入、创新产出和创新效率三个方面。

在创新投入方面，债权融资对企业研发投入、研发决策与持续性研发决策均具有抑制作用。相对而言，股权融资为更适宜的融资渠道，其可以使企业倾向于高投入研发决策与持续性高投入研发决策。结合内源融资的促进作用，整体上企业研发投入的融资优序是"内源融资>股权融资>债权融资"。与此同时，新一代信息技术对研发投入的影响并不敏感，虽然促使企业在当期倾向高投入研发决策，但未表现出持续性。并且，新一代信息技术水平的提升有助于正向调节股权融资与企业研发投入的关系,而对债权融资与企业研发投入关系的作用不显著,并且在企业研发决策和持续性研发决策上同样表现出这种交互效应。此外,不同债务期限、债务来源或基金持股的直接影响存在一定差异,其中短期债务、长期债务、信贷融资及商业信用融资同样表现出了抑制作用,而其交互效应具有一致性。在所有制异质性方面,与民企相比,国企的债权融资并未降低其研发投入水平。在产业技术异质性方面,高技术企业债权融资也未削弱其研发投入水平。

在创新产出方面,债权融资会降低企业的创新产出数量,但一定的债权融资可以发挥治理效应,对企业创新产出质量存在倒"U"形影响。与之不同,股权融资对创新产出数量和质量表现出了一定的不确定性和复杂性,然而对高质量创新产出数量具有一定的促进作用。与此同时,新一代信息技术水平的提升能够有效增加企业创新产出数量与高质量创新产出数量,但对企业创新产出质量存在"U"形的非线性影响。并且,新一代信息技术水平的提升有助于正向调节融资对企业创新产出的影响。此外,不同债务期限、债务来源或基金持股的直接影响存在一定差异,其中长期债务不仅没有抑制创新产出数量,而且能够显著促进创新产出质量,而其交互效应具有一致性。在所有制异质性方面,关于创新产出数量,国企较民企具有优势;而关于创新产出质量,民企的表现优于国企。在产业技术异质性方面,高技术企业的债权融资对创新产出数量与高质量创新产出数量表现出显著的抑制作用,而低技术企业未表现出显著性。

在创新效率方面,债权融资与股权融资对企业创新数量效率均具有抑制作用,且股权融资对企业创新质量效率同样存在负向影响,而债权融资对企业创新质量效率具有倒"U"形影响。因此,除了债权的治理效应外,融资在效率层面容易产生"创新惰性"。与之不同,新一代信息技术能够提高企业的创新数量效率与创新质量效率。并且,新一代信息技术水平的提升有助于正向调节融资对企业创新效率的影响,缓解其"创新惰性"。此外,不同债务期限、债务来源或基金持股的直接影响存在一定差异,其中商业信用融资可以提高企业的创新数量效率,长期债务与债券融资可以有效促进创新质量效率,且基金持股融资对创新效率未表现出抑制性影响，而其交互效应具有一致性。在所有制异质性方面，与民企相比，国企的债权融资与股权融资并没有制约其创新数量效率，但在创新质量效率方面国企却存在债务治理效应弱化问题。在产业技术异质性方面，债权和股权融资的影响未呈现明显差异，并且新一代信息技术对促进高技术企业的创新数量效率还存有局限性。

本书有助于拓展学术界对融资结构、信息技术与创新相关问题的理论研究深度，并为我国金融供给侧结构性改革与"互联网+"战略驱动创新发展提供了一定的参考依据和启示，可能的创新之处包括了以下四个方面的内容：

（1）在理论分析部分，本书基于龚强等（2014）、张一林等（2016）关于融资可得性的数理模型，将新一代信息技术因素纳入统一的逻辑框架，从债权融资与股权融资对创新风险的不同"态度"出发，系统构建了融资结构、新一代信息技术与企业创新关系的数理模型。

（2）鉴于鲜有文献涉及融资结构对创新产出质量与创新效率的影响，本书从创新投入、创新产出与创新效率三个方面探究了融资结构对企业创新的直接影响，并对融资结构进一步细分，从不同债务期限、债务来源或基金持股方面进行了细致讨论，从而丰富了融资与创新的研究。

（3）由于既有微观研究多采用电子邮箱、官方网站等单向指标来评价信息技术的水平，难以客观地揭示其完全水平，且宏观信息技术的发展如何影响微观企业创新的研究还略显单薄，本书通过重新测算区域新一代信息技术水平指数，探究了新一代信息技术的发展对企业创新的影响，从而拓展了信息技术与创新的研究。

（4）考虑到在金融的配置资源过程中的信息不对称等成为阻滞优化的突出问题，然而鲜有研究探讨信息技术通过克服主体间信息不对称等问题在融资与创新的关系间扮演了怎样的角色，本书将融资与新一代信息技术有机结合，探究了两者对企业创新的复合影响。

关键词： 融资结构　新一代信息技术　创新投入　创新产出　创新效率

Preface

With the gradual rise of labor costs and the exposure of overcapacity in China, the innovation-driven development strategy has become the driving force for sustained economic growth. However, there is still a certain gap between China's overall technological innovation ability and the frontier countries, and there is still a real problem that the key core technologies are "stuck". Finance, as the lifeblood of economy, aims to promote technological progress and even economic growth of the subjects through optimizing resource allocation. However, under the current bank-led financial structure in China, there are still many controversies about whether the technological innovation of enterprises can be adequately and effectively supported by financial institutions. In addition, information asymmetry in the process of financial allocation has also become a prominent problem of blocking optimization. At the same time, the development of China's next-generation IT shows a significant upward trend, which has greatly improved the information processing capacity and the efficiency of information use. Can it become a new innovation-driven engine? What role can it play in the process of financial allocation and innovation? Following these questions, this dissertation studies the direct and compound effects of financing structure and the next-generation IT on the innovation ability of enterprises through theoretical modeling and empirical test, using the data of A-share listed companies in Shanghai and Shenzhen Stock Exchange from 2008 to 2018 and the development level of next-generation IT at provincial level and other macro indicators. Moreover, this dissertation further subdivides the financing structure, discusses the different debt maturities, sources of debt and fund ownership, and examines the heterogeneity of ownership and industrial technology. The main research conclusions of this dissertation involve three aspects: innovation input, innovation output and innovation efficiency:

In terms of innovation input, debt financing has an inhibitory effect on R&D input, R&D decision and sustainable R&D decision. Relativel, equity financing is a more suitable financing channel, which can make enterprises tend to make high-input R&D decisions and sustainable high-input R&D decisions. Combined with the promoting effect of internal financing, the overall optimal financing order of enterprise R&D input is "internal financing>equity financing>debt financing". At the same time, the next-generation IT is not sensitive to the impact of R&D input. Although it makes enterprises tend to make high-investment R&D decisions in the current period, it does not show this on continuity. Moreover, the improvement of the next-generation IT helps to positively regulate the relationship between equity financing and firm's R&D input, but has no significant effect on the relationship between debt financing and firm's R&D input, and also shows such interaction effect on firm's R&D decision and sustainable R&D decision. In addition, there are certain differences in the direct impact of different debt maturities, sources of debt or fund holdings. Among them short-term debt, long-term debt, credit financing and commercial credit financing also show inhibitory effects. However, its compound effect is consistent with the interaction effect of debt or equity financing. For ownership heterogeneity, compared with private enterprises, debt financing of state-owned enterprises does not reduce their R&D input level. For industrial technology heterogeneity, debt financing of high-tech enterprises did not weaken their R&D input level.

In terms of innovation output, that debt financing can reduce the quantity of innovation output of enterprises, but certain debt financing can exert governance effect and have an "inverted U" shaped influence on the quality of innovation output of enterprises. On the other hand, equity financing has a certain uncertainty and complexity on the quantity and quality of innovation output, but it has a certain promotion effect on the quantity of high-quality innovation output. At the same time, the improvement of the level of the next-generation IT can effectively increase the quantity of enterprises' innovation output and the quantity of high-quality innovation output, but there is a U-shaped nonlinear influence on the quality of enterprises' innovation output. Moreover, the improvement of the level of the next-generation IT helps to positively regulate the impact of financing on enterprise innovation output. In addition, there are certain differences in the direct impact of different debt maturities, sources of debt or fund holdings. Among them long-term debt not only does not inhibit the quantity of innovation output, but also can significantly promote the quality of innovation output. However, its compound effect is consistent with the interaction effect of debt or equity financing. For ownership heterogeneity, state-owned enterprises have advantages over private enterprises in terms of the quantity of innovation output. In terms of the quality of innovation output, private enterprises outperformed state-owned ones. For industrial technological heterogeneity, debt financing of high-tech enterprises has a significant inhibiting effect on the quantity of innovation output and the quantity of high-quality innovation output, while that of low-tech enterprises has no significant effect.

In terms of innovation efficiency, that both debt financing and equity financing have inhibitory effects on the quantity efficiency of enterprise innovation, and equity financing also has a negative impact on the quality efficiency of enterprise innovation, while debt financing has an "inverted U" shaped effect on the quality efficiency of enterprise innovation. Therefore, except the governance effect of debt, financing is prone to "innovation inertia" at the level of efficiency. On the contrary, the next-generation IT can improve the quantity efficiency and quality efficiency of innovation. Moreover, the improvement of the next-generation IT helps to positively regulate the impact of financing on the innovation efficiency of enterprises, alleviating their "innovation inertia". In addition, there are certain differences in the direct impact of different debt maturities, sources of debt or fund holdings. Among them commercial credit financing can improve the quantity efficiency of innovation, long-term debt and bond financing can effectively promote the quality efficiency of innovation, and fund ownership financing does not show a inhibiting effect on innovation efficiency. However, its compound effect is consistent with the interaction effect of debt or equity financing. For ownership heterogeneity, compared with private enterprises, debt financing and equity financing of state-owned enterprises do not restrict their innovation quantity efficiency, but in terms of innovation quality efficiency, state-owned enterprises have the problem of debt governance effect weakening. For industrial technological heterogeneity, there is no significant difference in the impact of debt and equity financing, and the next-generation IT has limitations in promoting the quantitative efficiency of innovation of high-tech enterprises.

This study will help expand the academia of financing structure, information technology and innovation issues related to the study of the theory of the depth, and for financial supply side structural reform in our country and the strategy of "Internet+" drive innovation development provides the certain reference and enlightenment. The possible innovation place include the three below aspects of content:

(1) In the theoretical analysis part, this dissertation based on the mathematical model of Gong Qiang et al. (2014), Zhang Yilin et al. (2016) about the availability of financing involve next-generation IT into a unified logical framework, and from debt financing and equity financing to the different innovation risk "attitude", systematically constructs the mathematical model of the relationship between the financing structure, the next-generation IT and the innovation ability of enterprises. (2) Considering few literatures are related to the financing structure influence on innovation out-

put quality and efficiency, this dissertation from the innovation input, innovation output and efficiency from three aspects, explores the direct impact of financing structure on the enterprise innovation ability. The financing structure is further subdivided, so different debt maturities, sources of debt and fund ownership are in the detailed discussion, to enrich the study of financing and innovation. (3) For the microcosmic research much utilised one-way indicators such as E-mail, the official website to evaluate the level of information technology, it is difficult to objectively reveals the level completely, and the study of how the macro information technology influences the development of micro enterprise innovation ability also slightly thin. This article through measuring regional level index of next-generation IT explore the influence of development of next-generation IT on the enterprise innovation ability, to expand the research of information technology and innovation. (4) Considering the information asymmetry in the process of the resource allocation of finance is a protruding problem to block optimization, however few studies discussed what role information technology plays through overcoming such the problem between the subjects in the financing and innovation. Therefore, this dissertaion organically combine financing and next-generation IT to explore the composite influence of the two factors on the enterprise innovation ability.

Keywords: financing structure; next-generation IT; innovation input; innovation output; innovation efficiency

目 录

第一章 导论 …………………………………………………………… 1
 第一节 研究背景和意义 …………………………………………… 1
 第二节 研究思路、方法及相关概念的界定 …………………… 7
 第三节 研究内容和框架 …………………………………………… 13
 第四节 创新之处 …………………………………………………… 15

第二章 理论基础与文献综述 ………………………………………… 18
 第一节 理论基础 …………………………………………………… 18
 第二节 文献综述 …………………………………………………… 30
 第三节 研究述评 …………………………………………………… 41

第三章 融资结构、新一代信息技术与企业创新的理论分析 …… 44
 第一节 研究模型设定 ……………………………………………… 44
 第二节 债权融资和股权融资可得性关于企业创新的分析 …… 48
 第三节 纳入新一代信息技术的分析 ……………………………… 54
 第四节 本章小结 …………………………………………………… 64

第四章 新一代信息技术、融资结构、创新的测度与特征分析 …… 66
 第一节 新一代信息技术的测算与特征分析 …………………… 66
 第二节 融资结构的度量与特征分析 ……………………………… 80
 第三节 创新的度量与特征分析 …………………………………… 90
 第四节 本章小结 …………………………………………………… 99

第五章 融资结构、新一代信息技术与企业创新投入决策的实证检验 ······ 102

第一节 研究假说 ······ 102
第二节 实证研究设计 ······ 104
第三节 实证结果分析 ······ 108
第四节 本章小结 ······ 132

第六章 融资结构、新一代信息技术与企业创新产出的实证检验 ······ 134

第一节 研究假说 ······ 134
第二节 实证研究设计 ······ 137
第三节 实证结果分析 ······ 142
第四节 本章小结 ······ 170

第七章 融资结构、新一代信息技术与企业创新效率的实证检验 ······ 172

第一节 研究假说 ······ 172
第二节 实证研究设计 ······ 173
第三节 实证结果分析 ······ 178
第四节 本章小结 ······ 196

第八章 研究结论与展望 ······ 198

第一节 主要结论 ······ 198
第二节 启示建议 ······ 201
第三节 研究不足及展望 ······ 204

参考文献 ······ 206

后记 ······ 231

第一章

导 论

第一节 研究背景和意义

一 研究背景

创新是经济增长的源泉与不竭动力,当今时代世界范围内新科技革命势头迅猛,技术创新正在以飞快的速度转化成生产力,改变着整个宏观经济。更根本的,企业作为创新的微观主体,其创新能力决定了企业的市场价值、比较优势与投资回报(Porter,1992),是企业发展的根本动力。

为应对挑战,各国普遍把科技创新作为国家战略,并制定相关政策支持创新发展。在世界范围内,美国作为经济大国和科技强国,为实现持续创新,解决美国面临的最紧迫挑战(确保更多的美国人健康、长寿;加速向低碳经济转变等),促进经济增长,共享未来繁荣,2015年10月,美国国家经济委员会(NEC)与白宫科技政策办公室(STPO)发布新版《美国创新战略》。2015版《美国创新战略》承认联邦政府在投资美国创新基本要素、激发私营部门创新、赋予全国创新者权利方面的重要作用,并力挺先进制造、精密医疗、先进汽车、大脑计划、智慧城市、教育技术、清洁能源和节能技术、太空探索、计算机新领域九大战略领域。德国作为欧洲科技领先者,其政府2014年推出最新版本的"新高技术战略",共提出6项优先发展任务:数字经济与社会、可持续经济与能源、创新工作环境、健康生活、智能交通、公民安全。日本作为亚洲的高科技强国，其内阁会议2017年出台了《科学技术创新综合战略（2017）》，为实现超级智能社会5.0（Society 5.0）指明了实施步骤和各阶段的重点事项。在2018—2019年该创新战略凸显五大重点措施：大学改革、加强政府对创新的支持、人工智能、农业发展、环境能源。在2020年该创新战略由以下四个部分组成：积极应对新冠肺炎疫情，构建具有韧性的经济和社会结构；持续推进社会5.0建设；强化研究能力；重点推动基础技术等研究领域。

2015年3月，中共中央国务院出台文件《国务院关于深化体制机制改革加快实施创新驱动发展战略的若干意见》，指出"创新是推动一个国家和民族向前发展的重要力量，也是推动整个人类社会向前发展的重要力量。面对全球新一轮科技革命与产业变革的重大机遇和挑战，面对经济发展新常态下的趋势变化和特点，面对实现'两个一百年'奋斗目标的历史任务和要求，必须深化体制机制改革，加快实施创新驱动发展战略"。2015年10月，党的十八届五中全会提出："坚持创新发展，必须把创新摆在国家发展全局的核心位置，不断推进理论创新、制度创新、科技创新、文化创新等各方面创新，让创新贯穿党和国家一切工作，让创新在全社会蔚然成风。必须把发展基点放在创新上，形成促进创新的体制架构，塑造更多依靠创新驱动、更多发挥先发优势的引领型发展。"这是将创新发展提到了一个新的高度。在党的十八届五中全会关于"十三五"规划提到的五大发展理念中，创新处于核心地位。2016年8月，国务院印发了《"十三五"国家科技创新规划》的通知，明确了"十三五"时期科技创新的总体思路、发展目标、主要任务和重大举措，这是我国首次以"国家"命名的科技创新规划。2017年10月，党的十九大报告多次强调，创新是引领发展的第一动力，进一步明确了创新在引领经济社会发展中的重要地位，标志着创新驱动作为一项基本国策，在新时代中国建设现代化经济体系的行程上，将发挥越来越显著的战略支撑作用。2020年10月，党的十九届五中全会定调"十四五"规划，全会公报将"关键核心技术实现重大突破，进入创新型国家前列"写入2035年基本实现社会主义现代化的远景目标当中。全会公报提出，"十四五"时期，要坚持创新在我国现代化建设全局中的核心地位，把科技自立自强作为国家发展的战略支撑，强化国家战略科技力量，提升企业技术创新能力，激发人才创新活力，完善科技创新体制机制。"创新"是党的十九届五中全会公报中的高频词，共出现了15次，创新被放在了更加突出的位置。

然而，中国的整体技术创新能力与前沿国家仍有一定差距[①]。《福布斯》杂志发布的"2018年全球最具创新力企业百强榜单"中，美国公司有51家上榜，占榜单的一半，中国公司仅有7家上榜。2019年中国科学院科技战略咨询研究院向全球发布的《2019研究前沿》报告和《2019研究前沿热度指数》报告显示，在全部137个前沿中，美国排名第一的前沿有80个，占全部137个前沿的58.39%（约五分之三），中国排名第1位的前沿数为33个，约占24.09%。"中兴事件""华为事件"等表明，关键核心技术被"卡脖子"，正是当下中国遭遇的发展瓶颈之一。在当前复杂严峻的国内外形势下，产业链方面一些被卡脖子的因素会导致行业发展处处受制，直接影响我国经济社会发展目标实现及综合国力提升。解决"卡脖子"问题，关键要依靠科技创新，这是我国战略性产业关键核心技术突破的必然选择，也是现实要求。

作为科技创新的代表性产物，5G、物联网、人工智能、区块链等新一代信息技术蓬勃发展、持续迭代、快速演进。以新一代信息技术为核心的网络经济已然成为全球化的新经济形态，网信事业发展水平已经成为衡量一个国家综合国力的新维度。鉴于此，党的十八届五中全会通过的《中共中央关于制定国民经济和社会发展第十三个五年规划的建议》，明确提出实施网络强国战略以及与之密切相关的"互联网+"行动计划。自此，习近平总书记在全国网络安全和信息化工作会议、党的十九大等会议上多次强调必须推动信息领域核心技术突

---

① 可见中国科学技术发展战略研究院发布的《国家创新指数报告》。

破，发挥信息化对经济社会发展的引领作用。党的十九届五中全会公报及《中共中央关于制定国民经济和社会发展第十四个五年规划和二〇三五年远景目标的建议》对网络强国、数字中国等内容均进行了突出强调。近些年，我国信息技术的发展呈显著上升趋势（参见第四章），其大大提高了信息处理能力和信息使用效率。国家统计局2018年发布了我国经济发展新动能指数，其中，网络经济指数对经济发展新动能指数的贡献为34.5%，发展最快，贡献最大。中国互联网络信息中心发布的第47次《中国互联网络发展状况统计报告》显示，截至2020年12月，我国网民规模接近10亿人，互联网普及率达70.4%。当下，新基建"铺路"，5G"提速"，互联网、大数据、人工智能和实体经济深度融合，新一代信息技术正在培育出新的经济增长点，形成经济发展的新动能。

　　金融是经济的命脉，金融业通过保持自身的稳定和有效运转，促进了经济增长和经济稳定。自加入WTO后，通过不断完善多层次、多功能的金融市场体系，我国目前已经基本建立了包括商业银行、证券公司、保险公司、信托公司和社会保障基金等主体的多元化金融发展格局。现阶段，金融业在中国国民经济中所占的比重约为8%，高于与我国经济结构类似的其他发展中国家。对于处于经济转型过程中的中国，长期以来一直是以银行信贷为主的间接融资方式占据着主导地位，虽然在过去十多年直接融资市场得到了一定发展，但银行信贷仍然是社会融资中绝对的主体（参见第四章）。考虑研发创新活动具有投资大、周期长、风险高等特性，在当前依靠银行体系分配金融资源的金融结构下，对于技术创新型企业能否得到充分有效的金融支持，尚存在许多争议（刘降斌、李艳梅，2008；林毅夫等，2009；龚强等，2014；Allen and Gale，2000；Levine，2005；Beck，2013）。此外，金融的目的是通过优化资源配置推动主体的技术进步乃至经济增长，但在配置过程中的信息不对称等成为阻滞优化的突出问题。在这个新一代信息技术迅猛发展的时代我们不禁会问，新一代信息技术的发展能否成为创新驱动新的引擎？新一代信息技术在金融与创新的关系中能够扮演怎样的角色？因此在这个背景下，系统地探究融资结构、新一代信息技术对企业创新的影响效应是具有重要的理论意义和现实意义的。

二 研究意义

本书通过归纳我国当前经济的典型特征，主要回答以下三个问题：什么样的融资结构才能更好地服务于企业创新？新一代信息技术的发展能否有效支持企业创新？新一代信息技术在企业融资结构与创新的关系中扮演了怎样的角色？这对正处在以创新引领经济转型升级关键时期的中国，具有重要的理论和现实意义。

（一）理论意义

本书系统地从创新投入、创新产出与创新效率三个方面评价企业创新，并在数量和质量层面对创新产出和效率进行划分。从以上三个方面五个维度来看，融资与创新投入与产出的已有文献虽然取得了丰硕的成果，但由于变量设置、样本选取等因素仍未形成内在一致的系统理论。在创新投入方面，文献多从微观视角探讨了可能的线性与非线性影响。在创新产出方面，学者更多地从宏观与微观视角研究了融资结构对数量层面创新产出的复杂影响。然而，相关文献大多利用省级或跨国面板数据进行实证分析，缺乏我国上市公司样本的微观证据。相比较，较少学者从创新产出质量层面进行研究，如通过无形资产衡量的创新产出质量。并且遗憾的是，鲜有文献就融资结构与创新效率的关系给予系统分析。进一步，如果按债务期限、债务来源或股权融资来源等对融资结构细分，大多数文献从机构持股与创新投入或产出、股权结构与创新产出方面进行了深入分析，少量文献探讨了信贷与创新投入、期限结构或信贷与创新产出的关系，其余相关的文献还不多见，且已有文献在研究结论上存有较大分歧，还存在进一步探究的空间。

在信息技术与企业创新方面，近些年随着互联网的飞速发展，互联网和大数据等新一代信息技术的出现给相关传统理论带来了新的冲击。由于信息本身的复杂性，相关文献的结论也存有争议。关于信息技术对创新投入的影响，相关文献较为匮乏。相比较，学者大多从宏观与微观视角深入研究信息技术对创新产出的影响效应。然而，鲜有研究涉及宏观信息技术水平的提升如何影响微观企业创新产出。聚焦于创新效率的影响，虽然有学者在宏观层面就此关于数量和质量方面进行了一定的探究，然而微观层面的相关研究还略显单薄。

金融的目的是通过优化资源配置推动主体的技术进步乃至经济增长，但在配置过程中的信息不对称等成为阻滞优化的突出问题，该问题也可能成为导致先前关于融资与创新相关研究结论存有争议的因素之一。通过梳理已有文献发现，相关研究分别从融资或信息技术单一视角研究了其对创新的影响，少有文献将两者有机结合，探讨信息技术通过克服主体间信息不对称等问题在融资与创新的关系间扮演了怎样的角色。

有鉴于此，本书在统一的框架下将微观融资结构与宏观新一代信息技术有机结合，从以上三个方面五个维度探究两者对企业创新的直接影响与交互效应。基于此，本书对融资结构进一步细分，从不同债务期限、债务来源或基金持股方面进行了细致讨论，并考察了所有制及产业技术的异质性影响。这不仅丰富了融资结构的相关理论，而且进一步拓展了信息化或互联网的相关研究。

（二）现实意义

中国40多年奇迹般的经济增长得益于技术后发优势的利用和人口红利优势的发挥。但从长远来看，随着我国劳动力成本逐渐上升与产能过剩问题的暴露，创新驱动发展战略成为经济持续增长的动力源。面对新的形势，决策层适时地提出了金融供给侧结构性改革与网络强国战略。随着企业对创新要求的不断提高，往往需要与之高效对接的是融资结构。在当前依靠银行体系分配金融资源的金融结构下，对于技术创新型企业能否得到充分有效的金融支持，尚存在许多争议。与此同时，近些年我国信息技术的发展呈显著上升趋势，其大大提高了信息处理能力和信息使用效率，新一代信息技术已经渗透到了经济社会的各个环节。在此背景下，本书利用我国2008—2018年沪深A股上市公司数据与省级新一代信息技术发展水平等宏观指标，通过理论建模和实证方法研究了融资结构、新一代信息技术对企业创新的直接与复合影响，这为我国金融供给侧结构性改革与"互联网+"战略驱动创新发展提供了一定的理论依据和启示。

第一章 导论

第二节 研究思路、方法及相关概念的界定

一 研究思路

在当前新一代信息技术迅猛发展的时代背景下，金融资源配置会怎样影响企业的技术创新成为一个划时代的命题。本书基于对龚强等（2014）、张一林等（2016）的数理模型的扩展，利用我国2008—2018年沪深A股上市公司数据与省级新一代信息技术发展水平等宏观指标，从创新投入、创新产出与创新效率三个方面研究融资结构、新一代信息技术对企业创新的直接与复合影响，并考察所有制及产业技术的异质性。本书的研究为我国金融供给侧结构性改革与"互联网+"战略驱动创新发展提供了一定的理论依据和启示。

本书的研究按照"文献梳理—理论分析—变量测度—实证检验—启示建议"的思路展开。在阐述选题背景进而引出研究问题的基础上，系统梳理并评价国内外既有相关文献。这些既有的研究成果，为本书提供了极具价值的借鉴和依据，同时其中存在的局限和不足也为本书的研究提供了方向性指引。在理论分析部分，本书基于龚强等（2014）、张一林等（2016）关于融资可得性的数理模型，将新一代信息技术纳入统一的逻辑框架，从债权融资与股权融资对创新风险的不同"态度"出发，在微观视角构建融资结构、新一代信息技术与企业创新关系的数理模型，并进一步展开相关的机理分析。并且，基于对现有测算或度量方法的介绍、对比及完善，结合研究重点更有针对性地测算或度量本书的核心变量，并据此进行简要的特征分析。在实证检验部分，根据理论分析所衍生出的研究假说，首先利用面板模型、面板Logit模型与面板Ologit模型分别检验不同类型的融资结构、新一代信息技术对企业研发投入、当期研发决策与持续性研发决策的直接影响与交互效应，并进一步探讨所有制及产业技术的异质性影响。其次，分别利用面板负二项模型与面板模型检验不同类型的融资结构、新一代信息技术对企业创新产出数量与创新产出质量的直接影

响与交互效应，并进一步探讨所有制及产业技术的异质性影响。再次，利用 SFA 方法测算创新效率，并利用面板 Tobit 模型检验不同类型的融资结构、新一代信息技术对企业创新数量效率与创新质量效率的直接影响与交互效应，且进一步探讨所有制及产业技术的异质性影响。最后，基于理论分析和实证检验，结合本书的主要结论提出相关的政策建议与经营建议，并指出研究不足及展望。

二 研究方法

本书的研究是一个中国背景下理论与实践相结合的课题，综合运用了定性和定量的分析方法。具体研究方法如下：

（1）数理模型结合逻辑演绎。在界定融资结构、新一代信息技术与企业创新内涵的前提下，结合金融学、信息经济学、创新经济学和新结构经济学等基本原理，在微观视角构建融资结构、新一代信息技术与企业创新关系的数理模型，并进一步展开相关的机理分析。

（2）实证分析法。首先，利用主成分分析、随机前沿方法（SFA）等对相关核心变量进行测算。并且，利用面板、面板 Logit、面板 Ologit、面板负二项、面板 Tobit 模型对主要假说进行回归分析。进一步，借助工具变量法进行相应的内生性处理。此外，通过变量调整、分样本回归进行稳健性检验。

三 相关概念的界定

（一）融资结构的内涵

1. 融资及其分类

通常，融资是一个企业的资金筹集的行为与过程，即企业根据自身的生产经营状况、资金拥有的状况，以及公司未来经营发展的需要，通过科学的预测和决策，采用一定的方式，从一定的渠道向公司的投资者和债权人去筹集资金，组织资金的供应，以保证公司正常生产需要，经营管理活动需要的理财行为。公司筹集资金的动机应该遵循一定的原则，通过一定的渠道和一定的方式去进行。

在《资本论》中，马克思也对经济社会的生产与交易过程中融资、利息率等概念做过精辟而独到的定义，认为融资能够解决货币不足，对增加剩余价值有着重要作用。他形象地说资本积累类似从圆形运动到螺旋运动的再生产引发的逐渐增大的缓慢过程。例如修建铁路这个项目，如果单靠简单的资本积累去完成它，一般进程较为缓慢。但如果有了股份融资，修建铁路的进展就能被加快。因此，从这一点来看马克思很早就提出了股份融资对经济发展的重要性。

按照资金是否来自企业内部，融资可被划分为内源融资与外源融资。内源融资是指企业依靠其内部积累进行的融资，具体包括资本公积和未分配利润；外源融资是指企业通过一定方式从外部融入资金用于投资，一般来说外源融资是通过金融机制形成的。

按照资金使用及归还年限，融资可被划分为短期融资与长期融资。短期融资，一般是指融入资金的使用和归还在一年以内，主要用于满足企业流动资金的需求；长期融资，一般是指融入资金的使用和归还在一年以上，主要满足企业购建固定资产、开展长期投资等活动对资金的需求。

按照企业融入资金后是否需要归还，融资可被划分为股权融资与债权融资。股权融资是指企业融入资金后，无须归还，可长期拥有，自主调配使用，如发行股票筹集资金；债权融资是指企业融入资金是按约定代价和用途取得的，必须按期偿还，如企业通过信贷或债券所取得的资金。并且，两者在求偿力存在差异：法律会优先保护债权人的求索权利，假如到期债务无法清偿，则可以借助法律诉讼要求清偿；与之不同，股权持有者享有剩余索取权，其权利排在债权之后。

按照企业融资时是否借助于金融中介机构的交易活动，融资可被划分为直接融资与间接融资。直接融资是指企业不经过金融中介机构的交易活动，例如，直接与资金供给者协商借款或发行股票、债券，民间借贷和内部集资等都属于直接融资范畴；间接融资是指企业通过金融中介机构间接向资金供给者融通资金的方式，包括银行借贷、非银行金融机构融资租赁、典当等。

以上是对融资的传统分类。但如果进一步拓展其内涵，从资产管理的范畴融资还应包括基金、信托等。从企业生命周期的视角，股权融资还包含风险投资等。

2. 融资结构

在结构的含义上,融资结构也称广义上的资本结构,它是指企业在筹集资金时,由不同渠道取得的资金之间的有机构成及其比重关系。资本结构,是指企业各种资本的价值构成及其比例关系,是企业一定时期筹资组合的结果。

从实际情况看,融资结构通常被理解为资金来源各渠道间的比例关系,如企业的股权融资和债权融资之间的比例关系、股权内部的股权结构、债务内部的债务期限结构等。在本质上,融资结构为企业融资决策及其融资行为的结果,企业的融资行为最终决定了企业的融资结构。

本书所指的融资结构重点聚焦在债权融资和股权融资,基于此按上述划分从横向和纵向概念进行了细化。

(二)新一代信息技术

信息技术(Information Technology,IT),是主要用于管理和处理信息所采用的各种技术的总称。它主要是应用计算机科学和通信技术来设计、开发、安装和实施信息系统及应用软件。它也常被称为信息和通信技术(Information and Communications Technology,ICT),主要包括传感技术、计算机与智能技术、通信技术和控制技术。工信部总工程师朱宏任于2009年8月26日提出,工信部在新一代信息技术方面正在开展一些研究,以形成支持新一代信息技术新的政策措施。"十二五"规划中明确了战略新兴产业是国家未来重点扶持的对象,其中信息技术被确立为七大战略性新兴产业之一,将被重点推进。有别于传统信息技术,新一代信息技术分为六个方面,分别是下一代通信网络、物联网、三网融合、新型平板显示、高性能集成电路和以云计算为代表的高端软件。

纵观信息技术的发展,信息技术的创新不断催生出新技术、新产品和新应用,信息技术的概念和内涵在不断演化。信息技术于20世纪40年代开始发展起来,以世界上第一台计算机在美国诞生为标志,并由此逐步开启的一个信息时代。21世纪是一个信息高速发展的时代。20世纪80年代以前普遍采用的大型主机和简易的哑终端,被认为是第一代信息技术平台。从20世纪80年代中期到21世纪初，广泛流行的是个人计算机和通过互联网连接的分散的服务器，被认为是第二代信息技术平台。近十多年来，以移动互联网、社交网络、云计算、大数据为特征的第三代信息技术架构蓬勃发展，主要包括集成电路、人工智能、云计算、大数据、物联网等，数字化、网络化、智能化，形成了新一代信息技术的突出特征。新一代信息技术不只是指信息领域的一些分支技术如集成电路、计算机、无线通信等的纵向升级，更主要的是指信息技术的整体平台和产业的代际变迁。

更具体的，新一代信息技术，"新"在网络互联的移动化和泛在化、信息处理的集中化和大数据化、信息服务的智能化和个性化；"新"在集成电路制造已进入"后摩尔"时代；计算机系统进入"云计算"时代；无线通信从3G、4G走向5G、6G时代。新一代信息技术发展的热点不是信息领域各个分支技术如集成电路、计算机、无线通信等的纵向提升，而是信息技术横向融合到制造、金融等其他行业，信息技术研究的主要方向将从产品技术转向服务技术。物联网、云计算等技术的兴起促使信息技术渗透方式、处理方式和应用模式发生变革；大数据成为科学家和企业关注的焦点，正在改变科研方式和产业模式，网络和信息安全成为不可回避的重大技术问题；人脑智能机理的发掘与智能信息科技的发展进一步促进对人类智能的深刻认识。新一代信息技术将围绕以云计算、移动互联网、人工智能、区块链的新产品为基础，通过丰富的智能化、安全化服务，为客户创造"新"的价值。

数据才是驱动新一代信息技术发展的强大动力。新一代信息技术产业不仅重视信息技术本身的创新进步和商业模式的创新，而且强调信息技术渗透融合到社会和经济发展的各个行业，推动其他行业的技术进步和产业发展。"数字经济""人工智能""跨界融合""大工程、大平台模式"已成为新一代信息产业发展的新趋势。未来5—10年，是全球新一轮科技革命和产业变革从蓄势待发到群体迸发的关键时期，全球科技呈现多点突破、交叉汇聚的态势，颠覆性的技术不断涌

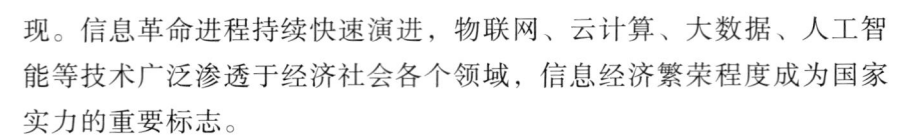

现。信息革命进程持续快速演进，物联网、云计算、大数据、人工智能等技术广泛渗透于经济社会各个领域，信息经济繁荣程度成为国家实力的重要标志。

（三）企业创新的内涵

技术创新是经济持续增长的源泉与动力，而企业被认为是技术创新的主体。关于创新能力的理解通常被界定在技术创新范畴内。企业技术创新是关于技术方面的新设想，包括新产品开发、新工艺设计，经过技术组合或研究开发，获得技术实现和新产品商业化并最终产生经济效益的活动。

企业创新就是企业在多大程度上能够系统地完成与创新有关的各项活动的能力。参考吴延兵（2014）的思路，本书从创新投入与决策、创新产出、创新效率三个方面对企业创新进行界定。

创新投入主要指研发投入（R&D 投入），其也反映了企业的创新决策。研发投入是指某一科研项目在研究阶段和开发阶段的投入。包括设备费（含仪器设备购置费、仪器设备试制费、仪器设备租赁费以及现有仪器设备的升级和改造费）、材料费、测试化验加工费、燃料动力费、差旅费、国际合作与交流费、出版/文献/信息传播/知识产权事务费、劳务费、专家咨询费、管理费和其他与研发创新相关的开支或投入。与一般性投资相同，企业往往需要权衡创新投入的资金成本、项目收益和创新风险等因素，其目的一般在于收益最大化来考虑投融资策略。然而创新投入不同于一般性投资，主要特征为外部性和高风险性。不但创新投入能够提升企业竞争力，而且其知识溢出能够正向影响其他企业的创新。其外部性虽然有利于宏观经济增长，但却可能对企业利益不利，因此社会最优创新投入规模应在一定程度上高于企业最优创新投入规模。

本书的创新产出主要从企业的创新数量和创新质量两大方面，分别将其划分为创新产出数量和创新产出质量。创新产出数量被解释为以人为主体积极、主动、独立的发现、发明、创造的创新产出，从数量层面主要指企业的授权专利数；创新产出质量被解释为企业拥有的专利权和非专利技术所带来的商业价值，从质量层面指企业拥有的技术创新成果的价值体现。

创新效率一般是指创新行为的投入产出比。基于对创新投入和产出的界定,本书的创新效率依然从企业的创新数量和创新质量层面进行界定。因此,创新效率体现了创新投入到创新产出的创新转化能力。

第三节 研究内容和框架

一 研究内容

本书各章节的研究内容是:

第一章,导论。首先,从我国创新驱动发展的必要性、新一代信息技术的渗透性和金融结构的配置性阐述本书的选题背景,并归纳本书研究的理论意义与现实意义。其次,从本书的研究目的出发介绍研究思路和方法,并规划研究内容与框架。最后,提出有别于以往研究的创新之处。

第二章,理论基础与文献综述。考虑到本书的研究目的,首先,对融资结构、新一代信息技术与企业创新的概念与内涵进行界定,从而明确本书研究对象的范畴。其次,追本溯源相关的基础理论,包括融资结构理论、创新理论、信息不对称理论与信息经济理论。最后,梳理与本书研究主题相关的文献,并进行研究述评。

第三章,融资结构、新一代信息技术与企业创新的理论分析。基于龚强等(2014)、张一林等(2016)关于融资可得性的数理模型,将新一代信息技术纳入统一的逻辑框架,从债权融资与股权融资对创新风险的不同"态度"出发,在微观视角构建融资结构、新一代信息技术与企业创新关系的数理模型,并进一步展开相关的机理分析。

第四章,新一代信息技术、融资结构、创新的测度与特征分析。在理论部分分析了融资结构、新一代信息技术对企业创新的影响机理,然而现有文献在对三者的测算或度量上存有一定的差异,特别是在信息技术相关的测算上学者的侧重点不尽相同。因此，本章基于对现有测算或度量方法的介绍、对比及完善，结合研究重点更有针对性地测算或度量本书的核心变量，并据此进行简要的特征分析。

第五章，融资结构、新一代信息技术与企业创新投入决策的实证检验。基于第三章的理论分析，进一步提出关于企业创新投入决策方面的研究假说，并选取微观 2008—2018 年沪深 A 股上市公司数据与省级新一代信息技术发展水平等宏观指标，利用面板模型、面板 Logit 模型与面板 Ologit 模型分别检验不同类型的融资结构、新一代信息技术对企业研发投入、当期研发决策与持续性研发决策的直接影响与交互效应，并进一步探讨所有制及产业技术的异质性影响。

第六章，融资结构、新一代信息技术与企业创新产出的实证检验。基于第三章的理论分析，进一步提出关于企业创新产出方面的研究假说，并选取微观 2008—2018 年沪深 A 股上市公司数据与省级新一代信息技术发展水平等宏观指标，分别利用面板负二项模型与面板模型检验不同类型的融资结构、新一代信息技术对企业创新产出数量与创新产出质量的直接影响与交互效应，并进一步探讨所有制及产业技术的异质性影响。

第七章，融资结构、新一代信息技术与企业创新效率的实证检验。基于第三章的理论分析，进一步提出关于企业创新效率方面的研究假说，并选取微观 2008—2018 年沪深 A 股上市公司数据与省级新一代信息技术发展水平等宏观指标，基于 SFA 方法利用面板 Tobit 模型检验不同类型的融资结构、新一代信息技术对企业创新数量效率与创新质量效率的直接影响与交互效应，并进一步探讨所有制及产业技术的异质性影响。

第八章，研究结论与展望。从创新投入、创新产出、创新效率三个方面总结本书的主要结论，并进一步在国家层面与企业层面提出启示建议，最后指出本书的研究不足和未来的展望。

二 研究框架

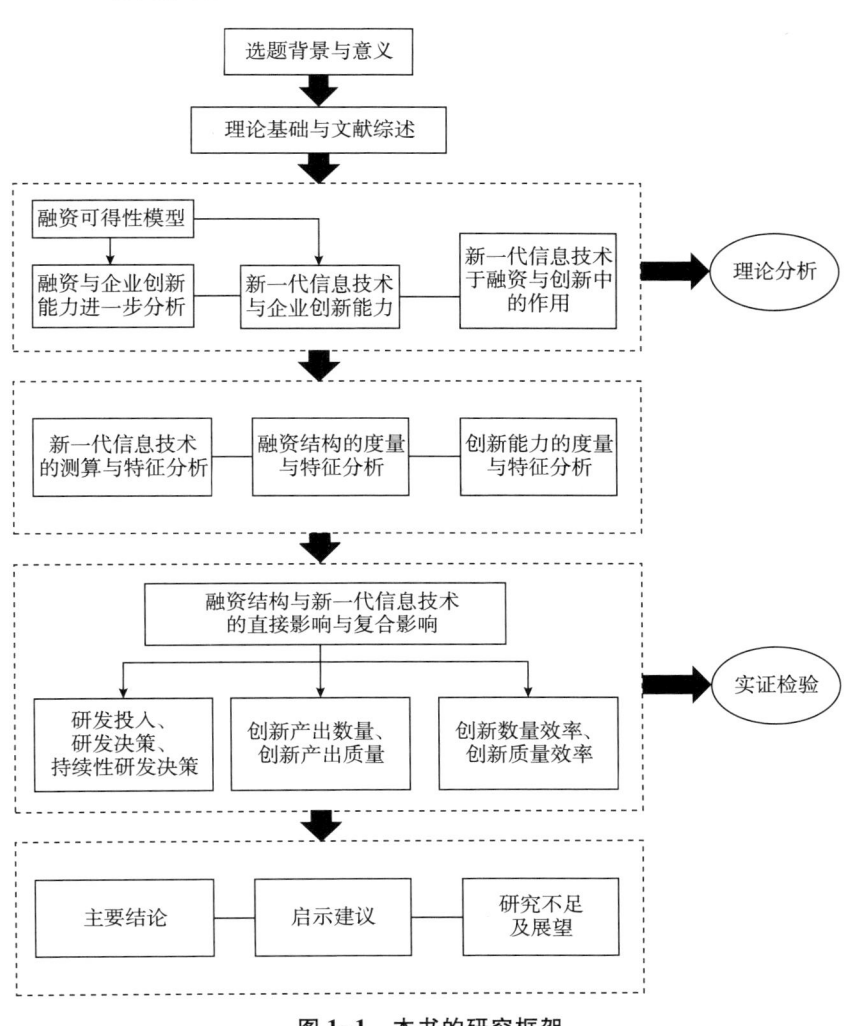

图 1-1 本书的研究框架

第四节 创新之处

本书的创新之处主要包括了以下四个方面的内容:
(1) 在理论分析部分,系统构建了融资结构、新一代信息技术与企业创新关系的数理模型。已有研究金融结构或融资结构对创新影响的文献，大多集中于从不同融资渠道的性质与功能等方面进行定性分析。相比，本书基于龚强等（2014）、张一林等（2016）关于融资可得性的数理模型，将新一代信息技术因素纳入统一的逻辑框架，从债权融资与股权融资对创新风险的不同"态度"出发，构建了融资结构、新一代信息技术与企业创新关系的理论模型，进一步夯实了微观理论基础。

（2）丰富了融资结构对企业创新影响的相关研究，并对融资结构进一步细分，从不同债务期限、债务来源或基金持股方面进行了细致讨论。从创新投入、创新产出与创新效率三个方面来看，融资与创新投入与产出的已有文献虽然取得了丰硕的成果，但由于变量设置、样本选取等因素仍未形成内在一致的系统理论，且鲜有文献涉及融资结构对创新产出质量与创新效率的影响。进一步细分，不同债务期限、债务来源或股权融资来源与创新的关系研究还较为匮乏。有鉴于此，本书探究了融资结构对基于研发投入水平的企业研发决策和持续性研发决策的直接影响，并从数量和质量层面探究了融资结构对创新产出与创新效率的直接影响。进一步，本书对融资结构进一步细分，从不同债务期限、债务来源或基金持股方面进行了相应的细致讨论。

（3）通过重新测算新一代信息技术水平指数，拓展了信息技术对企业创新影响的相关研究。在微观的研究层面，学者多从信息技术投资或使用的视角采用电子邮箱、官方网站等单向指标来评价信息技术的水平（Ricci and Trionfetti，2012；何小钢等，2019；沈国兵和袁征宇，2020）。然而，信息技术是一个复杂的技术体系，上述单一指标仅能体现信息技术发展的局部事实，难以客观地揭示其完全水平。考虑到近十多年来以移动互联网、云计算、大数据为特征的新一代信息技术架构蓬勃发展，本书在信息化等研究基础上剔除了重复性的经济发展类指标，更有针对性地从信息技术普及、信息技术硬件发展和信息技术软件发展三大维度构建了新一代信息技术水平指数指标体系，并测算了中国省级新一代信息技术水平指数。关于信息技术与企业创新，近年来不少文献就此进行了深入研究，但宏观信息技术的发展如何影响微观企业创新的研究还略显单薄。因此，本书利用区域新一代信息技术水平指数探究了新一代信息技术对基于研发投入水平的企业研发决策和持续性研发决策的直接影响，并同样从数量和质量层面探究了新一代信息技术对创新产出与创新效率的直接影响。

（4）将融资与新一代信息技术有机结合，探究了两者对企业创新的复合影响。金融的目的是通过优化资源配置推动主体的技术进步乃至经济增长，但在配置过程中的信息不对称等成为阻滞优化的突出问题，该问题也可能成为导致先前关于融资与创新相关研究结论存有争议的因素之一。然而，遗憾的是鲜有研究将融资与信息技术有机结合，探讨信息技术通过克服主体间信息不对称等问题在融资与创新的关系间扮演了怎样的角色。因此，本书同样从创新投入、创新产出、创新效率三个方面系统探究了融资结构与新一代信息技术对企业创新的交互效应。

第二章

理论基础与文献综述

第一节 理论基础

一 融资结构理论

企业的融资结构也被称为广义上的资本结构,诞生于早期的资本结构理论(Capital Structure Theory),主要研究资本结构的影响因素、资本结构与公司价值和资本成本的关系,它构成了微观金融理论和企业理论的重要组成部分。在过去很长一段时间,该理论积累了海量而丰富的文献,内容十分庞杂。根据这些文献的重点、应用和方法,可以将资本结构理论划分为三大阶段:古典资本结构理论、新古典资本结构理论与现代资本结构理论。

(一)古典资本结构理论

企业资本结构理论是企业财务管理的古老话题,在20世纪50年代之前,人们一般认为资本结构对公司价值具有复杂的影响,资本结构理论关注的核心是如何通过负债权益比例的选择使公司价值最大化。随着20世纪初期西方国家的企业快速发展,股份制公司的规模迅速壮大,各个企业陆续成立了自己的财务管理部门。

伴随着公司制的财务管理,1910年美国学者Meade出版了第一部专门研究公司筹资财务管理的著作《公司财务》。1938年,Dewing和Lyon分别出版了《公司财务政策》和《公司及其财务问题》,由此形成了传统的公司财务管理理论学派。但 1958 年之前的资本结构理论，没有一个统一的理论基础，其内容主要是描述性的，因此一直没有进入主流经济学的研究视野，可以称此阶段为古典资本结构理论（Classical Capital Structure Theory）阶段。依据 David Durand 于 1952 年在美国国家研究局上提交的论文《企业债务和权益成本计量方法的发展和问题》中的总结，古典资本结构理论的主要理论包括三个：净收益理论（Net Income Approach）、净经营收益理论（Net Operating Income Approach）和传统理论（Traditional Theory）。

净收益理论认为，公司的加权平均资本成本率会随着负债比率的增加而减少，当企业加权平均资本成本等于债务资本成本时，企业价值最大。这里设债务为 D，权益为 S，那么该理论指出负债权益比 D/S 能够提高企业价值。

净经营收益理论认为，企业增加债务资本的时候，企业风险随之增加，因此无论企业的财务杠杆如何，企业加权平均资本成本不会变化，企业价值也基本不变。

传统理论被看作介于上面两个理论的折中理论，该理论认为债务与企业价值是非线性的，适度的债务比例可以使企业达到最优的加权平均资本成本与风险水平，从而获得最大的企业价值。

图 2-1 通过函数图像分别展现了净收益理论、净经营收益理论和传统理论（折中理论）的核心思想。

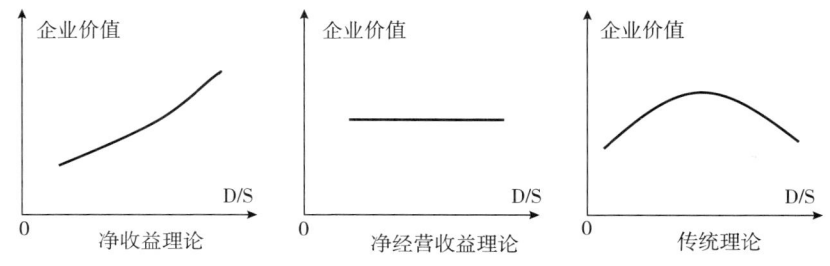

图 2-1　古典资本结构理论

（二）新古典资本结构理论

在资本结构的研究中，1958 年成为一个分水岭，1958 年，美国的诺贝尔经济学奖获得者 Modigliani 和 Miller（简称 MM）教授于 1958 年 6 月份发表于 *American Economic Review* 的"资本结构、公司财务与资本"一文基于新古典假设，建立了第一个具有行为基础的资本结构模型（MM 模型）。该模型使资本结构研究走进了主流经济学，具有了理论基础，为公司金融理论打下了地基。从 1958 年到 20 世纪 70 年代前半期，资本结构理论以此为基础侧重现金流的配置，该阶段被称为新古典资本结构理论。

MM 定理假设：

①公司具有同质性；

②资本市场无摩擦；

③公司只能发行股票和无风险债券；

④公司融资的可得性充足；

⑤投资者对公司未来现金流预期都是相同的。

其内容包含了三个子定理：

MM 定理 1：任一企业的市场价值和它的资本结构无关，且按资本化率 P_k 将其期望报酬资本化，便得到这一价值。

证明［期权的思路（Ross，1992）］：设 x 为资产的随机变现值，企业债务面值为 F，企业剩余归股票持有人。那么期末价值：股票持有者为 $S=\max(x-F, 0)$；债券持有者为 $B=\min(x, F)$。从而企业价值为 $V=S+B=E[\max(x-F, 0)]+E[\min(x, F)]=E[\max(x-F, 0)+\min(x, F)]=E[x]$。

MM 定理 1 证明过程虽然简单，但意义重大：

第一，揭示了资产对企业价值的实质性关系。一方面，从资产负债表上看，右方结构变化不会影响左方，左方内容成为企业价值的核心要素。另一方面，验证了马克思虚拟资本和实物资本的数量关系（马克思，1975），从根本上否认了改变资本结构提高企业价值的有效性。

第二，MM 证明中的无套利思想（No-Arbitrage）对微观金融理论的发展和金融数学、金融工程的产生起到了巨大作用。

MM 定理 2：负债企业的股票预期收益是其负债权益比例的线性函数。

MM 定理 2 的含义：企业可以通过改变资本结构而改变股权收益率，意味着投资者可以通过投资决策改变自身财富分布。

MM 定理 3：根据 MM 定理 1 和 MM 定理 2，可得企业投资决策与企业融资决策相互独立。（分离定理）

由于 MM 定理的假设极为苛刻，一旦放松这些假设，其结论通常需要修正。1963 年，MM 引入公司所得税，认为债务具有税盾效应，举债对企业有利。1976 年，Miller 引入个人所得税，再次修正 MM 定理。20 世纪 70 年代中期，权衡理论引入破产成本，认为企业需要在税收利益与破产成本之间进行权衡（tradeoff）。

（三）现代资本结构理论

以 MM 为核心的新古典资本结构理论框架视股票和债券为外生变量，把企业资本结构仅仅看作融资问题，重点聚焦公司现金流配置。然而公司资本结构既包含现金流配置也包括控制权配置等，可能涉及产权安排和公司治理等问题。20 世纪 70 年代后期，Jensen 和 Meckling（1976）从代理成本视角研究了资本结构，将资本结构理论与信息经济学相关联，以信息不对称为中心的现代资本结构理论应运而生。

Harris 和 Raviv（1991）将现代资本结构理论分为四种类型：①缓解持有企业资源的不同主体间的利益冲突（代理成本模型）；②将信息传递到资本市场或缓解逆向选择问题（非对称信息模型）；③产品竞争或要素市场性质的影响（产品市场模型）；④控制权竞争问题（公司控制权模型）。

Jensen 和 Meckling（1976）提出了代理成本模型，Townsend（1979）基于 Jensen 和 Meckling 的工作开创了证券设计的最优化解去解决投资者和经理间的冲突。Jensen 和 Meckling 提出股东和经理以及股东和债权人之间的两类利益冲突，因此可以利用对投资项目和业务范围的约束限制保障债权人的利益。

不同于代理成本模型，非对称信息模型关注企业就资本结构怎样通过向市场传递有关企业价值的信号，包括债务比例的信号传递（Ross，1977）、经理持股比例的信号传递（Leland and Plye，1977）和融资优序模型（Myers and Majluf，1984）。其中融资优序模型

（Pecking Order Theory）认为，按照信息不对称的程度，公司为新项目融资时，将优先考虑使用内部的盈余，其次采用债券融资，最后才考虑股权融资。

在产品市场模型中，Brander 和 Lewis（1986）指出，企业可以选择比竞争者高的杠杆率水平表明其在后续竞争中会选择更加激进的产出策略。而 Titman（1984）强调，负债水平会影响企业与客户或供应商的关系。

公司控制权模型主要考察企业杠杆水平与公司控制权竞争的关系，其往往涉及资本结构的短期变动。

此外，企业资本结构还会受到税收、资产类型、经营收入的不确定性、融资偏好及融资能力、宏观经济、法律制度、行业特征、公司特征、公司治理、企业生命周期等许多因素的影响，这些同样构成了资本结构理论的一部分。

二 创新理论

（一）基于经济学视角的研究

著名经济学家约瑟夫·熊彼特于1912年在其著作《经济发展理论》中首次提出创新理论。他于20世纪30年代和40年代在《经济周期》和《资本主义、社会主义和民主》中进一步拓展创新理论。熊彼特创新理论内容包含了创新的概念、经济增长和经济周期等，强调科技与经济的关联性，将创新视为经济增长的核心。具体地，熊彼特创新理论可按阶段分为前期萌芽阶段和后期成熟阶段。他认为，"创新"是由新技术作为核心解释变量的生产要素组合的新生产函数，包括产品创新、技术创新、市场创新、资源配置创新、组织创新五种。他还认为创新是在生产过程中产生的，并强调企业家是创新的核心，企业家精神是创新的原动力，企业家精神通过创新可以创造潜在利润，因此要重视企业家对创新产生的关键作用。

前期熊彼特创新理论中，他强调要结合技术与经济，创新的最终目的是"新"利润或"高"利润的创造方式。因此，熊彼特的创新理论希望给挣扎在成本线上下的企业家开辟新的思路，转向寻求要素的新组合，优化要素的配置，进而获取潜在利润，实现经济增长。其中，企业家是"创新"的缔造者，具备"企业家精神"。企业家目标在于追求技术垄断下超额利润，推动企业创新，通过构造新思想、开发新技术、实现商业利润实现创新，并在市场中有可能"毁灭"其他原来的占有者，从而改变市场原有企业形成的结构，这个过程又被称为"创造性毁灭"。Freeman（1982）将上述理论提炼为"熊彼特创新模型Ⅰ"，或者被称为企业家创新模型，科技在模型中作为经济增长的外生变量，具体如图2-2所示。

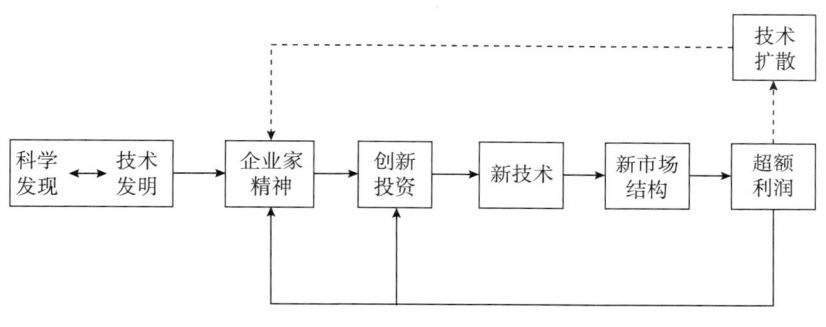

图2-2　熊彼特创新模型Ⅰ

后期熊彼特创新理论认为企业规模可以在创新过程中发挥出关键性作用，在一定程度决定了企业能否拥有自己的研发部门开展创新活动，通常情况下只有现代大企业才可以拥有自己的研发部门。这也说明大型企业可以通过外生科技和内部研发推动企业创新发展。Freeman（1982）将这个理论进一步总结成为"熊彼特创新模型Ⅱ"（见图2-3）。

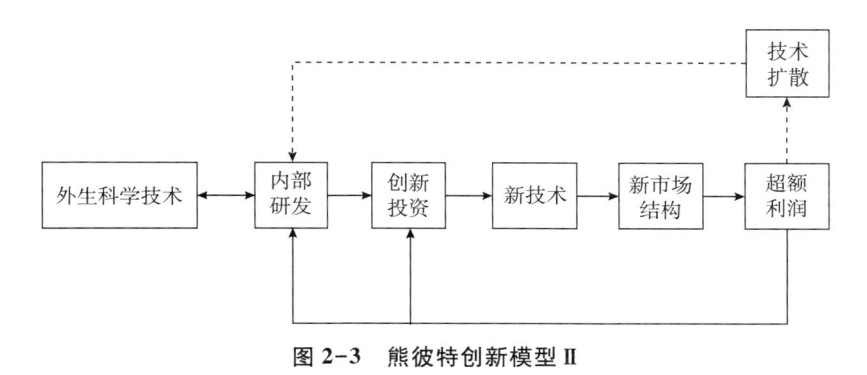

图2-3　熊彼特创新模型Ⅱ

并且，熊彼特对创新与经济周期性增长的关系进行了详细论述。他指出，经济是一个动态发展的过程，创新通过降低成本、提高效率，促进经济增长，这个动态过程就是经济发展。在创新中，超额利润可以引导大量企业模仿竞争，促使经济达到高水平；而当技术逐渐被取代时，某些企业将退出市场，还有一些企业家进一步通过创新推动经济增长周期的形成。与熊彼特不同，还有一些学者认为市场和技术人员是企业创新的关键因素，指出研发人员需要融入市场从而驱动创新的发展。总之，作为创新理论奠基人的熊彼特对众多西方经济理论产生了深远的影响。

后来，以 Mansfield、Kamien 和 Schwartz 等一些学者为代表的新熊彼特学派继承并发扬了熊彼特的理论思想，特别是揭示了技术创新过程"黑箱"的复杂运行机制，整体上从创新起源、技术推广、市场垄断与竞争、企业规模等方面构建理论框架。Mansfield 为分析新技术的推广速度，研究了技术推广与模仿的静态与动态关系，认为新技术推广速度的三个基本影响因素为模仿投资成本、模仿率与模仿后相对盈利率。Kamien 和 Schwartz 研究提出竞争程度、企业规模和垄断力量是决定技术创新的关键因素，基于三者互动关系的分析提出"中等竞争程度"市场结构，即介于垄断与完全竞争间的市场结构最利于创新。

总之，自 20 世纪 50 年代以来，世界上许多学者大多沿着熊彼特的思路，对技术创新理论进行了扩展和细化，其研究过程可分为两个阶段。第一阶段是 20 世纪 70 年代中期前，以美国为中心，学者探究的关键问题是创新推广、创新与市场结构的作用机制、企业规模和技术创新的关系等。第二阶段是 20 世纪 70 年代中期后，关于技术创新理论得到了综合性的发展，关于创新的动力和来源、创新的阻力和环境因素、创新的扩散等问题取得了重要突破。特别是，研究从个体企业创新行为到关注企业及其外部网络之间的创新资源交换（Asheim and Isaksen，2002）。

Schoomkler 认为市场需求可以拉动创新，但这种创新多属于渐进式创新，很难引发颠覆性创新。从空间范围的视角，Baptista 和 Swann（1998）研究发现，两者之间的空间位置对于创新很重要，相邻的空间分布有利于区域创新。Dodgson 等学者认为系统化、网络化的多机构战略性合作可以构建出网络创新模式。此外，以 Davis 和 North 等为代表的制度经济学派融合了熊彼特的技术创新理论和制度理论。Freeman 和 Nelson 等从国家创新系统的视角认为，以创新参与主体（企业、大学、科研单位、中介机构和政府等）的创新网络形成的国家创新系统可以推进知识、技术的快速扩散，实现技术创新，推动经济持续增长。

（二）基于管理学视角的研究

Barney（1986）从企业资源观的视角，指出企业的竞争优势的关键在于企业必须具有差异分布的战略性资源，企业产品如果具备了稀缺性、难替代性、难模仿性，那么企业可获取高额回报的持续性优势。并且他定义该资源为企业资产、组织能力、经营能力、信息能力、知识能力。

Prahalad 和 Hamel 提出了企业核心能力理论。该理论将企业组织长期以来积累的知识作为能力，这些知识在企业生产和技术改进中发挥协调作用，使企业可以在市场竞争中抢占先机。基于此，学者围绕企业核心能力展开了深入的研究，并对企业的核心能力进行区分。一是技术能力，体现出了企业技术水平的异质性；二是知识能力，为企业带来竞争优势；三是组织能力，包含企业经营的协调和整合；四是文化能力，是企业长期形成的惯例，能为企业发展提质增效。

Teece 和 Pisano（1994）首次提出了企业动态能力概念，根据这个概念在企业战略领域进行了企业动态能力和企业演化的相关分析。Helfat（1997）认为，企业能够有效应对经营面临的内外部环境变化的能力或者企业能够更新技术流程研发新产品的能力是企业的胜任力。Eisenhardt 等指出企业经营中的组织活动和企业经营中的战略惯例成为企业的动态能力，企业依靠自身的战略惯例可以应对企业内外部环境的变化，从而更新资源配置。企业只有具备外部市场需求变化的应对能力与根据竞争性对手情况的变革能力，及时调整策略并采取针对性的方针、及时调整策略，才能有效更新资源配置。Zollo 和 Winter（2002）解释企业动态能力为稳定的集体学习模式，他们发

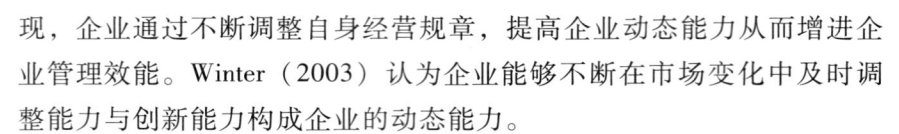

现，企业通过不断调整自身经营规章，提高企业动态能力从而增进企业管理效能。Winter（2003）认为企业能够不断在市场变化中及时调整能力与创新能力构成企业的动态能力。

三 信息不对称理论

Arrow（1963）最早提出了信息不对称理论，他在研究社保福利时指出信息不对称被解释为交易主体掌握的知识等信息存在显著的差异，存在某一交易方可能在信息掌握方面占有明显优势。Akerlof（1970）同样认为在商品交易的过程中，买方通常是信息掌握的弱势群体，卖方一般拥有更多的性能、质量等产品信息，这就是"柠檬问题"。市场机制这双"看不见的手"在信息不对称问题下一般难以自发调节市场的供给和需求均衡，从而难以达到资源的有效配置，因而引致市场失灵。在劳动力市场中，雇主也难以掌握劳动者的全部有效信息。Spence 等（1973）提出信号传递可以在一定程度上缓解该问题，优质劳动者可以向市场传递优质信号，如此优质劳动者可以被识别。并且，在企业融资问题中，也伴随着信息不对称问题，企业与外部投资者之间可能存在信贷约束与逆向选择，Stiglitz 和 Weiss（1981）认为，融资企业可以向外部融资市场传递出"好企业"的信号，使企业获得外部融资的支持。

并且，根据时间顺序，可以将信息不对称分为事前信息不对称和事后信息不对称。事前信息不对称是指，在交易之前，信息优势方掌握更多的性能、质量等产品信息，而信息劣势方则未拥有足够多的相关信息，结果是信息劣势方为了使自己不吃亏，就会以市场平均价格来估计所有产品的价格，那么就会引发"劣币驱逐良币"现象，即由于质量较高的产品或服务的价值被低估，被劣质产品或服务替代并逐渐退出市场，此问题被称为"逆向选择"。事后信息不对称是指，在交易之后，信息优势方会利用自己的信息优势，进行选择性的事后信息隐匿从而损害交易对方的利益，此问题就是"道德风险问题"（Chiappori and Salanie，2000）。

在投融资活动中，伴随着利益相关者之间复杂的委托代理关系，投资者、融资企业等主体往往在项目内容、项目规划等相关信息所拥有的信息多少存在差异。特别是，企业的未来发展存在内外部诸多的不确定因素，因此投资者几乎无法准确判断目标企业的发展前景和项目成功的概率。

四 信息经济理论

（一）信息经济与网络经济

自第二次世界大战以后，在世界范围内以信息技术为代表的高精尖技术掀起了一场新技术革命，高精尖技术领军的美国率先形成了以劳动生产力为主导的经济向以科技生产力为主导的经济转变。计算机、通信技术的发展深刻影响了经济、社会各个领域，信息的价值在各个行业得以充分显现。随着信息技术的巨大变革，一些具有开拓精神的经济学家们如马克卢普、斯蒂格利兹、波拉特等开始致力于研究工业经济向信息经济的转型，成熟的信息经济理论逐步形成。

20世纪50年代马克卢普首先提出了"信息经济"的概念。马克卢普于1958年尝试将信息、通信相关行业从国民收入生产账户中分离出来，并于1962年正式提出概念"知识经济"，被后来者看作"信息经济"概念最早的雏形。在此概念中，"知识产业"包括提供信息产品和信息服务的部门，其中信息设备、媒体设备等一切以生产、传播知识为目标的物质载体构成信息产品。哈佛大学教授丹尼尔·贝克提出的"后工业社会"理论与"知识产业"理论相类似，贝克指出工业社会强调资本积累的重要性，而基础理论和知识的重要性应被后工业社会所重视，信息社会成为后工业社会的重要特征。虽然马克卢普和贝克都没有明确定义信息经济，但他们将知识产业与传统产业分离的思路为后人的相关研究奠定了基础。

受到他们的启发，马克·波拉特于1977年出版的《信息经济：定义与测量》被学者视为信息经济学研究的奠基之作。波拉特明确界定了信息活动、信息资本、信息劳动者、信息职业等概念，构建了完整的信息经济体系。他定义，信息活动是在信息产品生产和服务上所有与资源消耗、处置关联的经济活动；信息资本是一切投向信息产品的投资，包括信息服务所需的各种计算机、电话、打印机等设备，也包括所需的厂房、办公室等场地。信息劳动者是提供信息产品或信息服务的专业劳动工作者。信息职业，指劳动收入来源信息生产或信息服务的职业。信息职业包含30多个小分类，其中28个小类为信息技术与其他产业的复合职业，既有信息部门与制造业部门的复合，又有信息部门与服务部门的复合。以上概念所关联的显性信息部门和隐性信息部门一起组成了信息经济。换句话说，如果经济体中的产品或服务，信息在其中占比较大，那么经济体就形成信息经济。信息经济表明以物质、能源为基础的经济向以信息、知识为基础的经济转变反映了整体社会的进步。

从20世纪90年代起，互联网技术私有化掀起了新一轮信息技术迅猛发展的高潮，从而诞生了信息经济新的时代特征——"网络经济"。信息经济理论的研究范畴不仅局限于信息产业对经济增长的贡献度，而且包括互联网在经济发展中的作用与影响。美国学者夏皮罗、瓦里安，中国学者乌家培都在该领域做出了开创性的研究。

网络经济的理解从内涵到外延要大于波特拉对信息经济的界定。从宏观的视角，网络经济被理解为互联网和网络技术如何影响经济变化，网络服务、网络产业等信息技术相关的部门都可被纳入网络经济范畴（李金鑫，2013）。从微观的视角，通过互联网平台的网络经济将在虚拟市场链接生产者和消费者，在此生产商、中间商、消费者可以突破空间的约束，通过电子化的过程快捷地进行生产和交易。因此，网络经济已经不再局限在信息产业自身的变革，它以互联网等网络技术为依托，对整个经济的生产力和生产方式产生变革式影响。与传统经济不同，网络经济可以通过互联网向经济、社会的各个领域不断渗透，彻底改变了经济中的生产、交换等方式。互联网本身可以打破空间约束、降低交易成本、加快信息传输、缩短交易环节等，总结下来其具有五大特征：

（1）全球化虚拟经济，在全球范围内各经济主体之间的联系得以加强。

（2）直接经济，经济的中间层级作用得以弱化，经济组织结构趋向扁平。

（3）竞合经济，由于市场被互联网放大，单个企业竞争更大且合作更加密切。

（4）速度型经济，互联网加快了信息流动速度，经济得以提速。

（5）创新型经济，不仅网络技术自身属于创新，而且其可以为技术创新、管理创新、制度创新、文化创新传递思想。

20世纪90年代美国在以信息技术为主导的高科技产业的带动下，经济呈现出"两高两低"的特征，即高经济增长率、高生产增长率、低失业率、低通货膨胀率，互联网发挥着三大规律：

（1）摩尔定律。这一定律是以英特尔公司创始人之一的戈登·摩尔命名的。1965年，摩尔预测到单片硅芯片的运算处理能力，每18个月就会翻一番，而与此同时，价格则减半。

（2）梅特卡夫法则。按照此法则，网络经济的价值等于网络节点数的平方，这说明网络产生和带来的效益将随着网络用户的增加而呈指数形式增长。

（3）信息技术的"马太效应"。在网络经济中，由于人们的心理反应和行为惯性，在一定条件下，优势或劣势一旦出现并达到一定程度，就会导致不断加剧而自行强化，出现"强者更强，弱者更弱"的垄断局面。"马太效应"反映了网络经济时代企业竞争中一个重要因素——主流化。在信息化经济中，消费者通常具有消费惯性和黏性，因此抢占先机的信息企业可以积累客户资源，从而导致"马太效应"。"马太效应"部分解释了国际上的"数字鸿沟"现象。美国等发达国家占有信息技术发展先机，是"信息富裕国"，而部分发展中国家则是"信息贫困国"。

并且，网络经济也对传统经济理论形成了一系列冲击，其性质包括边际收益递增现象、规模经济弱化现象等。同时，网络经济的新特征也使中小企业可能获取更强的发展活力，使落后的发展中国家可能拥有更大的发展动力。

（二）信息技术的网络外部性理论

Arthur（1999）指出了网络经济的网络效应、溢出效应，能引起递增收益和网络化规模经济。电信基础设施带来的网络外部性能降低主体间的搜索成本，扩散传播技术，对经济增长存在正向溢出（Hardy，1980；Leff，1984）。并且，ICT（信息通信技术）通过能够形成贸易双边一体化市场的网络效应，引发制造业全球化与投资全球化（周宏仁，2008）。

与此同时，ICT凭借去中心化属性改变了产业集群的空间结构，使原有产业集群分散。进一步，随着市场透明度的提高和竞争度的加剧，高时效性带来二次异质性产业空间集聚。这两股正反作用力交织在一起，形成了新的产业空间结构（宋周莺和刘卫东，2013）。此外，吴婵丹（2015）从新经济地理学视角发现ICT存在供给链的"整体分散与环节集聚"效应、市场规模的"实体分散与虚拟集聚"效应、关联成本的"地理距离衰减"效应、城市体系的"网络流协同发展"效应、企业发展的"知识开放累计循环"效应五大效应，结果意味着ICT引致了技术密集型行业的空间集聚，对劳动密集型和资源密集型行业未形成显著作用。根据网络社会和流动空间理论，ICT可以形成区域间"流动网络效应"。Eagle等（2010）指出，ICT多样性可以促进区域经济增长。

第二节 文献综述

一 创新的影响因素

由于创新在企业生存、长期竞争优势的保持以及持续性经济增长中发挥了关键的作用，因此探究创新的影响因素成为学术界多年以来的理论与实证研究的热点。这部分笔者从创新投入的影响因素、创新产出的影响因素和创新效率的影响因素三个方面进行了归纳和整理。

（一）创新投入的影响因素

对于创新投入的影响因素的相关研究，学者的研究大多集中于微观企业层面，并收获了许多具有理论和现实指导意义的成果，相关研究主要从企业内部影响因素和外部影响因素两个视角出发。

从企业内部来看，由于信息不对称和代理问题等阻碍因素，创新投入不足往往阻滞了企业创新发展，相关文献研究发现融资结构、管理者特征（Hirshleifer et al.，2012）和公司治理（肖利平，2016）等可以成为企业创新投入的重要因素。李春涛与宋敏（2010）从高管激励方面利用制造业数据发现，CEO 薪酬激励有助于提高企业研发参与度。刘运国与刘雯（2007）发现高管的任期与其 R&D 支出表现出正相关关系。另外，学者还从 CEO 继任与业绩偏离度（刘鑫和薛有志，2015）、组织冗余（解维敏和魏化倩，2016）、信息披露（袁东任和汪炜，2015）等内部因素进行了探讨，对于融资结构与创新投入的关系相关文献，本书将在后文进行重点探讨。

从企业外部来看，税率（Waegenaere et al.，2012）、行业异质性与知识产权保护（宗庆庆等，2015）、寻租与腐败（刘锦和王学军，2014）、财政补贴政策（戴小勇和成力为，2014）、政治关联（谢家智等，2014）、税收激励（水会莉等，2015）、经济政策不确定性（孟庆斌和师倩，2017）均会对企业创新投入带来直接或间接的影响。同样地，信息技术对企业创新投入的影响相关文献在后文讨论。

（二）创新产出的影响因素

对于创新产出的影响因素的相关研究，学者从宏观与微观视角积累了大量的研究成果，同样从内因与外因两方面对此进行了较为详细的探讨。

创新产出数量层面，在宏观视角下，张宽和黄凌云（2019）指出贸易开放与人力资本积累能够显著提升城市自主创新能力，且人力资本积累相比更为重要，孙早和韩颖（2018）也从外商直接投资的因素关于人力资本进行了论述。张可（2019）提出经济集聚有利于区域创新的形成。白俊红和蒋伏心（2015）认为，协同创新可以显著促进区域创新。同时，余泳泽和张少辉（2017）基于中国高房价的国情指出快速上涨的中国房价对地区技术创新产出形成制约。卞元超等（2019）讨论了高铁开通对区域创新水平的重要意义。鲁桐和党印（2015）则从国家层面认为，关于投资者权利保护的法律越健全，创新的政府行政环境越完善，其创新产出水平也会越高。

在微观视角下，Holmstrom（1989）、Belloc（2011）、Hirshleifer 等（2012）分别探讨了代理成本、公司治理、CEO 特征的影响效应。

并且，何瑛等（2019）认为，丰富的 CEO 职业经历可以提高企业创新产出水平。同时，谭洪涛和陈瑶（2019）、王永钦等（2018）分别探讨了集团内部权力配置与僵尸企业对创新的作用。刘学元等（2016）提出，企业创新绩效与外部网络关系和自身吸收能力相关。

在宏观对微观的影响视角下，张杰等（2014）指出中国情景下竞争能够显著且稳健地促进企业创新。余明桂等（2016）实证分析了中国产业政策对企业技术创新的作用，发现产业政策能显著促进发明专利数量。程文和张建华（2018）通过构建数理模型分析了收入水平、收入差距与自主创新的关系。王康等（2019）探讨了孵化器影响企业创新的机制。顾夏铭等（2018）认为，经济政策不确定性可以增加上市公司专利申请量。

相比较，关于创新产出质量层面的相关文献还略显单薄。宋洋（2017）验证了技术知识资源和需求信息资源两类创新资源均能有效提升产品创新程度。从企业无形资产方面，鞠晓生等（2013）探讨了融资约束、营运资本管理对企业创新可持续性的影响，而张杰等（2017）、虞义华等（2018）分别研究了中国银行业放松管制和发明家高管对企业无形资产水平的影响。

相应的，关于融资结构、信息技术与创新产出的研究文献在后文讨论。

（三）创新效率的影响因素

关于创新效率的影响因素，类似创新产出的相关研究学术界同样取得了丰硕的成果，具有较好的借鉴价值。由于创新质量方面的相关文献较少，这部分主要梳理了数量层面测算的创新效率的相关文献。

在宏观视角下，李平和刘利利（2017）发现政府研发资助损害了创新效率。谢露露（2019）研究分析了集聚带来的知识外溢的正外部性和加剧模仿创新的负外部性。赵甜和方慧（2019）认为，OFDI 是促进中国创新效率的一个重要方式。白俊红和卞元超（2016）则研究了要素市场扭曲与中国创新生产效率损失的相关关系。李政和杨思莹（2018）指出，财政分权对区域创新效率起到促进作用，但同时削弱了政府创新偏好。而李晓龙和冉光和（2018）从金融抑制的视角对此进行了分析。李后建和张宗益（2014）提出，金融发展、知识产权保护有利于提升创新效率。

在微观视角下，Zhang 等（2003）、Seyoum 等（2015）分别探讨了所有制、对外直接投资的影响效应。此外，董晓庆等（2014）通过研究发现寻租可以引发国企的低创新效率。王婧和蓝梦（2019）认为，整体上混改没有促进国企的创新效率，但有利于提高自然垄断企业的创新效率。并且，钟昀珈等（2017）指出，国企民营化抑制了企业的创新效率。

在宏观对微观的影响视角下，陈德球等（2016）分析了政策不确定性对企业创新效率的影响。李晨光和张永安（2014）利用实证方法分析了区域创新政策对企业创新效率的影响。钱丽等（2015）从环境约束、技术差距的视角对此进行了研究。

相应的，关于融资结构、信息技术与创新效率的研究文献在后文中讨论。

二 融资结构对创新影响的相关研究

虽然学者深入探究了融资与创新之间的内在机理和经验证据，然而关于两者关系的研究经过长时间的争论、演进和流变，仍未能形成内在一致的系统理论。此部分仍然按照创新投入、创新产出、创新效率三方面展开。

（一）融资结构对创新投入的影响

通过梳理发现，相关文献大多从微观企业层面研究了融资结构对创新投入的影响效应。Czarnitzki 和 Hottenrott（2011）曾指出企业研发创新资金的主要来源是外部融资资金。Hall（2002）也指出，企业研发活动通常需要大量的前期投入，且容易产生巨额的沉淀成本，因此虽然创新过程有不确定性以及逆向选择、道德风险等问题，企业创新投入应该会越来越依赖外源融资。国内学者解维敏和方红星（2011）指出，创新投入依赖于一定时间内的稳定现金来源应对商业周期等因素导致的利润波动，单纯的内源融资大概率无法满足企业的创新投入需求。李汇东等（2013）也利用2006—2010年中国上市公司的经验数据实证发现，内源融资和外源融资均能对创新投入具有一定正向影响，但外源融资相对更加显著，且政府补助＞股权融资＞债权融资，其中债权融资的影响并不显著。不同的是，张杰等（2012）通过大样本微观数据发现企业 R&D 投入主要依靠内源融资、注册资本和商业信用，而银行信贷负向影响了研发投入。鞠晓生（2013）通过 2007—2011 年中国上市公司数据发现内源融资最能增加企业创新投入。孙早和肖利平（2016）利用中国战略新兴产业上市公司的样本认为，内源融资与股权融资能够促进这些企业的创新投入，但债权融资具有抑制作用，并且对所有制异质性进行对比分析。胡恒强等（2020）通过 2006—2016 年中国非金融类 A 股上市公司的样本，发现内源融资和股权融资能够显著提高创新投入水平，而债权融资却抑制了企业创新投入，且分析了融资约束下的差异表现。

对比债权融资和股权融资，大部分学者认为债权融资抑制了企业的创新投入水平。Stiglitz 和 Weiss（1981）很早就提出因为创新具有高风险，由信息不对称会产生逆向选择和道德风险的问题，因此信贷可能不利于研发水平的提高。并且，Stiglitz（1985）指出债权人需要承担企业创新失败风险的同时，却很难享受企业创新成功的丰厚回报，风险与收益结构的不匹配阻碍了企业高风险的创新投入。此外，Hall（1992）、Aghion 等（2004）通过美国企业数据实证得出杠杆率与 R&D 投入显著负相关。Weinstein 和 Yafeh（1998）、Morck 和 Nakamura（1999）利用日本企业数据发现银行信贷具有风险厌恶的偏好，从而不利于企业创新投入。国内学者肖海莲等（2014）研究发现负债明显制约了探索式创新投资，而对常规式创新投资影响不显著，且不同来源的负债具有差异表现。张静等（2017）提出在高创新阶段，企业股权融资占比促进了创新投入，而在低创新阶段企业的债权融资占比抑制了创新投入。不同于多数文献的观点，王玉泽等（2019）发现企业杠杆率与创新投入呈现倒"U"形关系。

同时，一些学者关注了股权融资的影响效应。Carpenter 和 Petersen（2002）通过美国公司层面数据指出虽然股权对研发投入的影响不显著，但在小型高科技公司样本中两者显著正相关。Müller 和 Zimmermann（2009）利用德国中小企业数据发现股权也能显著增强 R&D

投入水平。Brown 和 Petersen（2009）通过美国 1990—2004 年高新企业样本，提出研发投入的资金需求主要来源于内源融资与股票，特别是股票融资对年轻公司的研发投资极其重要。Gustav 和 Martinsson（2010）指出，英国公司的情况与美国类似，但是欧洲许多公司研发投资主要依靠内部现金流。Hsu 等（2014）从宏观视角提出股票市场对企业 R&D 投入至关重要，而信贷市场则相反。Brown 等（2013）对 32 个国家 5300 家企业的样本进行了分析，提出股票市场的可进入性和投资者权益的保护，都将有效提高长期研发投入，特别是小企业，但信贷市场却不同。国内学者中，刘振（2009）也通过中国上市高新技术企业数据发现 R&D 投资主要来源于内源融资和股票融资，而债权融资不适合研发投入。夏冠军和陆根尧（2012）也指出高股权融资结构比例提高研发投入。张璟和刘晓辉（2016）通过中国上市公司 2007—2015 年的面板数据指出，企业股权融资与研发投入强度正相关，且存在研发投资强度的最优融资结构。并且企业的最优融资结构在产业性质、股权集中程度、银企关系和所有权性质方面存在异质性。周开国和卢允之（2019）通过 1989—2015 年 OECD 国家行业面板数据发现，股票市场能对行业研发支出起到显著的促进作用，而信贷市场的对应影响存在非确定性。

此外，如果按债务期限、债务来源或股权融资来源等对融资结构细分，相关的文献也不多见。大多数文献从股权结构方面进行了探讨，任海云（2010）指出较高的股权集中度有利于创新投入水平的提高，且股权制衡度对企业创新投入同等重要。进一步，罗正英等（2014）通过民营企业数据得出，股权制衡可以有效对冲股权集中度的不良影响。此外，Aghion 等（2013）认为机构投资者的股份有助于增加创新投入，而温军和冯根福（2012）持相反观点。并且，齐结斌和安同良（2014）还认为机构投资者对研发投入的影响具有门槛效应，并且不同机构的影响也存在差异。李文贵和余明桂（2015）还研究了混合所有制中民营公司创新投资中股权结构带来的影响。郭韬等（2017）指出关系型融资对创新型企业研发投入的影响表现出门槛效应。郑春美和朱丽君（2019）研究了 QFII 持股与创新投入的关系。

付雷鸣等（2012）则讨论了风险投资对研发投入的影响效应。Parthiban等（2008）认为关系型债务可以提高企业研发投入水平。从信贷供给的视角，马光荣等（2014）认为银行在支持企业研发方面也发挥了积极作用，特别是在银行主导型金融体系的国家，并且通过世界银行在中国企业的调查数据发现银行授信能够提高企业研发强度0.24个百分点。徐飞（2019）利用2007—2017年A股非金融业上市公司数据，深入剖析了银行信贷与企业创新困境的关系。蔡庆丰等（2020）利用银行网点数据深入探究了信贷资源可得性对企业研发投入的影响。

（二）融资结构对创新产出的影响

在宏观视角，融资结构更多地被称为金融结构。关于此类研究，学者从宏观与微观的视角同样积累了大量的文献，形成了百家争鸣的态势，特别是关于股权融资和债权融资中哪个更能支持技术创新一直存在争议（Levine，2002）。Allen和Gale（2000）认为银行体系更倾向于高安全性较高的低收益项目，资本市场推动技术创新和研发更有效。并且，辜胜阻等（2007）认为构建多层次资本市场可以支持技术创新，股权和债权融资通常会在价格发现、风险管理及处理信息不对称方面具有不同特点。随后，林毅夫等（2009）指出随着经济进入更高级阶段，资本市场对技术创新的重要性逐渐增强，而银行体系相对减弱。然而，Nanda和Nicholas（2014）从大萧条时期的经验证据，发现银行体系对技术创新的水平和质量均具有重要的支撑作用。这里主要从数量和质量两个层面进行归纳总结。更深入地，徐明和刘金山（2017）从主流文献理论解析和技术创新的实践出发，着重对技术创新分类并分析其性质，更全面地探讨了金融结构与技术创新的关系。他们提出，原创性技术创新和寄生性技术创新对金融结构的偏好存在差异。不同金融结构本质上均可以从不同维度促进技术创新，银行和资本市场应该为此各司其职，提供专业化金融服务以提高金融体系的创新支持效率。

从创新产出数量层面，钟腾和汪昌云（2017）通过1997—2013年上市公司专利数据和省级数据，提出较银行而言，股票市场更有利于增加企业专利创新数量，特别是对高创新程度的发明专利，且机制分析说明其作用渠道是缓解外部融资约束。张岭（2020）通过52个国家或地区的面板数据样本发现，由于股权融资具有更高的风险偏好，较债权融资其更能支持技术创新，并且发达国家成熟股票市场比发展中国家新兴股票市场更有优势。此外，无论经济上行期还是下行期股权融资均表现出正向作用。陈志刚和何蕙仪（2019）通过2011—2016年中国内地31个省份面板数据发现，整体上债权融资与股权融资均未对技术创新表现出显著性。

不同的是，Berzkalne和Zelgalve（2013）利用波罗的海的公司数据发现，债务水平与企业创新存在倒"U"形非线性关系。李冲等（2016）也利用2007—2011年上市公司数据发现，融资结构与企业技术创新表现出显著的倒"U"形关系，且股权融资与债权融资的拐点比值约为2.6。王旭（2017）在中国本土情境下利用沪深上市的高科技公司数据，认为银行债权治理作用对企业创新绩效具有显著促进作用。王旭和褚旭（2017）选取沪深两市的742家高科技上市公司2012—2015年的面板数据发现，债权融资中的契约治理对成长期企业的创新绩效起促进作用，关系治理的促进作用主要表现在成熟期，但两种治理效应在企业蜕变期均存在抑制作用。同时，吴尧和沈坤荣（2020b）结合2003—2017年中国上市公司数据与省级数据，发现存在一个关于创新产出的最优金融结构（股票与信贷比）。朱冰等（2018）则提出多个大股东的格局对企业创新存在抑制作用。

相比较，较少学者从创新产出质量层面进行研究。李后建和刘思亚（2015）利用新产品产值衡量创新水平，并通过2012年世界银行调查数据实证发现银行信贷显著促进了企业创新。王玉泽等（2019）利用2010—2015年A股非金融类上市公司的样本，发现企业杠杆率与无形资产衡量的创新产出之间表现出倒"U"形关系。徐晨阳和王满（2019）则从债务异质性的视角研究了其对企业创新绩效的促进影响。

同时，一些文献从宏观直接融资与间接融资的视角也进行了积极的探究。何国华等（2011）提出中国金融结构与自主创新负相关。马微和惠宁（2018）利用省级面板数据发现银行的融资渠道适合风险较低的引进模仿创新，而对风险较高的自主创新而言，金融市场更加适宜。戚湧和杨帆（2018）从最优金融结构理论视角，选取2006—2015年中国省级数据，基于区域创新能力指数的构建指出随着直接融资与银行融资占比的提高，区域创新能力将得以提升。胡善成等（2019）利用动态面板GMM方法和动态门槛模型，使用2006—2016年省际面板数据实证发现以银行为主导的金融结构对技术创新的边际促进作用将随着经济发展逐渐减弱。而且资本市场更加有助于促进高质量的原创性创新，而银行主导的市场则更加适宜寄生性技术创新。

如果按债务期限、债务来源或股权融资来源等对融资结构细分，一些文献也就此进行了细致的探究。王满四和徐朝辉（2018）也指出整体上银行债权对企业创新起到了积极影响。陈岩等（2016）在中国情境下利用3SLS方法探究了中国制造业国有企业债务结构对企业的创新投入和创新产出产生了怎样的影响。其实证结果发现，流动债务提高了创新产出，但是长期债务抑制了创新产出。然而，吴尧和沈坤荣（2020a）通过2000—2017年中国A股上市公司样本数据，从企业层面微观视角实证分析了长期信贷期限结构对企业创新产出的正面影响。黄速建和刘美玉（2020）利用2018年山东省小微企业调查数据发现，需求型信贷约束和供给型信贷约束均对专利数量和创新收入具有制约作用。与之不同，徐丽鹤和李青（2020）通过2018年广东省企业调查数据，分析了不同信贷来源对企业多维度创新的影响，发现银行贷款可以促进企业技术型创新。李仲泽（2020）利用2007—2016年沪深A股上市公司数据实证分析了机构持股对企业创新质量的影响。此外，一些学者还从员工持股计划（孟庆斌等，2019）、创业投资（王兰芳和胡悦，2017）、区域金融层级（郑录军和王馨，2018）、风险投资（陈思等，2017）、高息委托贷款（余琰和李怡宗，2016）、机构持股（温军和冯根福，2012）、QFII（谭颖和杨筝，2020）等融资方面探究了对创新产出的影响效应。

（三）融资结构对创新效率的影响

遗憾的是，鲜有文献就融资结构与创新效率的关系给予系统分析。相关研究中，湛泳和王浩军（2019）利用军工上市企业2009—2016年的样本数据，发现国防科技企业的内源融资、债券融资显著提升创新效率，而股权融资呈现出抑制影响，相比较银行贷款的影响未表现出显著性。王靖宇和张宏亮（2020）利用2007年《中华人民共和国物权法》的实施为外生事件，自然实验发现债权融资提高了上市企业的创新效率。此外，朱德胜和周晓珮（2016）提出较高的股权制衡度有助于提高企业创新效率，而高管持股比例与企业创新效率存在显著的非线性关系。李思慧和于津平（2016）从企业视角发现对外直接投资对创新效率形成抑制影响。

三 信息技术对创新影响的相关研究

斯蒂格利茨、阿克洛夫、斯彭斯等对信息不对称和市场不完全性的研究，开创了信息经济研究范式，但由于信息本身的复杂性这种范式很难统一。此后，互联网和大数据等新一代信息技术的出现又给这些传统理论带来了新的冲击。因此，国内外学者从宏观与微观视角关于信息技术与创新的关系积累了丰富的文献。按照创新投入、创新产出、创新效率三方面展开。

（一）信息技术对创新投入的影响

关于信息技术对创新投入的影响，相关文献较为匮乏。仅杨德明和刘泳文（2018）在理论分析部分认为，由于互联网具有外部性，因此虽然研发的成本较高，但分享研发成果的个体数量可以使平均成本有效降低，从而激励企业进一步地提高研发投入。

（二）信息技术对创新产出的影响

基于对"信息技术生产效率悖论"的追溯（Carr，2003），该问题的研究被扩展到信息技术的吸收、扩散如何影响企业创新绩效与方式（Rogers，2003）。Arthub（2007）认为互联网的广泛应用通过对知识和信息的推动传播扩散促进了创新。Varian（2010）提出信息技术中知识的编码化引致了集成创新溢出效应。Bygstad 和 Aanby（2010）指出互联网使组织部门之间的管理得以加强，且加速了技术知识的交流和扩散。Guire 等（2012）认为互联网对企业前瞻性研发形成了积极影响。Kleis 等（2012）利用美国大型制造业公司面板数据发现，IT投入增加10%能够引发创新产出增加1.7%。Glavas和Mathews（2014）通过8个案例认为互联网能够积极促进企业的创新性和主动性。Barrett等（2015）与Lusch和Nambisan（2015）认为，信息技术在企业创新中可以发挥服务主导逻辑与新组织逻辑。Cui等（2015）利用中国企业数据提出IT能力对企业组织开放式创新具有积极影响。Lyytinen等（2016）提出网络数字化可以降低联系成本，并拉长创新网络以快速整合创新知识。Forés和Camisón（2016）从区域层面论证了信息通信技术对创新能力的促进影响。Audretsch等（2015）从企业家精神视角分析，发现宽带基础设施对创新活动具有显著的正向影响。

国内方面，近些年学者对此进行了深入的研究。严成樑（2012）指出，互联网可以为个人或企业带来有益于创新的社会资本。董祺（2013）实证得出信息化投入显著提高了企业的创新产出，但信息化对企业创新表现出一定的负向的调节作用。程立茹（2013）系统阐述了正反馈机制的互联网创新网络系统。董洁林和陈娟（2014）通过案例分析认为，客户的创新思路可以无缝纳入开放式创新。高巍和毕克新（2014）利用劳动生产率实证验证了制造业企业信息化水平与工艺创新能力具有长期的协整关系。陈子凤等（2016）从国家创新系统的视角认为，ICT对设备制造部门的融合和技术溢出比传统制造部门更为显著。张旭亮等（2017）利用2005—2015年数据和空间杜宾模型，认为互联网能够显著推动区域创新。尹士等（2018）利用华为公司26年的案例，基于互联网的社会资源构建了企业技术创新模式周期性与伴随性演化模型。王金杰（2018）从开放式创新的视角验证了互联网对企业创新产出的正向影响，且关于技术人员与研发资金具有积极的调节效应。王莉娜和张国平（2018）利用世界银行企业调查数据，发现信息技术从研发投入、产品创新和流程创新等环节对企业创新形成积极影响。王可和李连燕（2018）从研发投入和新产品产值，利用2012年世界银行中国制造业企业的调查数据，发现互联网对制造业的创新活动起到了推动作用。张骞和吴晓飞（2018）通过利用2003—2015年中国29个省区的面板数据，发现信息化提升了中国区域创新能力。戴美虹（2019）利用新产品产值衡量企业创新，基于数理模型提出互联网能够通过内部资源重置提高出口企业创新水平。陈升等（2017）、李珊珊和徐向艺（2019）则通过问卷形式分别验证了信息化下企业的资源观创新效应和信息化下小微企业的创新效应。沈国兵和袁征宇（2020）从微观视角通过数理模型揭示企业进行互联网转型可以有效提升中国企业创新能力。而李海舰等（2014）、张骁等（2019）分别从传统企业再造、跨界创新角度进行了相关理论研究。

（三）信息技术对创新效率的影响

聚焦于创新效率的影响，有不多的学者就此进行了一定的探究。Kafouros（2006）从理论和实证层面指出互联网与公司 R&D 效率（成本、时间和质量）具有正相关关系。韩先锋等（2014）提出信息化对工业部门的技术创新效率具有倒"U"形影响，且存在行业异质性特征。并且，韩先锋等（2019）指出互联网水平的提高能够促进中国区域创新效率水平，且表现出"边际效应"递增的非线性特征。惠宁和刘鑫鑫（2017）利用新产品产值从侧面反映创新效率，认为虽然在区域层面信息化促进了工业部门的创新效率，但对邻边地区工业部门的创新效率存在抑制作用。吴穹等（2018）利用劳动—教育两部门 DSGE 模型，基于国际 NRI 网络就绪指标，提出区域信息化水平与工业技术创新效率正相关。

第三节　研究述评

本章内容对本书核心变量的概念进行了界定，同时总结了本书相关的理论基础。基于此，较为系统地按照创新投入、创新产出和创新效率三个方面对本书主题相关的国内外代表性文献和观点进行了归纳整理。这些既有的研究成果，为本书在理论机理和实证检验方面，提供了极具价值的借鉴和依据，同时其中存在的局限和不足也为本书的研究提供了方向性指引。

创新对于企业本身是一个系统性过程，从创新的影响因素相关文献来看，创新投入的文献多集中于微观层面，且从融资、公司治理、知识产权保护、财政补贴政策、政治关联、税收激励、经济政策不确定性、信息技术等内外部因素进行了一定深度的剖析。对于创新产出而言，融资、贸易开放、人力资本、经济集聚、协同创新、行政环境、竞争、内部配置、产业政策、收入差距、信息技术等宏微观因素也被学者有所探究。相应地，学者还从以上这些因素探讨了创新数量层面衡量的创新效率的影响，而创新质量层面测算的创新效率相关文献相对较少。通过梳理我们发现，文献分别从融资或信息技术单一视角研究了其对创新的影响，然而鲜有文献将两者有机结合。特别是，投资者与创新主体间存在信息不对称问题，而信息技术如何影响融资与创新的关系有待探究。

关于融资结构对创新的影响，以 Modigliani 和 Miller 完美市场理论框架下的企业资本结构选择为起点，学者深入探究了融资与创新之间的内在机理和经验证据，然而关于两者关系的研究经过长时间的争论、演进和流变，仍未能形成内在一致的系统理论。在创新投入方面，文献多从微观视角探讨了可能的线性与非线性影响。在创新产出方面，学者更多地从宏观与微观视角研究了融资结构对数量层面创新产出的复杂影响。然而，相关文献大多利用省级或跨国面板数据进行实证分析，缺乏我国上市公司样本的微观证据。相比较，较少学者从创新产出质量层面进行研究，如通过无形资产衡量的创新产出质量。王玉泽等（2019）从总负债视角分析了负债总量衡量的杠杆率与企业无形资产的关系，但缺乏进一步对融资结构细分的讨论。并且，鲜有文献就融资结构与创新效率的关系给予系统分析。

进一步，如果按债务期限、债务来源或股权融资来源等对融资结构细分，大多文献从机构持股与创新投入或产出、股权结构与创新产出方面进行了深入分析，少量文献探讨了信贷与创新投入、期限结构或信贷与创新产出的关系，其余相关的文献还不多见，且已有文献在研究结论上存在较大分歧，还存在进一步探究的空间。

在信息技术与创新方面，近些年随着互联网的飞速发展，互联网和大数据等新一代信息技术的出现给相关传统理论带来了新的冲击。

由于信息本身的复杂性,相关文献的结论也存在争议。关于信息技术对创新投入的影响,相关文献较为匮乏。相比较,学者大多从宏观与微观视角深入研究了信息技术对创新产出的影响效应。然而,鲜有研究涉及宏观信息技术水平的提升如何影响微观企业创新产出。聚焦于创新效率的影响,虽然有学者在宏观层面就此关于数量和质量方面进行了一定的探究,然而微观层面的相关研究还略显单薄。

第三章

融资结构、新一代信息技术与企业创新的理论分析

考虑企业的融资方式主要分为股权融资和债权融资,本章旨在基于龚强等(2014)、张一林等(2016)关于融资可得性的数理模型,将新一代信息技术纳入统一的逻辑框架,从债权融资与股权融资对创新风险的不同"态度"出发,在微观视角构建融资结构、新一代信息技术与企业创新关系的数理模型,并进一步展开相关的机理分析。

第一节 研究模型设定

随着当下新产品技术复杂度的不断升级,企业创新越来越依赖其物质基础、制度环境与关系网络等内外部因素(周密等,2013),因而单个企业通常情况下很难满足创新中的技术和资金需求,仅仅依靠企业内部资金和高研发强度未必能够获得长期竞争优势。伴随着我国金融供给侧结构性改革的不断推进与新一代信息技术的不断发展,融资结构与新一代信息技术网络在企业创新中理应扮演着越来越重要的角色。基于此,这部分借鉴龚强等(2014)、张一林等(2016)的研究思路,首先阐述企业的投融资的决策过程与创新过程中的不确定性,随后将新一代信息技术纳入分析框架,通过数理建模厘清融资结构、新一代信息技术对创新的影响逻辑。

第三章　融资结构、新一代信息技术与企业创新的理论分析

假设市场是由企业和投资者构成的完全竞争市场,所有市场参与主体均为风险中性（Besanko and Kanatas, 1993; Bolton and Freixas, 2000）。企业融资渠道只能为债权融资（如银行贷款或发行债券）或股权融资,且债权融资需要提供一定的担保。

一　融资时序

假定整个融资过程分为 3 期（见图 3-1）。

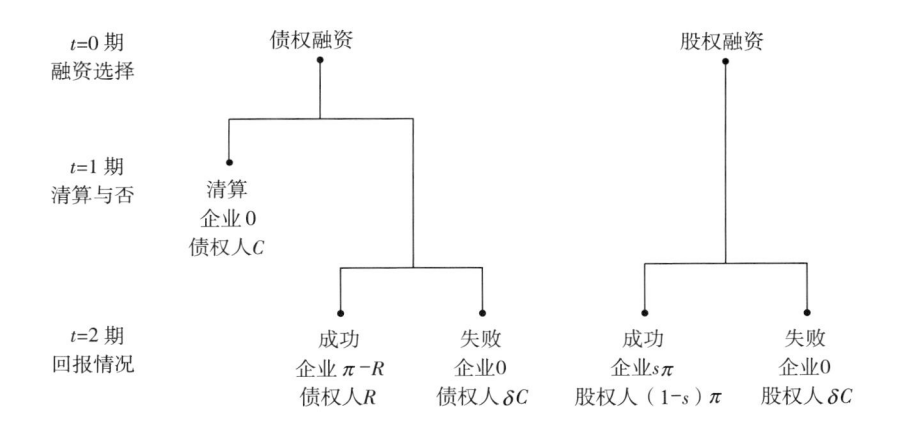

图 3-1　融资时序

$t=0$ 期,企业的总投资额为 I。如果企业选择债权融资,企业到期需要归还本金和利息 R；如果选择股权融资,并且企业拥有的股份比重为 s（$0<s<1$）,那么投资者则拥有股权比例 $1-s$。同时企业可以为债权融资提供 C 的担保（如企业自有的固定资产）,或者将 C 作为股份考虑到 s 中。

$t=1$ 期,债权人会关注企业项目与经营的状况,如果企业项目与经营不理想,出现延迟利息等情况,则其可以进行清算处理,此时债权方获得担保 C,企业无剩余；如果企业项目与经营状况良好,融资进入第 2 期。如果企业选择股权融资,投资者在第 1 期无法进行清算。

$t=2$ 期,由于技术的不确定性,则企业的项目成功与否是个随机变量。对于债权融资,如果项目成功,企业盈利为 π,投资人可以获

取约定好的本利 R，企业留有 $\pi-R$；如果项目失败，债权人获得 δC [$\delta \in (0,1)$ 为折旧率]，企业无剩余。对于股权融资，如果项目成功，投资者得到项目分红 $(1-s)\pi$，企业留有 $s\pi$；如果项目失败，投资者获得 δC，企业无剩余。这意味着企业自有 C 具有一定的担保作用，有利于减少信息不对称造成的损失。

企业在创新过程中通常需要面对研发风险和信用风险。对于研发风险，包括新技术能否成功和新产品能否被市场接受（龚强等，2014；林毅夫等，2009；He 等，2014；Okada，2010）。对于信用风险而言，往往关乎信息不对称。这里首先阐述研发风险。

二 研发风险

图 3-2 刻画了企业研发风险与收益情况。

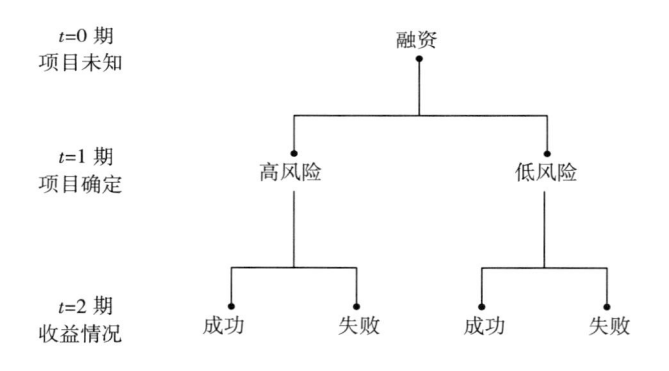

图 3-2 研发风险与收益

假定项目分为高风险 H 和低风险 L。在 1 期，H 不产生盈利，L 存在一定收益。在 2 期，高风险项目和低风险项目是否盈利皆为随机事件。L 成功概率为 P_L，盈利 $\pi_L > I$；H 成功概率 $P_H < P_L$，但收益 $\pi_H > \pi_L$。高风险项目通常具有投资周期长，风险高，潜在收益可观的特点。相反低风险项目稳健但收益一般。为简单起见，假设项目失败均无收益。

假设项目从第 0 期开始为高风险的概率为 θ，与研发密度和科技含量正相关，如高新技术产业中的企业，其技术通常具有"破坏性创新"的特性,需要大量研发资金与人力资本的投入,这些企业的高风险概率 θ 较大。相对而言,较成熟的产业如传统加工制造业与房地产业等,其技术往往以模仿式改进为主,其 θ 一般较低。

三 信用风险

投资者与企业之间普遍存在信息不对称问题,由此会带来信用风险问题。从企业信用的好坏层面可以将企业分为好企业与坏企业。从第 0 期开始,坏企业与好企业可以以同样的方式进入市场。第 1 期时,两类企业均具有先前分析相同的市场表现。第 2 期时,参考 Bolton 和 Freixas(2000)和龚强等(2014)的研究,坏企业与先前分析不同,特别假定其仅仅使某人取得无法转移的私人收益 B,并且坏企业在第 2 期只会失败。

令 v 为好企业所占比例,其在一定程度上反映了信用风险。如果 v 越大,一般意味着企业守信的程度越高。从结果上看,投资到坏企业与投资到好企业但项目失败都不会有好的结果。

通常情况下,如果坏企业知道自己会被清算,其结果是私人收益 B 落空,那么坏企业将不具有动力进入市场。相对而言股权融资不具备此种功能。通常情况下债权人会在第 1 期清算不产生收益的项目,致使好企业与坏企业被债务区分。但与此同时,由于项目风险的不确定性,好企业如果选择债权融资将面对一定的清算风险,致使其高风险项目可能会被清算。

表 3-1 总结了不同企业在市场中的比例情况,需要说明的是企业好坏与项目风险相互独立。

表 3-1　　　　　　　不同企业在市场中的比例

企业与项目类型	好企业		坏企业
	高风险	低风险	
比例	$v\theta$	$v(1-\theta)$	$1-v$

第二节 债权融资和股权融资可得性关于企业创新的分析

基于上述理论框架，考察企业研发风险、信用风险与债权融资和股权融资可得性的关系。保持理论框架的假定，并且简化无风险利率为 0。此部分为简便起见，首先假设：

（1）低风险项目在第 2 期一定成功，即 $P_L=1$。

（2）债权收益、初始投资与担保价值存在关系：$R>I>C$。

（3）债权投资人的风险偏好低于股权投资人，即在心理账户层面债权人偏好于低风险项目而股权投资者偏好于高风险项目。

（4）研发投入函数 $RD=RD(\theta)$。

我们首先单独分析债权融资的情形，其次是股权融资的情形，最后考虑企业同时进行两种融资时的情形。

一 债权融资

债权融资是指企业通过举债加杠杆的形式筹集资金的融资方式。资金供给者作为债权人享受到期回收本金，并获取相应利息收入的权利。基于债务本身到期还款付息的特点，债权投资者往往是风险规避型的，他们期望其投资能够换取稳定的回报。由于债权融资约定收益情况，即利率，在中性风险偏好和均衡理论下通常风险与收益成正比，因此债权融资倾向稳健的项目。结果是一般而言，债权收益 $R>I$（I 即初始投资成本）时，债权人会考虑投资。在第 1 期时，债权人虽然无法区分高风险项目和坏企业，但可以明确识别低风险项目的情况。由于 $R>I>C$，因此债权人在理性权衡下不会清算低风险项目。

基于债务本身到期还款付息的特点，在假设（3）的情况下，通常情况下债权人出于保全收益 R 的考虑下（由于高风险项目与坏企业在未来存在无限的不确定性），会降低自身的风险程度，清算高风险项目与坏企业，意味着随着高风险项目概率的增加，企业清算的概率越大，因此理性企业一般权衡考虑会降低研发投入，即 $\partial RD/\partial\theta<0$，

将资金投向更稳健的项目以匹配债权人的风险偏好。其好的结果是，坏企业由于清算机制将没有激励进入市场。

此时坏企业已经被淘汰出局，企业关于债权融资的目标函数为：

$$\max_R (1-\theta)(\pi_L-R)-\theta C \qquad (3-1)$$

s.t. $(1-\theta)R+\theta C \geqslant I$；

$R \leqslant \pi_L$

在以上规划问题中，θC 表示一定可能的清算价值，这里考察企业角度约束条件下获益最大化问题。第一个约束是债权人的参与约束，不满足其约束债权人会放弃投资。第二个约束表示企业基本的经营能力，低风险项目至少覆盖还款金额。一般而言，由于清算制度，好企业与坏企业被区分开来，实现了坏企业的市场淘汰机制。通常，由于坏企业在市场中的比例降低，有助于降低信息不对称导致的融资成本过高问题，提升企业的盈利水平。

根据上述最优化问题，我们基于先前的假设提出第一个命题：存在一个最低抵押价值$[I-(1-\theta)R]/\theta$，使企业选择当R为$(I-\theta C)/(1-\theta)$时的最优期望收益$(1-\theta)\pi_L-I$；否则债权人放弃投资。

证明：由于函数$(1-\theta)(\pi_L-R)-\theta C$本身关于$R$和$C$是一个单调递减函数，同时根据两个约束知道$C$的最小值为$[I-(1-\theta)R]/\theta$，$R$的最小值为$(I-\theta C)/(1-\theta)$，因此最低的担保水平为$[I-(1-\theta)R]/\theta$，最优化问题的角点解为$R=(I-\theta C)/(1-\theta)$。将角点解代入函数可得最优期望收益为$(1-\theta)\pi_L-I$。

上面成立的命题意味着，企业获得债权融资的前提是具有充足的担保价值，这与我国市场当前的债权融资现状基本一致。进一步考察，令C的最小值$[I-(1-\theta)R]/\theta=\bar{C}$，发现$\partial \bar{C}/\partial\theta>0$，意味着企业的创新密度越高，企业面临的债权融资风险越大，企业的担保门槛价值提供得越多。显而易见，很多创新型企业由于无法提供足额的担保而失去债权性支持。并且，$\partial R/\partial\theta>0$，表示随着研发风险的增加，企业需要负担更多的利息。同时令企业的最优期望收益$(1-\theta)\pi_L-I=\tilde{\pi}$，可得$\partial\tilde{\pi}/\partial\theta<0$，即研发风险的增加会导致企业最优期望收益降

低。由此可见，债权融资并不适合一般缺乏担保的研发风险大的高新技术企业。

以上分析过程表明，企业选择债权融资，可以通过清算机制在市场中有效淘汰坏企业。但债权融资往往会清算好企业具有高研发风险的有潜力项目，并不适合一般缺乏担保的研发风险大的高新技术企业。由于 $\partial RD/\partial\theta<0$，结合上述结论 $\partial R/\partial\theta>0$，可推出 $\partial RD/\partial R<0$，考虑到高负债与高融资成本的正相关性，可得命题3-1：债权融资对企业研发投入具有抑制作用。

二 股权融资

股权融资作为成立股份公司的前提，通过市场获得的资金可以长期使用，且无须按期支付利息，股东共同承担企业经营的风险和盈利，其对企业创新发展具有天然优势。虽然股权融资无法区分好企业与坏企业，由于其具有长期性，一般在中途不会清算好企业具有发展潜力的项目，而这一点对于研发周期长、项目风险大的创新企业至关重要。

按照先前的设定，企业拥有的股份比重为 s （$0<s<1$），那么投资者则拥有股权比例 $1-s$。这里企业的期望收益函数为：

$$\max_s s[\theta P_H \pi_H + (1-\theta)\pi_L] - \theta(1-P_H)\delta C \quad (3-2)$$
$$\text{s.t. } v(1-s)[\theta P_H \pi_H + (1-\theta)\pi_L] + v\theta(1-P_H)\delta C + (1-v)\delta C \geq I$$

此规划问题的约束条件为投资者的参与约束。其中 $v(1-s)[\theta P_H \pi_H+(1-\theta)\pi_L]+v\theta(1-P_H)\delta C$ 与 $s[\theta P_H \pi_H+(1-\theta)\pi_L]-\theta(1-P_H)\delta C$ 分别为投资者和企业的期望收益，而 $(1-v)\delta C$ 为坏企业的失败补偿。

仿照债权融资的分析方法，可以得出第二个命题：股权融资要求一个最低的信用度 $\bar{\bar{v}}=[I-\delta C]/\{(1-s)[\theta P_H \pi_H+(1-\theta)\pi_L]+\theta(1-P_H)\delta C-\delta C\}$，使企业选择当 $\bar{\bar{s}}=1-[I-v\theta(1-P_H)\delta C-\delta C+v\delta C]/\{v[\theta P_H \pi_H+(1-\theta)\pi_L]\}$ 时的最优期望收益：$\hat{\pi}=\bar{\bar{s}}[\theta P_H \pi_H+(1-\theta)\pi_L]-\theta(1-P_H)\delta C$；否则投资人放弃投资。

证明：根据约束条件，可得 v 的最小值为：

$$\bar{\bar{v}}=[I-\delta C]/\{(1-s)[\theta P_H \pi_H+(1-\theta)\pi_L]+\theta(1-P_H)\delta C-\delta C\}$$

s 的最大值为：

$$\bar{\bar{s}} = 1-[I-v\theta(1-P_H)\delta C-\delta C+v\delta C]/\{v[\theta P_H \pi_H+(1-\theta)\pi_L]\}$$

同理，可推导出关于 C 的表达式。

因为函数 $s[\theta P_H \pi_H+(1-\theta)\pi_L]-\theta(1-P_H)\delta C$ 关于 s 是一个单调递增函数，因此最优化问题的角点解为 $\bar{\bar{s}}$，将此代入可得最优期望收益 $\hat{\pi}$：

$$\hat{\pi} = \bar{\bar{s}}[\theta P_H \pi_H+(1-\theta)\pi_L]-\theta(1-P_H)\delta C$$

上述命题意味着，企业能否获取股权融资的一个关键因素是信用度。通常情况下，股权融资的可得性存在一个门槛 $\bar{v}$。进一步分析信用度的影响，$\partial \bar{\bar{s}}/\partial v>0$ 意味着企业信用度的改善有助于降低企业的股权融资成本。同时可推导出 $\partial \hat{\pi}/\partial v>0$，表示信用度的改善还可以提高企业的期望收益水平。

同样地，通过求导考察研发风险的影响。$\partial \bar{v}/\partial \theta<0$，表明研发风险越大，企业越可能降低其自身的信用度。$\partial \bar{\bar{s}}/\partial \theta>0$，则说明企业自身的股权比例与其研发风险正相关。$\partial \hat{\pi}/\partial \theta>0$，意味着高研发风险与期望收益成正比。

同理，对于高风险项目成功概率 P_H 而言，存在 $\partial \bar{v}/\partial P_H<0$，$\partial \bar{\bar{s}}/\partial P_H>0$，$\partial \hat{\pi}/\partial P_H>0$ 的类似的结论。

三 企业同时进行股权与债权融资的讨论

进一步分析，当模型拓展为企业同时选择两种融资方式时，上文得出的结论是否依然成立？实际上，同时进行两种融资选择不会改变前文的主要结论。

假设企业同时进行了债权融资和股权融资。对于创新型企业而言，由于其研发风险高、抵押少，企业通常大部分资金需求通过股权满足，少部分从债权融资获取，从而在一定程度上降低企业被清算的风险、保证研发活动的可持续性，这与先前结论一致。对于非创新型企业来说，由于其研发风险低，且抵押相对充足，企业大部分资金需求可以通过债权满足，其余从股权融资获取，以此降低信息成本，这也与先前结论保持一致。

四 融资结构与企业创新的进一步分析

前述的数理模型主要基于不同融资方式的回报与风险揭示了股权融资与债权融资关于创新投入的理论基础,这部分进一步探究融资结构对企业创新的影响机理。首先,研发投入是主体创新能力的重要保障,学界普遍认为增加R&D投入与研发主体创新绩效存在一定的正相关关系(Stokey,1995;Hall,1996;Bayoumi et al.,1999;Hall and Reenen,2000;Shefer and Frenkel,2005;刘顺忠和官建成,2002;官建成和何颖,2005;吴玉鸣,2006;杨勇松和吴和成,2008;方福前和张平,2009;张宗和与彭昌奇,2009)。考虑到消费者需求的多元化,在产品竞争更新高频的市场环境中,企业的技术创新数量越多,越会引发创新性垄断,由此为企业创造垄断利润,因此企业利用自主创新实现差异化竞争有助于企业获取超额利润,提升企业利润绩效水平(Damanpour and Evan,1984;Stopford and Baden-Fuller,1994)。因此可以假定企业的收益函数$\partial \pi(z)/\partial z>0$,其中$z$为创新产出数量。并且通过前述数理分析过程可知,在债权融资项目中,$\partial \pi/\partial \theta<0$,$\partial R/\partial \theta>0$,从而$\partial z/\partial R<0$,提出命题3-2a:债权融资会降低企业的创新产出数量。

基于以上分析,债权融资的风险偏好属性并不匹配创新项目的高风险,在创新数量方面不利于创新。根据债权融资的属性,其具体会从五个方面对公司创新发展形成约束。第一,当企业负债较高时,其破产成本是一种潜在的成本。因为即使企业没有破产,其高负债率也将形成信息传递效应,直接影响资金使用,给企业的融资信誉度等带来消极作用,这对技术依赖型企业的影响通常表现得更显著(Berk and Zechner,2010)。第二,Stiglitz(1985)指出债权人在承担创新失败风险的时候,却往往很难享受创新成功的回报,风险与收益结构不匹配对企业高风险的创新投资形成了阻碍。同时由于债权人享有优先固定收益回报权,其在考虑投资取向时,可能偏向选择低风险低收益的项目,由此产生资产替代行为,导致研发投入被挤出,这与技术依赖型企业的风险特点也不匹配(Morck and Nakamura,1999)。第三,理性的债权人会为监督企业行为付出监督成本,但债权人会通过市场机制，将监督成本转由企业承担，如提高利率等。第四，考虑到技术型企业往往缺乏固定资产，其融资成本也会变相增加，这通常会分散管理者的经营精力，不利于营造宽松的财务状况。第五，债务合约会进一步限制其融资行为，这将不利于管理者调整财务状况。

但在创新项目进行过程中，债务可以发挥一定的债务治理效应。基于债务本身到期还款付息的特点，企业首先会更加努力以兑现债务契约。其次，大部分国家的税法规定债务的利息在税前支付，因此债务具有税盾作用。再次，Jensen 和 Meckling（1976）指出偿还本金利息的压力可以降低管理者为自己谋利的机会（如津贴）。同样地，Grossman 和 Hart（1983）建立模型证明了债务会约束管理层为了私利自由支配现金流。同时，银行等金融机构的制度特性是通过资产抵押和违约清算来控制信用风险的。并且，负债所产生的破产机制能够给予企业管理者新的约束。此外，高杠杆可能传递出"公司具有投资价值"的信号（Ross，1977）。因此进一步提出命题3-2b：债权融资在创新质量层面对企业存在约束和约束治理双重效应。

通过上述对债权融资的分析我们认为，债权融资既无创新的冒险激励，同时其固定偿还压力还会以资产替代等方式分散企业的创新精力，因而同样对数量层面的创新效率存在负向作用。但是在质量层面，其仍然可以通过债务治理效应，对创新效率存在双向影响，从而提出命题3-2c：债权融资对企业创新数量效率具有抑制作用，而对企业创新质量效率存在双向影响。

根据股权融资的属性，创新企业往往能够以新技术的潜在高额收益吸引投资者，企业创新的资金需求特点和股权投资者追求高收益、承担高风险的激励相吻合（张一林等，2016）。股权融资的长期性有利于企业腾出资金空间负担试错成本和长周期的技术开发与产品研发，最终实现技术创新向市场价值的转化。另外，股权投资人以出于对企业高额利润和发展的追求，将有激励进一步学习了解行业的技术状况和前景。并且，股权市场的持股激励计划也对股份制公司发展起到约束和促进的作用。

然而，股权融资的委托代理问题也往往使股东与管理者、技术人员等的追求目标与公司发展背离。例如，企业的经营管理者就可能产生进行各种非生产性的消费，采取有利于自己而不利于股东的投资政策等道德风险行为，导致经营者和股东的利益冲突。并且，由于股票交易潜在的高额市场价值回报会诱发企业家的短视行为（冯根福等，2017），分散企业家的经营精力和创新专注度，会降低企业长期的研发投资水平（Kyle and Vila，1991；Chaganti and Damanpour，1991；Fang et al.，2014）。此外，股权特别是一些风险投资还对企业存在"攫取"效应（Atanasov et al.，2006；Dessi and Yin，2011；温军和冯根福，2018）：一是利用"所有权替代效应"迫使创业者离开企业，从而无法开展初期的研究和开发活动；二是利用"金融隧道效应"，稀释股权或者以有利于自己而不利于创业者的价格将股权出售给其他投资者；三是利用"经营隧道效应"，将创新思想出售给予自己无关的企业或输送给予自己有关的企业，甚至将企业的创新资源卖给同一投资者的其他关联企业，对企业创新思想造成损害。因此，综合来看可以提出命题3-2d：股权融资对企业的研发投入、产出与效率的影响具有一定的复杂性。

第三节 纳入新一代信息技术的分析

一 新一代信息技术与企业创新

如今以互联网为代表的新一代信息技术飞速发展，有了这种新的基础设施，生产和交易活动的外围条件发生了改变，信息技术会贯穿物质资源配置、人力资本整合与市场生态环境等多个环节推动企业创新能力的提升（程立茹，2013；李海舰等，2014；赵振，2015）。新一代信息技术分为六个方面，分别是下一代通信网络、物联网、三网融合、新型平板显示、高性能集成电路和以云计算为代表的高端软件。具体地，新一代信息技术具有以下生产要素属性（谢平等，2015）：①成本低廉且边际成本呈下降趋势（通过信息交换，代替实物交换）；②不同个体间的信息共享几乎没有时耗；③互联网能够不受空间限制来进行信息交换；④根据摩尔定律，信息储存、信息传输与信息计算能力呈几何级数上升。此外，数字化、网络化、智能化是新一代信息技术的核心特征。数字化是指将信息载体（文字、图片、图像、信号等）以数字编码形式（通常是二进制）进行储存、传输、加工、处理和应用的技术途径。数字化本身指的是信息表示方式与处理方式，但本质上强调的是信息应用的计算机化和自动化。网络化为信息传播提供物理载体，其发展趋势是信息物理系统（CPS）的广泛采用。智能化体现信息应用的层次与水平，其发展趋势是新一代人工智能。

由于互联网的多样性、便捷性、开放性、充分性，信息平台中的各种信息可能对用户的信用产生相互冲突的不同影响。一方面，依托新一代信息技术的海量数据传输改变了传统信息的接收方式，相应地增加了有效信息的提供（Matei，2004），涵盖管理信息、财务信息、产品信息、生产信息、市场信息、技术信息、战略信息、文化信息等，并提高了个体的线下社交频率，从而降低了企业的信用风险。另一方面，差异化信息产生的认知分歧与无效信息都会带来负面效应，与中国传统熟人社会的信任模式相背离。但从正负两个影响因素看，信息传输方式的改变以及网络"回声室"效应（Sunstein，2018）等正面效应更加普遍（王伟同和周佳音，2019）。因此，新一代信息技术可以有效地降低投资者与企业之间普遍存在信息不对称问题，即：

$$\partial v/\partial \beta > 0 \tag{3-3}$$

这里 β 为新一代信息技术发展水平。由前述可知 $\partial \pi(z)/\partial z > 0$，$\partial \hat{\pi}/\partial v > 0$，从而可推导出 $\partial z/\partial \beta > 0$。

开放式创新的提出（West and Gallagher，2006）指出企业希望系统地寻找创新资源于内外部广泛资源中，从而整合企业自有资源与外部的创新资源，同时通过多种渠道开发市场机会。过去传统环境下的网络构建等创新环境通常会受到时间与空间的约束，使企业间创新协作的成本较高，包括创新资源分流、创新活动中断以及其他创新成本损耗这一整个过程体现了企业创新的开放行为，包括创意萌发、研究开发、实验生产和市场运作等阶段（Lazzarotti and Manzini，2009）。根据新一代信息技术的属性，其能快捷地、方便地连接社会中的各个经济主体，并且广泛地重新聚集整合各种资源，从而形成一个打破时空约束的一体化经济社会（江小涓，2017）。

其一，创新主体通过新一代信息技术缓解了创新资源对接的时空约束（张昕蔚，2019）。过去由于有限的创新资源无法高效对接，不同主体都存在科技创新资源的重复配置和短缺并存的现象，内部知识往往又过于狭窄和有限，导致企业在创新中无法跨越"熟悉陷阱"（Wang et al., 2014）。企业通过新一代信息技术以梅特卡夫法则搭建社会中的跨时空技术纽带（李海舰，2014），推动人力要素（Kuhn et al., 2004；Campos et al., 2014）与资本要素的扩散，提高产业链信息化密度，集聚过去难以聚集的创新资源（Paunov and Rollo，2016），通过相互启发丰富人力资本的研发思路。

其二，创新主体通过新一代信息技术的高连通性增加了数据传输与储存的体量。开源软件、平台搭建等互联网应用的出现实现了知识积累、人才信息等创新资源的自由流动网络，大数据、云计算、可视化等技术能够捕获客户、潜在客户、厂家等数据。

其三，创新主体通过新一代信息技术丰富了创新主体的数据获取类别。经济中本身存在大量的暗默知识，而新一代信息技术使多种形式的信息交换得以实现，视频、图片、音频、多语言文字等的集成应用能够多维度传递创新知识，有利于被传递知识的纯粹性（曹玉平，2020），从而使过去部分暗默知识得以体现并传递。特别是，计算机辅助设计（CAD）、计算机辅助工程分析（CAE）等工具优化了产品设计的方式，实现快速仿真、性能测试等分析。

其四，创新主体通过新一代信息技术提升了创新资源的整合水平。基于大数据的获取，可以通过将数据分析纳入整个研发活动（杨德明和刘泳文，2018；Ghasemaghaei and Calic, 2019）。以可视化、物联网、云计算、大数据、人工智能为代表的新一代信息技术，它既是信息技术的纵向升级，也是信息技术的横向渗透融合，在线的实时数据分析能够实现研发决策的自动化处理。并且，在研发、生产与营销等环节基于海量数据的获取，云计算、人工智能等手段可以替代人脑通过机器学习等复杂算法去解决那些高难度问题（李慧和王晓琦，

2017），实现"集聚—优化—再集聚"的良性循环。

其五，创新主体通过新一代信息技术提高了研发决策能力。传统的创新是抽样式与瀑布式，即调研、预算、规划、开发、测试、制造、商业化等，整个流程缺乏持续性。企业可以通过大数据的收集、关联、分析，更全面、更实时地理解市场状态，再运用统计分析、机器学习等方法预测趋势并研判出最优决策，促进企业战略柔性（庄彩云等，2020）与动态能力，并通过积累反馈实现快速迭代。因此信息技术可以从这五个方面提高项目成功的概率，即项目成功的概率 P_H 与信息技术 β 通常存在以下关系：

$$\partial P_H / \partial \beta > 0 \quad (3-4)$$

根据前述结论 $\partial \hat{\pi} / \partial P_H > 0$，$\partial \pi(z) / \partial z > 0$，同样可以导出 $\partial z / \partial \beta > 0$。

此外，交易成本、代理成本等一系列成本成为阻滞企业发展的重要因素（胡援成和田满文，2008；甄红线等，2015；吴海民等，2015），通常来说良好的成本管理是企业分配创新资源的前提基础。由于新一代信息技术能够通过信息交换代替实物交换，且能够几乎无时耗地不受空间限制来进行信息传输，因此其主要能够有效降低创新主体的交易成本、治理成本和代理成本（王金杰等，2018）。

一是交易成本的降低。企业在开放式整合内外部创新要素的过程中会产生信息不充分、不对称和较高的搜寻成本等一系列问题。以新一代信息技术为依托的互联网可以为创新主体提供低成本甚至免费的搜索平台和开源软件，短时间内可以降低创新主体对内外部创新要素的搜索成本（Henkel，2006）。同时，大数据、云计算等技术可以被应用到企业的生产、销售、研发等各个环节，并由此产生更多的产品相关数据，使研发部门可以对这些数据进行整理分析，其成本较低。并且，消费者、厂家、科研院所甚至竞争对手可以更好地在信息平台上互通创新资源，省去了外部创新主体间存在的一定菜单成本。此外，互联网通过海量储存下的大数据可以形成主体间的信任基础，并通过建立更为缜密的契约条款，使参与者之间能低成本建立起更为完善的合作关系（孟凡新和涂圣伟，2017）。

二是治理成本的降低。新一代信息技术可以高效联结政府、股东、经理人、技术人员、销售人员、市场资源提供者等利益相关者，助推传统的集权式、多层次的治理结构向低成本的"去中心化"结构调整（冯根福和温军，2008），使企业能快速根据市场和消费者的有效需求找准创新定位，并提高决策效率。与传统的公司治理不同，过去是以股东大会—董事会—经理层的垂直链条为治理框架，而新一代信息技术可能促使创新主体的组织管理结构和创新治理体系由此向低成本的"扁平化""去中心化"发展（李维安，2014；戚聿东和李颖，2018）。

三是代理成本的降低。新一代信息技术的应用几乎能够第一时间传播信息，因此弱势群体通过新一代 IT 技术掌握一定的主动权，个体活动也更容易低成本地形成集聚效应，将人人参与监督，人人参与管理的局面变为可能，因此董事会与监事会等职能部门大股东等可以更好地了解公司信息，掌握公司创新特征（李维安，2014）。

因此，如果企业的这些成本设为 η，其包括交易成本、治理成本和代理成本等，那么这些成本与信息技术 β 存在以下关系：

$$\partial \eta / \partial \beta < 0 \tag{3-5}$$

根据企业成本和利润的关系 $\partial \tilde{\pi} / \partial \eta < 0$，结合 $\partial \pi(z)/\partial z > 0$，同样可得 $\partial z/\partial \beta > 0$。

综上所述，我们发现新一代信息技术能够通过降低企业成本、缓解企业间信息不对称并提高项目成功概率促进创新产出数量。因此提出命题 3-3a：新一代信息技术水平的提升能够有效促进企业创新产出数量。

虽然新一代信息技术对创新产出具有以上正向影响，但在创新质量层面，正是由于新一代信息技术的属性，使信息的传播体量大、速度快，且学习成本极低，起初使企业有激励通过"后发优势"分享互联网的溢出效应，从而使企业创新的相似度增大，创新度降低，陷入创新的"羊群效应"，损害了企业的创新产出质量。而随着信息技术水平的进一步提高，互联网溢出效应所带来的红利由于被普及均分，其呈递减趋势并逐渐被蚕食，因此倒逼企业不能完全依赖"后发优势"的溢出红利，新一代信息技术通过创新资源等产生的正效应才能得到有效释放。因此，补充命题3-3b：新一代信息技术对企业创新产出质量存在"U"形的非线性影响。

对研发投入而言，根据上述分析，新一代信息技术可以克服地理障碍高效互通创新资源，提高创新主体研发能力，从而使企业对创新项目有信心增加研发投入。并且，出于对知识产权保护等的考虑，新一代信息技术可能无法获取基础科研、关键技术等信息流（肖利平，2018）。然而，企业在互联网应用方面的费用成本往往明显低于昂贵的研发投入，过去需要依靠研发投入获取的创新资源部分可以凭借新一代信息技术被掌握，表现出一定的替代效应。因此，新一代信息技术的使用对研发投入可能存在正向与负向的双重影响。从而，进一步补充命题3-3c：新一代信息技术的使用对企业研发投入的作用存在不确定性。

基于新一代信息技术的跨时空约束、高连通体量、多数据类别、强数据分析与准研发决策等特性，新一代信息技术可以具体从以下几个研发因素提高企业的创新效率。

第一，降低新产品需求的不确定性。新一代信息技术能够搭建高效的互联网大数据平台，可以帮助企业更迅速、全面地了解到客户的需求、偏好并及时反馈（Erevelles et al.，2016），这将使企业容易识别新产品和服务的市场机会。进一步，可以通过软件对这些多样化信息进行分类，实现市场信息的协同效应，结合自身内部资源，以针对性的研发活动满足消费者的新兴需求。

第二，形成开放式网络创新。通常情况下，如果研发活动的成本较高且风险较大时，企业会去寻求协同合作（汤建影，2012）。而新一代信息技术可以通过建立知识协作平台，引发企业的研发活动进一步跨越企业边界，从而形成企业间的创新网络与合作联盟（Enkel et al.，2010）。互联网通过加速创新个体的想法在虚拟空间的传播，能够启发、激励其他企业的创新活动，优化获得式学习的效果（杨桂菊和李斌，2015），因此形成创新的正外部性。

第三，形成研发与应用部门间的正反馈互动机制。根据网络价值以用户几何倍数增长的梅特卡夫法则，新一代信息技术将带来"蚂蚁效应"，使创新主体、生产设备、新产品、新服务、应用场景之间充分互联互通。其传导机制主要为（韩先锋等，2014；韩先锋等，2019）：①互联网的前向创新关联溢出机制。由于以新一代信息技术为载体的创新思想在应用部门中的广泛使用和持续扩散，创新性思维得以持续性的生产和碰撞；另外，互联网在应用部门内部其他方面的溢出影响，可以形成跨领域创新（张骁等，2019）。②互联网的后向创新关联溢出机制。由于应用部门对创新产品的迭代需求，将对研发生产部门提出更高的产品创新要求，倒逼创新主体持续改进新产品、更新新技术。③互联网的互动创新溢出机制。研发生产部门把创新产品推向应用部门，同时应用部门在创新产品的使用过程中会不断提出更具针对性的需求，反哺研发生产部门的技术革新，如此的过程能够不断动态反复。

第四，提高内部网络组织的协调效率。一方面，新一代信息技术有利于强化研发技术人员的内部协作，促进研发信息在企业内部的高效传输，提高内部知识整合能力（丁秀好和武素明，2020），优化试错式学习（Zhao et al.，2011）的效果。另一方面，研发活动的成功还依赖于市场营销、生产质检与研发部门的有效协作，而新一代信息技术可以充当这些部门沟通的便捷工具，对消费者需求形成系统一致的认识。

第五，提升研发投入效率。一方面，新一代信息技术能够降低科研资源与人力资本的搜寻和匹配成本。另一方面，通过新一代信息技术，企业能够使研发成本的均摊成为可能，从而大幅度降低研发成本。

此外，新一代信息技术可以具体从以下几个非研发因素提高企业的创新效率。

一是优化公司治理。新一代信息技术可能促使创新主体的组织管理结构和创新治理体系由股东大会—董事会—经理层的垂直链条的传统治理框架向"扁平化""去中心化"发展（李维安，2014；戚聿东和李颖，2018），这种开放式组织结构容易让持有创新意见者拥有更多的话语权。

二是促使创新主体竞争的范围被放大。在互联网环境中，企业难以保持长期技术创新的竞争优势，需要面临"创造性破坏"的威胁，从而打破企业的创新惰性，激励企业培育新的技术创新竞争优势（Mudambi and Swift，2014），有助于企业在动态竞争中保持高度的竞争积极性和警觉性，充分发挥竞争之于创新的正向作用（张杰等，2014）。

三是有助于促进企业进行专业化分工（施炳展和李建桐，2020）。首先，新一代信息技术可以大幅降低搜寻成本，使中间产品的外部购买变得容易，使交易匹配的质量得以提升（Dana and Orlov，2014；Ellison and Ellison，2018），从而可以将精力集中于技术的研发和更新。其次，互联网能够减少企业承担的合约成本，企业的资信状况、技术水平、产品质量等信息都可以通过互联网发布，并且进一步动态监督与指导中间品供应商的活动，缓解了契约不完全性问题。

综上所述，可以提出命题3-3d：新一代信息技术能够提高企业的创新效率。

二 新一代信息技术于融资与企业创新中的作用

基于前一小节对新一代信息技术属性的分析，进一步探讨新一代信息技术于融资与企业创新中的作用。

现实的融资市场存在摩擦和扭曲等不完美因素，这些摩擦和扭曲往往会直接或间接地影响企业的发展，而其中一个重要因素就是信息不对称问题，及其引致的代理问题。由于技术知识的内容包罗万象，使技术创新中的信息不对称问题在融资过程中尤为突出（苗启虎等，2006）。较发达的信息披露水平，不仅可以使个体传递更具可靠性的企业相关信息，而且可以通过这些信息读懂背后的经济实质。而在当今社会，发达的信息披露水平正是需要依赖强大的新一代信息技术。总结下来，新一代信息技术可以在企业融资与创新产出与效率中发挥以下几个作用。

第一，缓解投资者与创新主体普遍存在的逆向选择问题。通常情况下，项目创新者往往比投资者更具有信息优势，大多数创新项目在起初都基本没有过往相关信息的记录，容易导致"逆向选择"。而新一代信息技术可以使这一类信息不对称程度得以降低，在前期增加投资者信心，提高投资者识别出优质项目的概率（Healy and Palepu，2001）。同时，有利于消除融资成本中的这类信息不对称导致的风险溢价，从而有效降低融资成本（曾颖和陆正飞，2006；谢盛纹等，2018）。

第二，缓解投资者与经营者之间可能的创新风险不对称问题。由于委托代理问题，所有者和经营者的目标可能存在差异（Bushman and Smith，2003），因此在面对企业创新项目时所持的风险偏好也可能不同，形成创新风险不对称问题。对投资者而言，其可以运用投资组合分散项目的非系统风险，因此整体上抵御风险能力较强，从而对单个项目的风险偏好也较高。对经营者而言，其通常只能受雇于一家公司，因此出于保全自身利益的考虑，对单个项目的风险偏好可能较低。而创新需要创新主体的风险承担，如果经营者在面对创新风险时不作为，无疑会损害企业创新能力。因此，新一代信息技术一方面可以帮助经营者更准确地分析项目产出和风险（陈习定和戴晓震，2018），另一方面帮助投资者更好地与经营者沟通，明确所有者和经营者的权责，缓解经营者的创新风险厌恶（Graham et al.，2005）。

第三，缓解经营者的工作忧虑。在信息不对称下，投资者往往会将短期的不好业绩归因于经营者的无能，这将导致经营者的工作忧虑问题。由于创新往往在收益回报和支出成本的时间上不同步，通常表现在企业不好的短期业绩上。因此经营者为了自身利益，过度关注短期业绩而损害了公司创新的长期价值（冯根福，2004；He and Tian，2013）。而新一代信息技术可以帮助投资者更客观地评价创新企业短期的业绩不佳，进而促使投资者与经营者对创新持有更多的包容和耐心。

第四，缓解投资者信息不对称下的短视行为。在企业创新过程中，投资者由于缺乏相关信息，可能较少关注长期经济利益而更关心短期利益，引发投资者的短视行为（Armstrong et al.，2011）。因此投资者可能通过金融市场，通过资产买卖快速获取丰厚的金融回报，然而过多精力投入金融市场必然会挤占对企业创新发展所投入的精力。而新一代信息技术可以弱化这种信息匮乏，使投资者能够看到创新成功相关的长期更大的回报收益，从而激励其对企业创新发展投入更多精力。

第五，对经营者的行为实施更好的实时监督。经营者出于对安逸生活的追求，难免会恶化委托代理问题（Bertrand and Mullainathan，2003），凭借其权力获取私利导致的创新非效率问题，经营者可能通过关联交易、现金流滥用等方式引发"道德风险"。创新项目本身风险大，因此其复杂的流程需要经营者投入更多的精力，这就需要投资者更多的监督（Bernstein，2015）。新一代信息技术可以为投资者提供更多的相关客观信息，缓解此类问题（Cho and Kim，2017；李慧云等，2020）。在此过程中，实时掌控创新项目的资金、物质资本、人力资本等状况，抑制经营者的机会主义行为。在后期，考察项目的进度、效率和效果等并进行相应的奖惩，从而及时纠错。

第六，提高融资中的创新资金的使用效率。人力、物力、数据等各种创新投入要素都需要资金，通过前述分析可得新一代信息技术能够高效撮合此类交易，科技创新所需的创新资源得以快速流动和高效配置。并且依托新一代信息技术，众创、众包、众扶等创新平台得以搭建，使研发成本的均摊成为可能，从而大幅降低研发成本。

第七，降低融资与创新过程中的实际成本。新一代信息技术通过降低调研成本、交易成本、治理成本、代理成本等放大资金使用效率。并且，新一代信息技术可以提供互联网融资平台，提高企业的融资可及性与投资者的市场竞争，从而有利于进一步降低创新主体融资成本，进一步放大资金使用效率。

因此，新一代信息技术于融资与创新产出与效率中的作用机理总结如图3-3所示，由此可以提出命题3-4d：新一代信息技术水平的提升有助于正向调节融资对企业创新产出及效率的影响。

由于债权融资投资者属于风险规避型，其通常关注固定收益而没有激励去收集更多的项目信息，因此本身对项目信息的依赖度不高。而股权投资者不同，由于其更需要差异化的信息收集从而具备更好的创新资源基础以实现与高风险匹配的高回报，因此本身对项目信息的依赖度较高。因此从对创新信息的依赖性上来看，借助新一代信息技术的发展，股权投资者会更倾向加大研发投入力度进行创新活动。因此可以提出命题3-4b：新一代信息技术水平的提升有助于正向调节股

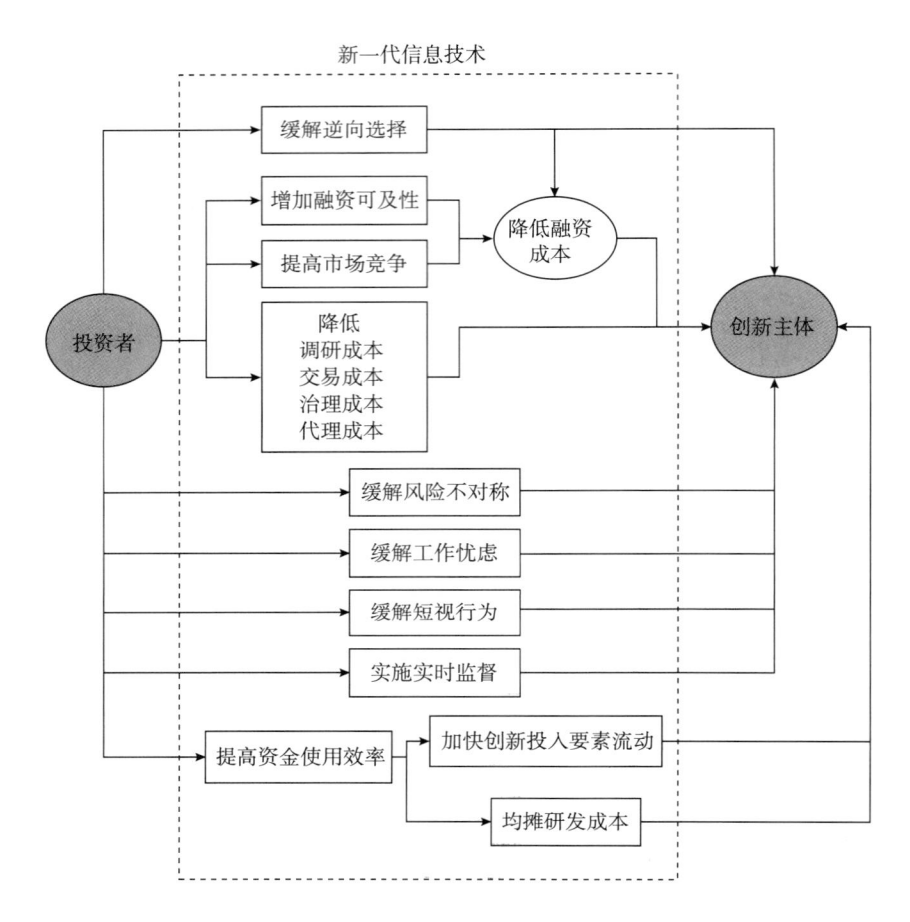

图 3-3　新一代信息技术于融资与创新实现中的作用机理

权融资与企业研发投入的关系，而对债权融资与企业研发投入的关系不敏感。

第四节　本章小结

本章基于龚强等（2014）、张一林等（2016）关于债权融资和股权融资可得性的数理模型，将新一代信息技术纳入统一的逻辑框架，从债权融资与股权融资对创新风险的不同"态度"出发，在微观视角构建了融资结构、新一代信息技术与企业创新关系的数理模型，并进一步展开了相关的机理分析。

通过理论分析可知，债权融资对企业研发投入、创新产出数量、创新数量效率均具有抑制作用，然而在创新质量层面对企业存在约束和约束治理双重效应。相比较，股权融资对企业的研发投入、产出与效率的影响具有一定的复杂性。此外，新一代信息技术能够通过降低企业成本、缓解企业间信息不对称并提高项目成功概率促进创新产出数量，同时对企业创新产出质量存在"U"形的非线性影响，但对企业研发投入的作用存在不确定性。进一步，新一代信息技术能够提高企业的创新效率，并有助于正向调节融资对企业创新产出及效率的影响。与此同时，虽然新一代信息技术水平的提升有助于正向调节股权融资与企业研发投入的关系，而对债权融资与企业研发投入的关系不敏感。

第四章

新一代信息技术、融资结构、创新的测度与特征分析

本书在理论部分分析了融资结构、新一代信息技术对企业创新的影响机理,然而现有文献在对三者的测算或度量上存在一定的差异,特别是在信息技术相关的测算上学者的侧重点不尽相同。因此,本章基于对现有测算或度量方法的介绍、对比及完善,结合研究重点更有针对性地测算或度量本书的核心变量,并据此进行简要的特征分析。

第一节 新一代信息技术的测算与特征分析

中国互联网的发展历经了学术牵引期(1980—1994 年)、探索成长期(1994—2002 年)、快速发展期(2002—2010 年)、成熟繁荣期(2010 年至今)将近 30 年。2020 年 9 月 29 日,中国互联网络信息中心(CNNIC)在京发布第 46 次《中国互联网络发展状况统计报告》显示,截至 2020 年 6 月,我国网民规模达 9.40 亿人,互联网普及率达 67.0%,全国多数民众能够时时刻刻享受着互联网带来的便利。在此背景下,信息技术发展水平如何进行测算?不同地区信息技术发展的特征究竟怎样?这些问题都具有重要的现实意义。

一 信息技术相关测算的介绍

自从有了信息技术,学者和相关组织首先感兴趣于如何评价信

技术，或者"网络经济""信息化""信息通信技术（ICT）""互联网"等与信息技术相关的概念，冀望通过定量分析较准确地量化各时间上不同地区的信息技术发展水平，为各地区发展提供现实指导。其中，信息化的概念起源于20世纪60年代的日本，首先是由日本学者梅棹忠夫提出来的，而后被译成英文传播到西方，西方社会普遍使用"信息化"的概念是70年代后期才开始的。1997年召开的首届全国信息化工作会议，对信息化和国家信息化定义为："信息化是指培育、发展以智能化工具为代表的新的生产力并使之造福于社会的历史过程。国家信息化就是在国家统一规划和组织下，在农业、工业、科学技术、国防及社会生活各个方面应用现代信息技术，深入开发广泛利用信息资源，加速实现国家现代化进程。"学术界关于信息技术发展水平的测算形成了不同的层次和标准，主要涵盖了信息技术基础设施、信息技术物质投资与人力资本、信息技术应用等层次。

（一）国际上主要的信息技术相关测算

目前，国际上常见的信息技术水平测度方法包括美国的波拉特法、日本的信息化指数法、国际数据集团信息建设指数、国际电信联盟信息化发展指数和网络就绪指数等。

1. 美国的波拉特法

美国的学者波拉特于1977年在《信息经济：定义与测量》中从应用信息与信息生产的视角，将信息部门从国民经济里独立出来，研究信息产业在经济总量中的占比，他认为信息产业已经成为三大产业外的第四产业。并且，按照信息产业中的信息服务能否在市场中直接交易，将其划分为第一信息产业和第二信息产业。第一信息产业包括直接向市场提供信息服务的企业；第二信息产业包括通过非商品化形式应用信息技术的企业和单位。波拉特主要从信息产业产值占国民生产总值中的比重和从事信息产业的劳动力人口占总劳动力人口的比例两个方面测算。这一测算办法可以用数值来量化各地区的信息化发展水平，并可以进行横向与纵向比较信息的贡献度。但是，这种测度仅关注了经济效益，忽略了信息设备的应用程度等。并且，各地区在进行国民经济产业的分类标准并不完全统一，统计口径也存在差异。

2. 日本的信息化指数法

日本经济学家小松畸清于1965年提出了信息化指数法，该方法首先需要建立信息化指标体系，根据所选指标收集数据，最后按照计算方法计算指数数值。一级指标体系包括了信息使用量、信息装备量、信息主体水平、信息消费率四大方面，具体如表4-1所示。

表4-1　　　　　　　　日本的信息化指数指标体系

	一级指标	二级指标
信息化指数	信息使用量	人均年使用函件数（件/人）
		人均通话次数（次/人）
		每百万人每天报纸发行数（件/百万人）
		每平方千米人口密度（人/平方千米）
		每百万人书籍销售点数（个/百万人）
	信息装备量	信息产品业（百万日元）
		政府活动（百万日元）
		基础设施（百万日元）
	信息主体水平	第三产业人数的百分比（%）
		每百万人中在校大学生数（%）
	信息消费率	个人消费中除衣食住行外杂费比率（%）

资料来源：张波：《中国信息化对工业企业技术创新效率的影响研究》，博士学位论文，中央财经大学，2016年。

通过这些指标利用算术平均法，可得某地区某时间的信息化水平。但是，该方法随着互联网的发展，需要进一步调整指标。另外，其算术平均的计算办法过于简单，通常无法准确刻画有效信息。

3. 国际数据集团信息建设指数

国际数据集团于1996年提出了信息建设指数，其立刻在信息化评价的研究上引起学者的关注。信息建设指数主要由电脑普及率、信息基础设施建设及通信建设三大指标构成，在三大指标下面有20个三级指标，其中5个与计算机相关。具体地，电脑普及率指标内含人均拥有电脑数量、互联网使用数目、电脑使用数量、软硬件支出数量等指标；信息基础设施建设指标内含大学和职业学校人数、新闻自由

第四章 新一代信息技术、融资结构、创新的测度与特征分析

等指标；通信建设指标内含移动电话数、每百人的电话数目、传真机数目等指标。其计算方法是对数据标准化，并结合计量回归综合计算信息化指数。

4. 国际电信联盟信息化发展指数

国际电信联盟（ITU）于2010年发布了《衡量信息社会发展2010》，从三大分类指标更实用地设计了测算世界各国信息化发展水平的指数方法，指标体系如表4-2所示。

表4-2　　　　　国际电信联盟信息化发展指数指标体系

一级指标		二级指标
信息化发展指数	信息化接入	每百居民固定电话线长（千米/百人）
		每百居民移动电话用户数（户/百人）
		每用户国际互联网带宽（KB/户）
		家庭计算机拥有率（%）
		家庭接入互联网比重（%）
	信息化应用	每百居民互联网用户数（户/百人）
		每百居民固定互联网用户数（户/百人）
		每百居民移动互联网用户数（户/百人）
	信息化技能	成人识字率（%）
		初中毛入学率（%）
		高中毛入学率（%）

资料来源：《"十一五"时期中国信息化发展指数（IDI）研究报告——中国信息化发展水平的国际比较与分析》，统计科研所信息化统计评价研究组。

5. 网络就绪指数

从2001年起，世界经济论坛每年测度并发布网络就绪指数（NRI），目的在于评估一个国家通过信息技术发展取得转型或获益机会的就绪程度，包括环境、就绪程度、使用情况和影响力四大类共53个指标。

（二）中国官方的信息技术相关测算

1. 中国国家信息化指标方案

美国的信息革命对中国的发展产生了巨大的影响，政府十分重视信

息化建设，特此成立了工业和信息化部。在 2000 年，国家统计局下属单位国际统计信息中心，受委托负责"中国国家信息化指标方案"的设计与测算工作，这个指标体系囊括 6 个一级指标和 25 个二级指标，具体如表 4-3 所示。这个体系可以量化地发现我国各地区信息化发展水平的差异，并挖掘信息化发展过程中的不足之处，从而做到科学决策。

表 4-3　　　　　　　　中国国家信息化指标方案指标体系

	一级指标	二级指标
中国国家信息化指标方案	信息资源开发利用	每千人广播电视播出时间（小时/千人）
		每万人图书、报纸、杂志总印张数（张/万人）
		每千人万维网站点数（个/千人）
		每千人互联网使用字节数（KB/千人）
		人均电话通话次数（次/人）
	信息网络建设	每百平方千米长途光缆长度（公里/百平方千米）
		每百平方千米微波通信线路（公里/百平方千米）
		每百平方千米卫星站点数（个/百平方千米）
		每百人拥有电话主线数（个/百人）
	信息技术应用	每千人有线电视用户数（户/千人）
		每千人局用交换机容量（KB/千人）
		每百万人互联网用户数（户/百万人）
		每千人拥有计算机数（户/千人）
		每百户拥有电视机数（个/百户）
		每千人拥有信用卡张数（张/千人）
	信息产业发展	每千人专利授权数（个/千人）
		信息产业增加值占 GDP 比重（%）
		信息产业从业人数占全社会劳动力人数比重（%）
		信息产业出口额占出口总额比重（%）
		信息产业对 GDP 增长的直接贡献率（%）
	信息化人才	每万人大学生数（%）
		信息化相关专业在校大学生数所占比重（%）
		每万人拥有科技人员数（%）
	信息化发展政策	研究与开发经费支出占 GDP 比重（%）
		信息产业基础设施建设投资占基础设施建设投资比重（%）

资料来源：国家统计局国际信息统计中心、国家信息化办公室委托研究课题：《中国信息化水平测算与比较研究》，2000 年 1 月。

2. "十一五"时期的信息化发展指数

随着信息化的发展,国家统计局研究制定的信息化发展指数(IDI)的指标体系于 2006 年在国家发展和改革委员会制订的《国民经济和社会发展信息化"十一五"规划》中被首次引入,并按照这个指数在"十一五"时期每年监测全国及各省区市的信息化发展水平。该指标体系内含了信息基础设施指数、信息使用情况指数、信息知识指数、信息环境与效果指数、信息消费指数 5 个一级指标,10 个二级指标,具体如表 4-4 所示。

表 4-4　　"十一五"时期信息化发展指数(IDI)指标体系

一级指标		二级指标
信息化发展指数	信息基础设施指数	电视机拥有率(%)
		固定电话拥有率(%)
		移动电话拥有率(%)
		计算机拥有率(%)
	信息使用情况指数	每百人互联网用户数(户/百人)
	信息知识指数	教育指数(国外:成人识字率×2/3+综合入学率×1/3 国内:成人识字率×2/3+平均受教育年限×1/3)(%)
	信息环境与效果指数	信息产业增加值占 GDP 比重(%)
		信息产业研究与开发经费占 GDP 比重(%)
		人均 GDP(万元/人)
	信息消费指数	信息消费系数

资料来源:统计科研所信息化统计评价研究组:《"十一五"时期中国信息化发展指数(IDI)研究报告——中国信息化发展水平的国际比较与分析》。

该指数的计算方法:①对数据进行标准化处理。②对二级指标运用算术平均法算出 5 个一级指标的数值。③对 5 个一级指标数据加权计算出信息化发展指数。计算公式为:

$$IDI = \sum_{i=1}^{n} W_i \left(\sum_{j=1}^{m} \frac{1}{m} P_{ij} \right) \tag{4-1}$$

其中,P_{ij} 为这 10 个二级指标标准化后的数值。而 W_i 为这 5 个一级指标的权重数值。信息基础设施指数、信息使用情况指数、信息知识指数、信息环境与效果指数、信息消费指数的权重分别为25%、25%、20%、20%、10%。

3. "十二五"时期的信息化发展指数（Ⅱ）

随着3G网络、三网融资、物联网等的飞速发展，传统的测算方法已明显滞后于信息技术的革新式变化。为在"十二五"时期继续追踪、了解和综合反映中国及各省信息化发展的进程，统计科研所信息化统计评价研究组基于"十一五"时期的信息化发展指数（IDI）的测算方法对该指数进行了进一步完善。优化后的指标体系下的一级指标内含了基础设施指数、产业技术指数、应用消费指数、知识支撑指数、发展效果指数5个一级指标，12个二级指标，具体如表4-5所示。

表4-5　　"十二五"时期信息化发展指数（IDI）指标体系

	一级指标	二级指标
信息化发展指数	基础设施指数	电话拥有率（部/百人）
		电视机拥有率（台/百人）
		计算机拥有率（台/百人）
	产业技术指数	人均电信业产值（元/人）
		每百万人发明专利申请量（个/百万人）
	应用消费指数	互联网普及率（户/百人）
		人均信息消费额（元/人）
	知识支撑指数	信息产业从业人数占比（%）
		教育指数（国外：成人识字率×2/3＋综合入学率×1/3　国内：成人识字率×2/3＋平均受教育年限×1/3）（%）
	发展效果指数	信息产业增加值占比（%）
		信息产业研发经费占比（%）
		人均国内生产总值（元/人）

资料来源：国家统计局统计科研所信息化统计评价研究组、杨京英等：《信息化发展指数优化研究报告》，《管理世界》2011年第12期。

该指数的计算方法：①对数据进行极值法标准化处理。②对二级指标运用加权法算出5个一级指标的数值。③对5个一级指标数据继续加权法计算出信息化发展指数。计算公式为：

$$IDI = \sum_{i=1}^{n} W_i \left(\sum_{j=1}^{m} \frac{1}{m} P_{ij} \right) \tag{4-2}$$

其中，P_{ij}为这10个二级指标标准化后的数值。而W_i为这5个一级指标的权重数值。参考当时主要国际组织对信息化综合指数的测算办法的权重的选取基本为平均赋权法，如数字接入指数（DAI）、数字鸿沟指数（DDIX）、信息化机遇指数（ICT-OI）、信息化发展指数（IDIITU）、信息化扩散指数（ICT-DI）和网络就绪指数（NRI）等，研究组选取专家评分的平均进行赋权。基础设施指数、产业技术指数、应用消费指数、知识支撑指数、发展效果指数的权重分别为22%、17%、21%、19%、21%。

研究组利用这个指标对世界主要国家和地区的信息化发展水平进行了测算，根据研究组的测算，2006—2009年，我国信息化水平逐年上涨。在世界范围内，瑞典的信息化发展指数稳居第一，相较我国信息化发展指数在2008年仅为0.645，在57个国家中位列第42位。

（三）学术界的信息技术相关测算与度量

在微观的研究层面，学者多从信息技术投资或使用的视角采用电子邮箱、官方网站等单向指标来评价信息技术的水平（Bartel et al.，2007；Ricci and Trionfetti，2012；宁光杰和林子亮，2014；王可和李连燕，2018；戴美虹，2019；何小钢等，2019；沈国兵和袁征宇，2020）。

在宏观的研究层面，一些学者针对性地利用宽带渗透率、移动电话普及率、ICT投资、新一代信息技术产业上市公司总产值等单向指标度量宽带基础设施、信息通信技术（ICT）、互联网等（Lam and Shiu，2010；Chakraborty and Nandi，2011；Czernich et al.，2011；Atasoy，2013；Akerman et al.，2015；Kneller and Timmis，2016；Jie et al.，2017；Jorgenson et al.，2014；韩宝国和朱平芳，2014；郑世林等，2014；郭家堂和骆品亮，2016；王金杰等，2018；施炳展和李建桐，2020；卢福财和徐远彬；钞小静等，2020）。

此外，还有一些学者借鉴了主流综合指数的方法，使用信息化指数等信息技术相关的复合指数刻画信息化、信息技术发展水平的高低（Gerpott et al., 2015；惠宁和刘鑫鑫，2017；左鹏飞，2017；张骞和吴晓飞，2018；韩先锋等，2014；韩先锋等，2019；黄群慧等，2019；王满仓等，2019）。其中，韩先锋等（2019）基于已有研究和中国互联网发展现状，构建了较全面、准确且具时效性的互联网综合水平测度体系，具体如表4-6所示。

表4-6　　　　　　　　互联网综合水平测度体系

	一级指标	二级指标
互联网综合发展水平指数	互联网普及	网民普及率（%）
		网民总数（万人）
	互联网基础设施	IPv4地址比重（%）
		万人域名数（个/万人）
		长途光缆线路长度（千米）
		互联网接入端口数（万个）
	互联网信息资源	企业平均拥有网站数（个）
		每个网页平均字节数（KB）
	互联网商务应用	快递业务总量（万件）
	互联网发展环境	人均GDP（元）
		城镇居民人均可支配收入（元）

资料来源：韩先锋等（2019）。

二　新一代信息技术水平的测算方法

根据前述信息技术相关测算的介绍发现，由于近些年官方缺乏关于信息技术的综合指数，例如《中国信息年鉴》中的信息化发展总指数（Ⅱ）仅有2005—2012年的跨度数据，而测算又难免存在一定的困难和挑战，导致多数学者采用CN域名数、互联网普及率、网站数等单一指标作为替代。实际上信息技术是一个复杂的技术体系，上述单一指标虽然都是信息技术发展水平高低的重要体现，但不够客观和全面，也略显单薄，单一指标仅能体现信息技术发展的局部事实，并不能客观地揭示其完全水平。考虑到近十多年来以移动互联网、社交网络、云计算、大数据为特征的第三代信息技术架构蓬勃发展，主要包括集成电路、人工智能、云计算、大数据、物联网等，数字化、网络化、智能化，形成了新一代信息技术的突出特征，结合数据的可得性和连续性，本书选取的2008—2018年省级信息技术的相关数据样本基本覆盖和反映了近十多年我国新一代信息技术的发展水平。这里结合中国信息技术发展实际并参考韩先锋等（2019）的指标选取，设计的一级指标体系涵盖信息技术普及、信息技术硬件发展和信息技术软件发展三大维度，并坚持从可得性、针对性、科学性、导向性、有效性、可操作性六个方面进行相应的细分指标筛选，从而构建出中国信息技术发展水平测度体系，具体指标体系如表4-7所示。

表4-7　　　　　　信息技术水平指数的指标体系

一级指标	二级指标（单位）	指标解释
信息技术普及	互联网普及率（%）	体现网络信息技术普及程度
	互联网宽带接入用户数（万个）	体现互联网接入设备的建设水平
	互联网域名数（个）	描述互联网定位资源规模情况
	网站数（个）	描述互联网资讯资源的规模水平
信息技术硬件发展	移动电话普及率（个/百人）	反映信息技术移动设备的配置水平
	邮电业务总量（亿元）	表征邮电业务的发展水平
	移动电话交换机容量（万门）	反映移动电话交换机传输能力
	光缆线路长度（千米）	衡量信息远程传输能力
	移动电话基站（万个）	体现移动电话信号强弱
信息技术软件发展	软件业从业人数（人）	衡量软件业人力资本
	软件业企业个数（个）	衡量软件业企业规模与竞争
	软件业收入（万元）	表征软件业务的发展水平

资料来源：笔者根据相关文献整理。

与韩先锋等（2019）的指标选取相比，剔除了人均GDP等宏观经济变量，更有针对性地从信息技术普及、信息技术硬件发展和信息技术软件发展三个一级指标全方位测度信息技术水平。并且，考虑域名和IP地址是相互映射关系，且网民总数和网民普及率相关，因此利用互联网普及率（互联网用户数占地区常住人口总数的比例）和互联网域名数进行整合。同时，邮电业务总量较快递业务总量更能全面反映邮政和电信的使用程度。此外，考虑当前手机在生产生活中的强大功能，以移动电话交换机容量和移动电话基站替换网页平均字节数来反映移动网络硬件的数据传输能力。进一步，考虑到软件应用的数据和测度存在较大难度，由于软件企业可以更方便地服务本地区的软件应用，从侧面反映出了地区软件应用水平，因此利用软件业的相关数据测度软件整体发展水平。本书冀望利用此综合指数更客观和准确地衡量信息技术发展水平。

为了使数据具有可比性，对邮电业务总量、软件业收入与GDP做了比值处理。由于少数省份个别数据存在缺失问题，因此对其进行了插值处理。根据上述综合指标测度体系，本书基于主成分分析法构造信息技术水平指数，其计算方法为：①为了消除量纲差异可能的影响，这里对原始指标数据进行了Z-score标准化处理。②根据标准化数据求出相关矩阵。③求出相关矩阵的特征值，进一步求出其特征向量，即为子指标向量对应的系数向量，从而可得主成分表达式。

同时，对主成分分析的恰当性进行KMO检验，其整体值为0.80，比对kaiser的经验法则与先前结果保持一致。并且通过分析结果和碎石图，发现第一主成分占特征值较大主成分方差贡献率之比高达82%，同时考虑尽可能弱化复合指标的经济意义偏差，因此最终选取第一主成分得分作为信息技术综合水平得分。为了便于后续研究方便，这里按照以下计算公式，将测算所得的信息技术综合水平得分数据标准化到[0，1]区间内，即为新一代信息技术综合水平指数（IT）。

$$IT_{jt} = \frac{S_{jt}}{\max(S_{jt}) - \min(S_{jt})} \times 0.4 + 0.6 \quad (4-3)$$

式中，S 为省份 j 在 t 年份的信息技术综合水平得分，max（·）和min（·）分别为对应综合水平得分的最大值和最小值。

三 新一代信息技术水平的测算结果及特征分析

这里选取2008—2018年省级信息技术的相关数据，原始数据来自国泰安数据库与 Wind 数据库。表 4-8 为省级信息技术水平指数的测算结果，数据按照 2018 年新一代信息技术水平指数由大到小的顺序排列。需要说明的是，由于西藏的缺失值较多（特别是软件业的相关数据），因此对此进行了剔除处理。结果发现，各个地区在不同时间的信息技术水平差异较大。

表 4-8　　2008—2018 年省级新一代信息技术水平指数

年份 地区	2008	2009	2010	2011	2012	2013	2014	2015	2016	2017	2018
广东	0.578	0.607	0.617	0.641	0.678	0.703	0.720	0.758	0.788	0.801	0.824
江苏	0.499	0.527	0.551	0.573	0.607	0.625	0.655	0.685	0.708	0.726	0.763
北京	0.594	0.594	0.594	0.595	0.619	0.634	0.654	0.673	0.701	0.712	0.722
浙江	0.518	0.538	0.543	0.549	0.580	0.597	0.603	0.646	0.665	0.689	0.714
四川	0.456	0.473	0.484	0.495	0.514	0.536	0.553	0.580	0.570	0.628	0.690
山东	0.478	0.501	0.511	0.522	0.537	0.572	0.600	0.627	0.645	0.662	0.685
福建	0.479	0.498	0.515	0.523	0.547	0.556	0.569	0.592	0.622	0.663	0.669
上海	0.542	0.545	0.545	0.542	0.575	0.585	0.594	0.609	0.606	0.615	0.622
河南	0.448	0.458	0.466	0.470	0.482	0.501	0.515	0.541	0.567	0.578	0.598
河北	0.450	0.467	0.477	0.484	0.504	0.515	0.523	0.538	0.557	0.577	0.597
辽宁	0.472	0.486	0.503	0.518	0.548	0.572	0.585	0.600	0.580	0.586	0.593
湖北	0.453	0.465	0.473	0.477	0.495	0.514	0.526	0.548	0.562	0.573	0.589
安徽	0.431	0.444	0.454	0.459	0.471	0.481	0.487	0.508	0.520	0.539	0.561
湖南	0.448	0.459	0.462	0.465	0.477	0.487	0.496	0.506	0.520	0.543	0.558
陕西	0.455	0.464	0.473	0.477	0.488	0.499	0.507	0.523	0.531	0.542	0.557
广西	0.432	0.444	0.449	0.451	0.462	0.469	0.478	0.490	0.502	0.527	0.547
重庆	0.449	0.456	0.461	0.463	0.476	0.486	0.497	0.511	0.539	0.540	0.545
吉林	0.446	0.458	0.464	0.466	0.474	0.481	0.488	0.494	0.505	0.518	0.537
山西	0.453	0.462	0.466	0.466	0.475	0.485	0.491	0.500	0.505	0.516	0.537
江西	0.424	0.435	0.441	0.446	0.454	0.462	0.467	0.482	0.492	0.513	0.533
黑龙江	0.445	0.456	0.460	0.461	0.467	0.480	0.494	0.500	0.511	0.523	0.532
贵州	0.424	0.435	0.444	0.446	0.455	0.465	0.470	0.480	0.485	0.503	0.530
新疆	0.442	0.453	0.460	0.462	0.473	0.482	0.486	0.494	0.500	0.503	0.520

续表

年份 地区	2008	2009	2010	2011	2012	2013	2014	2015	2016	2017	2018
内蒙古	0.441	0.451	0.457	0.462	0.472	0.481	0.483	0.487	0.494	0.507	0.516
天津	0.466	0.472	0.477	0.480	0.490	0.489	0.492	0.496	0.504	0.509	0.515
甘肃	0.430	0.438	0.444	0.443	0.451	0.458	0.462	0.472	0.477	0.494	0.514
云南	0.435	0.443	0.451	0.449	0.458	0.468	0.473	0.484	0.516	0.504	0.507
海南	0.440	0.448	0.453	0.451	0.460	0.466	0.469	0.477	0.480	0.489	0.501
宁夏	0.427	0.436	0.443	0.445	0.455	0.460	0.465	0.467	0.472	0.482	0.497
青海	0.434	0.440	0.447	0.447	0.456	0.461	0.464	0.468	0.468	0.476	0.491

资料来源：笔者通过 Stata15 测算得到。

进一步，本书计算了全国信息技术水平指数的平均值作为全国的水准，并重点选出 2018 年信息技术水平最高的省份广东省和最低的省份青海省进行比较分析。为方便起见，图 4-1 描绘了全国、广东和青海的信息技术水平指数趋势，从纵向视角进行对比。结果表明，我国信息技术水平呈逐年上升趋势，并且高水平的广东与低水平的青海也保持了增长态势。然而，广东省的曲线斜率明显大于青海省的斜率，表现出了一定的"数字鸿沟"[①] 特征。究其原因，区域板块经济发展严重分化，2017 年前后区域经济发展速度呈现出"南快北慢"，经济增长"南升北降"的格局（北京市社会科学院课题组，2019）。信息技术能够进一步推动财富在信息技术所有者的高速聚集，而信息技术匮乏者获得的在线教育等相对较少，从而形成恶性循环。

从横向视角，图 4-2 描述了 2018 年各省份信息技术水平指数的情况。整体上看，地区信息技术发展可以被划分为四个区间水平。广东省的信息技术以超过 0.8 的水平遥遥领先，江苏、北京、浙江处于 0.7—0.8 的第二梯队，上海、福建、山东、四川则处在 0.6—0.7 的第三区间范围，大部分省份的信息技术指数集中在 0.5—0.6 的水平区

---

① 数字鸿沟（Digital Divide），是指在全球数字化进程中，不同国家、地区、行业、企业、社区之间，由于对信息、网络技术的拥有程度、应用程度以及创新能力的差别而造成的信息落差及贫富进一步两极分化的趋势。

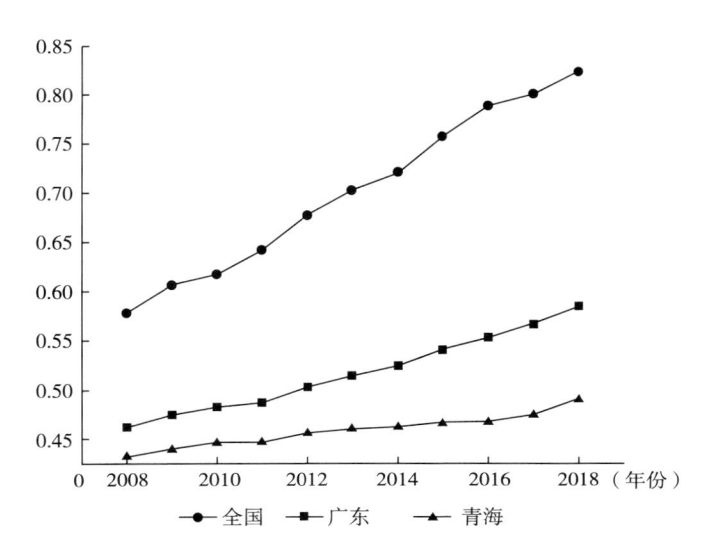

图 4-1 主要信息技术水平指数趋势

资料来源：笔者通过测算绘制。

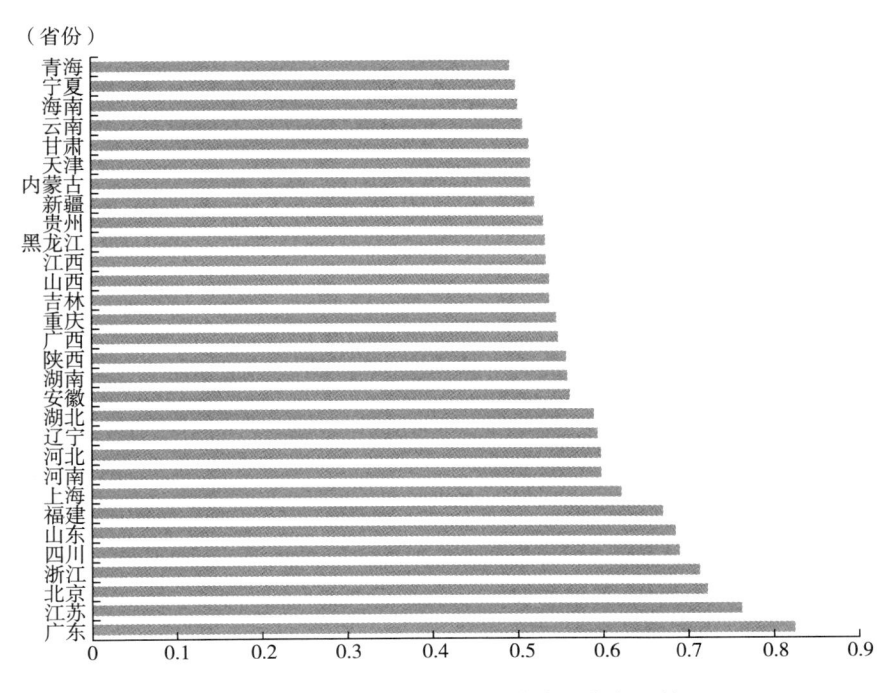

图 4-2 2018年各省信息技术水平指数比较

资料来源：笔者通过测算绘制。

间，同时表现出了一定的"长尾"分布特征。相比较，青海、宁夏等部分西部或中部省份以 0.5 左右的水平普遍落后，并与高信息技术水平省份存在不小的差距。

第二节　融资结构的度量与特征分析

一　融资结构的度量

从 Goldsmith 于 20 世纪 60 年代在其著作《金融结构与增长》中提出"金融结构"的概念以来，学界和实务界均对此进行了深入的研究（周莉萍，2017），其中 Allen 和 Gale（2000）更是把金融结构划分为"银行主导型"和"市场主导型"，即直接融资与间接融资的视角。

在宏观视角下，学者大多按照银行和市场的划分进行度量。一些学者将其称为"金融结构"，其中林毅夫等（2009）、龚强等（2014）特别强调了股票的作用。一些文献以单向指标进行度量，如周开国和卢允之（2019）分别用股票市场市值除以 GDP 和银行对私人部门的信贷余额除以 GDP 表征股票市场和银行信贷。多数文献以比例关系进行度量，如刘柳和屈小娥（2019）便以股票融资额比贷款融资额进行分析；林志帆和龙晓旋（2015）、马微和惠宁（2018）参照（Demirguc-Kunt et al., 2011）的研究，以股票融资额加债券融资额之和与贷款融资额的比例进行衡量；景光正等（2017）、刘晓光等（2019）、谭小芬等（2019）借鉴 Levine（2002）的方法，利用股市交易总值除以银行私人信贷表征相对活力，股市市值除以银行私人信贷表征相对规模，股市交易总值占 GDP 比重乘以银行总资产管理费用表征相对效率，最后通过主成分分析法、平均值法等得到金融结构综合指数。此外，还有少数学者将其称为"融资结构"（周月秋和邱牧远，2016），郭丽虹等（2014）以银行短期贷款、银行长期贷款、票据融资、企业债券融资以及股票融资的增加额来表征社会融资结构；吴晗（2015）等分别以金融机构贷款余额和上市公司的总股本衡量间接融资和直接融资。

在微观视角下，学者主要按照股权和债权的分类，将其称为"融资结构"。多数学者以单向指标进行度量（李汇东等，2013；孙早和肖利平，2016；胡恒强等，2020），还有部分学者（李冲等，2016；张璟和刘晓辉，2018）以股权和债权的比例展开相关研究。

二 宏观视角下中国的融资特征分析

中国的融资结构随着我国经济社会的阶段性特征不断进行着演化变迁。随着市场化改革的推进，主要融资方式首先由20世纪80年代财政主导变为银行主导的间接融资。此后，1992年邓小平南方谈话后，我国资本市场获得较快发展，上交所和深交所的成立成为标志，从而使直接融资成为重要融资手段，融资结构趋向多元化。加入WTO后，我国资本市场改革开放的深度与广度也得到了进一步加强。我国政府工作报告于2004年第一次提出"推进资本市场改革开放和稳定发展，逐步提高企业直接融资比重"。2008年，国际金融危机爆发之后，我国经济增长受到较大冲击，A股市场也受到牵连。之后，我国经济逐步进入新常态和"互联网+"融合发展，金融监管也不断出台新政，这些都深刻影响着我国的融资结构。结合本书的研究重点和变量选取，本节主要分析2008年后中国的主要融资特征。

从纵向时间序列分析，本书选取了世界上具有代表性的5个国家与我国在银行提供的国内信用占GDP比重（信贷率）方面进行比较，其中美国代表了发达国家水平，日本和德国代表了银行主导型金融体系，而印度和俄罗斯代表了新兴经济体，具体见图4-3。2008年国际金融危机之后，中国信贷率上升最为迅猛，特别是在2014—2016年陡然增长，究其主要原因，其一，高储蓄率、间接融资为主的金融体系推高信贷率；其二，影子银行、空转套利推高信贷率；其三，国企承担社会公共职能以及经济结构性扭曲推高信贷率。此外，2008年年底推出的"四万亿"投资和货币宽松政策成为重要推手。随着2016年的"三去一降一补"和随后的金融强监管政策，从2016—2018年信贷率基本稳定在230%左右的水平。

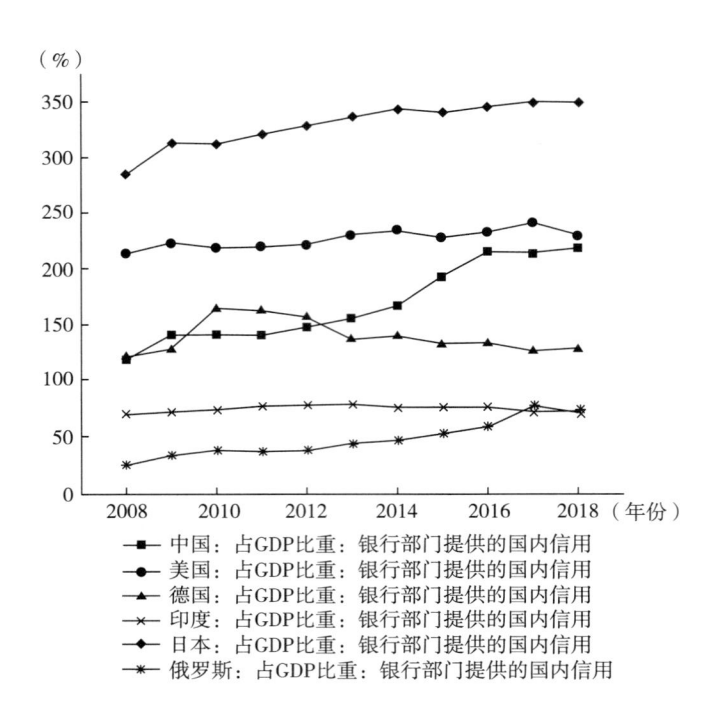

图4-3　2008—2018年中国与代表性国家的银行提供的国内信用占GDP比重的变化趋势

资料来源：笔者通过Wind数据库绘制。

相比较，美国由于危机后市场出清与货币宽松的双向影响，自2008年后杠杆率水平虽有波动但变化不大。日本由于老龄化和国债问题，银行信贷率一直保持在300%左右并稳步攀升至2017年后平稳。虽然同为银行主导型金融，但德国信贷率除了在2009—2013年形成一个倒"U"形变化后基本保持在130%的水平左右。印度、俄罗斯与我国皆为新兴经济体，其表现也迥然不同。印度的信贷率一直稳定在70%左右的水平上，而俄罗斯在这个时间段从25%稳步增长到70%的水平。

与此同时，图4-4描述了新增人民币贷款、企业债券融资和非金融企业境内股票融资三项主要社会融资规模占比（各类融资量占总量的百分比）的变化趋势。结果发现，金融危机后新增贷款持续下降，但在 2013—2015 年由于降息等原因,该指标反弹至高位。然而随着 2016 年的"三去一降一补"和随后的金融强监管政策,再到后来的货币宽松,在 2016—2018 年信贷增长形成"V"形变化。近些年,考虑金融监管、结构性去杠杆、房地产调控、创新转型等因素,自 2018 年后信贷增长持续下降。与之相比,在债券市场的稳步发展下,企业债券融资在去杠杆的背景下也取得了一定的波动性增长。此外,受 2015 年股市泡沫等因素影响,非金融企业境内股票融资呈现出了波动特征。

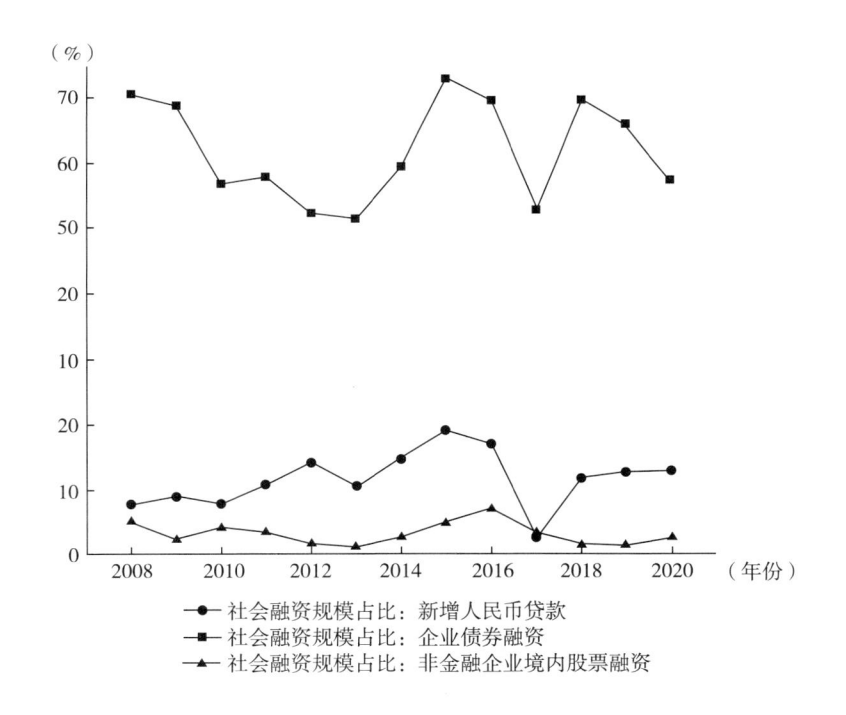

图 4-4 2008—2020 年社会融资规模变化趋势

资料来源:笔者通过 Wind 数据库绘制。

近年来,基金已经成为我国居民重要的投资产品。随着基金业务模式发展方向的多元化,基金销售也出现了多元化发展格局,如以"余额宝"等为代表的互联网平台的兴起,为货币市场基金带来了爆发式的增长。图4-5呈现了公募基金净值以及其股票型、债券型、货币型、混合型各分类规模的具体变化趋势。结果显示，自2008年后，我国公募基金净值呈波动性增长了6倍之多，于2020年达到了18万亿元左右。通过图形可以发现，其主要贡献来自货币型基金。相比较，股票型和债券型规模的增加不大，混合型近些年得到了一定程度的增长。

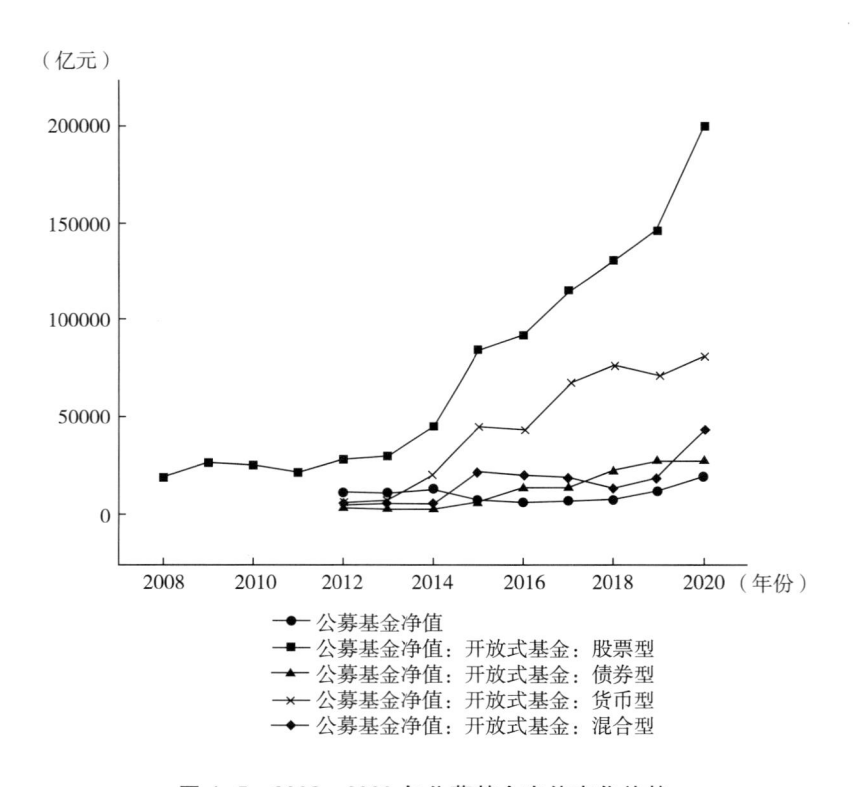

图4-5　2008—2020年公募基金净值变化趋势

资料来源：笔者通过Wind数据库绘制。

从横向比较来看，图4-6展示了2020年我国社会融资规模各分项规模占比（各类融资量占总量的百分比）的情况。其中，人民币贷款占比达到62.53%，在社会融资规模中占绝对优势。此外，政府债券也占有较大比重，企业债券规模略小于政府债券，达到10.06%。

相比较，非金融企业境内股票融资规模还较小，占 3.01%，其余指标情况如图 4-6 所示。

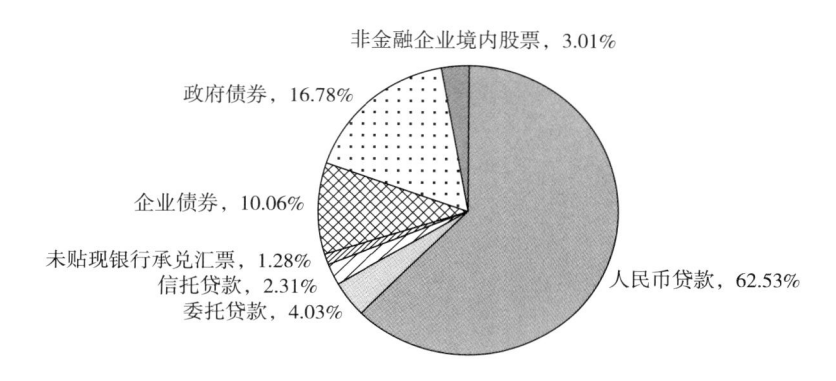

图 4-6　2020 年社会融资规模各分项规模占比

资料来源：笔者利用 Wind 数据库相关数据绘制。

饼图数据：
- 非金融企业境内股票，3.01%
- 政府债券，16.78%
- 企业债券，10.06%
- 未贴现银行承兑汇票，1.28%
- 信托贷款，2.31%
- 委托贷款，4.03%
- 人民币贷款，62.53%

并且，图 4-7 相应地呈现了 2020 年我国社会融资规模各分项的存量增速。受资管新规等监管政策的影响，委托贷款、信托贷款均为负增长，特别是信托贷款萎缩较为严重。相比较，人民币贷款和非金融企业境内股票融资均增长 10% 以上。与此同时，企业债券、政府债券增长最为迅猛，结合股票融资情况，反映出我国直接融资市场的发展正处于上升势头。

三　微观视角下中国企业的融资特征分析

在前一小节宏观视角下对我国融资状况的特征分析的背景下，这一小节旨在描述与分析本书实证部分的 2008—2018 年沪深 A 股上市公司的融资特征。需要说明的是，所有变量的设定与实证部分保持一致，各变量结果等于每年上市公司该指标的平均值。

图 4-8 描述了上市公司债权融资、股权融资及债股比的变化趋势。其中，债权融资被定义为（短期借款+长期借款+应付债券）/资产总额，股权融资被定义为（股本+资本公积）/资产总额，债股比则为债权融资比股权融资。通过图像可以发现，股权融资在考察时间区间内基本保持稳定。相比较，债权融资从 2008—2015 年整体有小幅

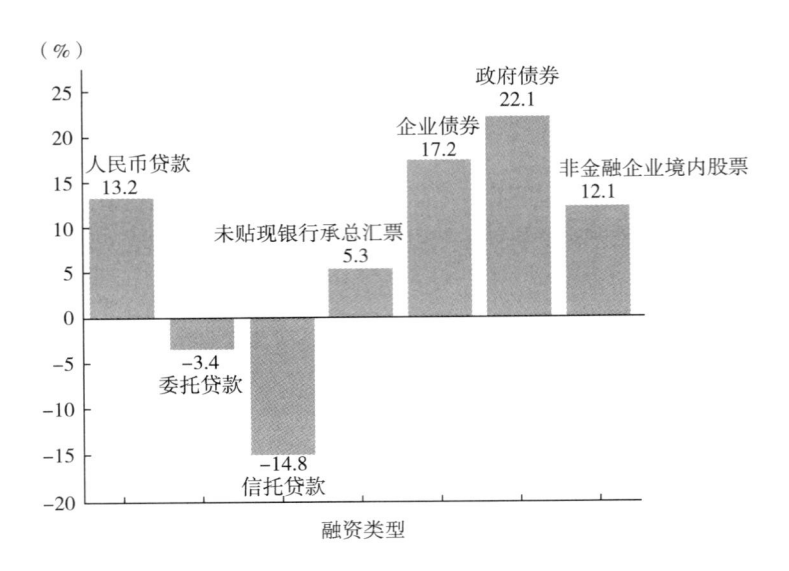

图 4-7　2020 年社会融资规模各分项存量增速

资料来源：笔者利用 Wind 数据库相关数据绘制。

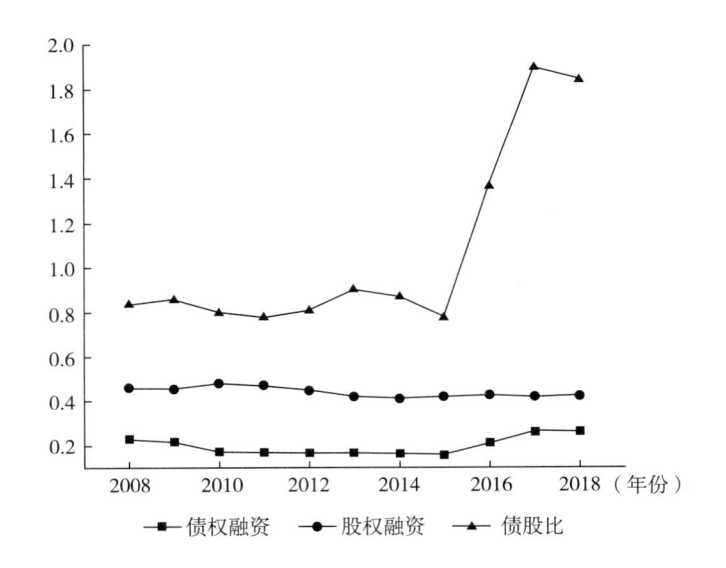

图 4-8　债权融资、股权融资及债股比的变化趋势

资料来源：笔者利用实证部分相关数据绘制。

下降，这与宏观银行信贷攀升的状况形成反差，这在一定程度上说明了信贷并没有很好地流向企业而服务实体经济。但 2011—2013 年受"四万亿"计划等影响，债权融资并未继续下落。随后从 2015—2017 年债权融资陡然增加，这与图 4-3 中宏观银行信贷增长的形势一致。然而随着 2016 年的"三去一降一补"和随后的金融强监管政策，2017 年后债权融资出现回落。进一步，债股比的变化更能明显地反映出上述变化走势。

从债务期限的视角，图 4-9 描述了上市公司短期借款与长期借款的变化趋势。其中，短期借款被定义为短期借款/资产总额，长期借款被定义为长期借款/资产总额。通过图像可以发现，短期借款与长期借款在考察期内与债权融资的变化趋势大体相同。整体上，我国企业短期借款的规模要远大于长期借款的规模。

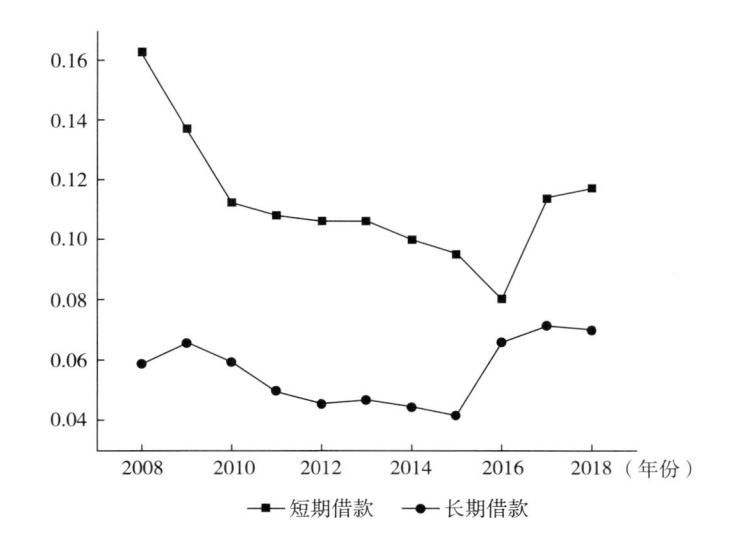

图 4-9 短期借款与长期借款的变化趋势

资料来源：笔者利用实证部分相关数据绘制。

从融资来源的视角，图 4-10 描述了上市公司信贷融资、债券融资、商业信用及基金持股的变化趋势。其中，信贷融资被定义为（短期借款+长期借款）/资产总额，债券融资被定义为应付债券/资产总额，商业信用被定义为（应付账款+应付票据+预收款项）/资产总额，而基金持股被定义为（股本+资本公积）×基金持股比例/资产总额。通过图像可以发现，信贷融资、债券融资和商业信用在考察期内与债权融资的变化趋势大体相同。不同的是，我国企业债券融资规模总体上稳步上升。相比较，基金持股可能受到金融危机、股灾等冲击，呈现出阶梯式小幅下降趋势，且规模一直不大。整体上看，信贷融资仍然是企业融资的首要渠道。并且，商业信用从结果上看应该仍然与金融负债形成互补（李心合等，2014），充当了企业主要的融资渠道之一，而债券融资相对还与前两者存在一定差距。

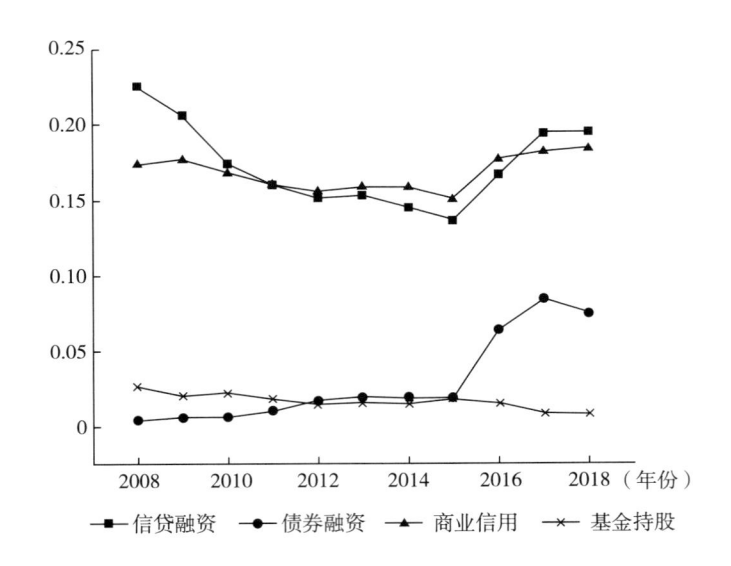

图 4-10 信贷融资、债券融资、商业信用及基金持股的变化趋势

资料来源：笔者利用实证部分相关数据绘制。

进一步，基于所有制差异对债权融资进行对比。图 4-11 描述了上市公司中国有企业债权融资和民营企业债权融资的变化趋势。整体上看，虽然两者基本表现出了与总体债权融资一样的变化趋势，但民企的波动幅度显著大于国企，也就意味着国企较民企对经济政策等的反应更不敏感。究其原因，产权歧视、产业差异、规模歧视等都可能成为关键的影响因素。值得注意的是，2015年后，随着对民营企业等的信贷调控政策的实施，民企的债权融资水平增速显著高于国企，并在2018年完成对国企的反超。

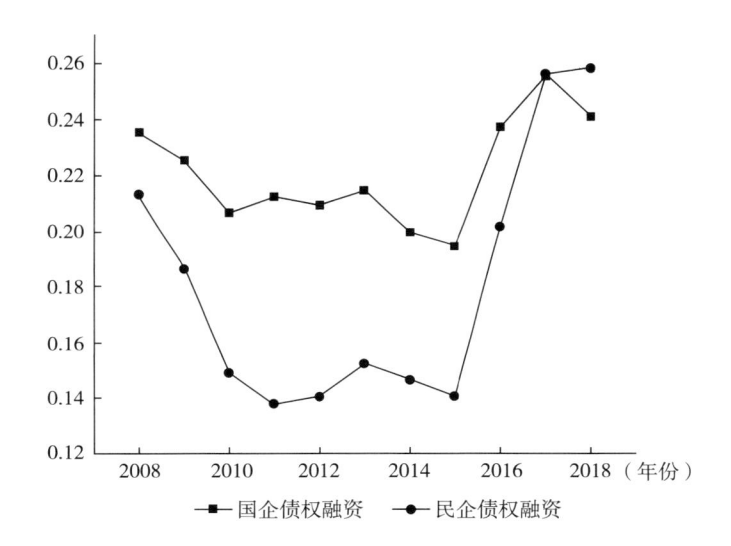

图 4-11　国企债权融资与民企债权融资的变化趋势

资料来源：笔者利用实证部分相关数据绘制。

进一步，基于产业技术差异对债权融资进行对比。依照国家统计局高技术企业分类标准，结合企业对研发的依赖度，从证监会行业分类中最终选取"电器机械及器材制造业""互联网和相关服务""化学纤维制造业""化学原料及化学制品制造业""计算机通信及其他电子设备制造业""汽车制造业""软件和信息技术服务业""铁路船舶航空航天和其他运输设备制造业""医药制造业""专用设备制造业""通用设备制造业""专业技术服务业""仪器仪表制造业""研究和试验发展"这14个产业的企业作为高技术企业样本，将除此之外的企业划为低技术企业。

图4-12描述了上市公司中高技术企业债权融资和低技术企业债

权融资的变化趋势。整体上看，两者同样基本表现出了与总体债权融资一样的变化趋势。不同的是，2015年前高技术企业的债权融资水平明显低于低技术企业，意味着银行的确更偏向传统低技术产业。而2015年后，随着对小微企业、高新技术企业等的信贷调控政策的实施，高技术企业债权融资增长的速率也更快，在2018年反超了低技术企业。

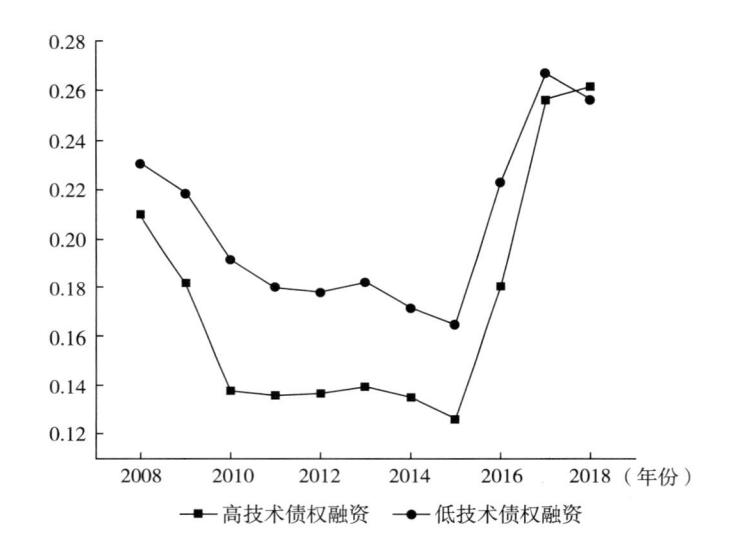

图4-12 高技术企业债权融资与低技术企业债权融资的变化趋势

资料来源：笔者利用实证部分相关数据绘制。

第三节 创新的度量与特征分析

一 创新的度量

创新在宏观或微观层面可以表现在不同方面，学者也多从投入、产出或效率等维度对此进行了相关的度量和评价。本书参考吴延兵（2014）对创新能力的诠释，从创新投入、创新产出、创新效率三个维度对企业的创新进行度量,并将创新产出与创新效率按数量和质量层面划分研究。

在宏观视角下,国际上与创新能力评价相关的代表性指标体系有欧盟的创新联盟记分牌(IUS)、经济合作与开发组织(OECD)的科学技术和工业记分牌(STI)、世界经济论坛(WEF)的创新能力指数(ICI)、瑞士洛桑管理学院(IMD)的科技竞争力(CST)、联合国开发计划署(UNDP)的技术成就指数(TAI)、联合国贸易和发展会议的创新能力指数(ICI)、世界知识产权组织的《全球创新指数报告》等。对国内而言,相关的代表性指标体系有中国科学技术发展战略研究院的《国家创新指数报告》、中国科技发展战略研究小组的《中国区域创新能力评价报告》、国家统计局的《中国创新指数》等。这些指数或报告主要从研发投入、R&D 经费、R&D 人员等指标对创新投入进行度量,从论文、专利数、技术成果成交额、新产品等指标对创新产出进行度量,并利用主成分分析等方法综合成创新指数。此外,段姗等(2014)、易平涛等(2016)等学者也基于此进行了相关的研究和探讨。

利用创新投入与产出的相关数据,学者主要通过数据包络方法(DEA)的非参数法或随机前沿方法(SFA)的参数法测度了创新效率。颜莉(2012)、徐林(2021)等通过 DEA 方法测算了我国区域创新效率,而韩先锋等(2019)、谢露露(2019)等选择了基于 CD 生产函数或超越对数生产函数的 SFA 方法。此外,韩兆洲和程学伟(2020)更全面细致地运用 DEA、SFA 和 Bootstrap-DEA 对比分析了区域创新效率。

在微观视角下,企业创新评价作为研究的热点,学者和实务界也做了大量工作。徐立平等(2015)基于对已有相关文献的汇总,将研发费用占主营业务收入比例、技术人员占比作为创新投入变量,申请发明专利数、发明专利拥有数、新产品销售收入占主营业务收入比重作为创新产出变量,新产品平均开发周期、R&D 成果转化水平作为创新效率变量,类似的还有张治河等(2016)。除此之外,肖淑芳等(2020)还将科研平台、员工素质纳入创新投入方面,将无形资产纳入创新产出方面。

在创新效率方面，多数学者同样利用创新投入与产出相关指标通过数据包络方法（DEA）或随机前沿方法（SFA）进行了测算。其中，吴延兵（2014）等选择了投入产出比法，韩东林等（2016）、董晓庆等（2014）等采用了DEA、DEA-Malmquist等相关方法，李平和刘利利（2017）、湛泳和王浩军（2019）、王婧和蓝梦（2019）选取了基于CD生产函数或超越对数生产函数的SFA法。

二 宏观视角下中国的科技创新的特征分析

在中华人民共和国成立时，我国科技发展水平总体上远远落后于西方发达国家。1956年1月，中共中央向全国人民发出"向科学进军"的号召。1958年，毛泽东把这个号召翻译成："向自然界开火，进行技术革新和技术革命。"那时，我国科技人员的积极性被充分地调动起来，取得了两弹一星等成果。1978年3月18日，全国科学大会在北京隆重开幕，"科学技术是生产力""知识分子是工人阶级的一部分"等著名论断被邓小平提出，首次把科学技术同生产力紧密联系在一起。1986年3月，邓小平亲自批准实施"高技术研究发展计划"（"863计划"），选择了信息技术、生物技术、自动化技术、航天技术、激光技术、新能源、新材料7个领域作为重点，并组织优秀人才学习世界先进高技术。1988年8月，国务院批准实施以高新技术商品化、产业化、国际化为宗旨的"火炬计划"，至今已批准建立了88个国家高新技术产业开发区，中国高新技术产业取得了快速发展。

改革开放时期，我国改革运行机制、组织结构和人事制度，科学技术成果迅速广泛地应用于生产，科学技术人员的活力得到激发，科技与产业的竞争力得以提高。不仅以政府主导"自上而下"的方式进行改革，更以市场主导的"自下而上"方式进行了改革，实现了国家主导和市场化并重的重大突破。这一阶段我国诞生了一批原创性科技成果，包括正负电子对撞机、高分辨率水稻基因组等基础设施等原创成果和技术得到建立，神舟载人航天飞船升空、天宫一号成功发射，我国科研实力从跟踪和引进，逐渐转向部分领域的创新。经历了多年全面创新战略体系的改革与深化，创新被摆在前所未有的位置，上升为国家战略。2012 年，党的十八大明确提出"科技创新是提高社会生产力和综合国力的战略支撑，必须摆在国家发展全局的核心位置。要坚持走中国特色自主创新道路、实施创新驱动发展战略"。

2020 年 9 月 2 日，世界知识产权组织（WIPO）在日内瓦发布了《2020 年全球创新指数》（Global Innovation Index 2020，GII），展示了 131 个经济体的年度创新排名，以及最新的全球创新趋势。其中，中国排名第 14 位，连续两年位居世界前 15 行列，在多个领域表现出领先优势，是跻身综合排名前 30 位的唯一一个中等收入经济体，表 4-9 为中国 2011—2020 年全球创新指数排名情况。

表 4-9　　　　中国 2011—2020 年全球创新指数排名情况

年份	2011	2012	2013	2014	2015	2016	2017	2018	2019	2020
排名	29	34	35	29	29	25	22	17	14	14

资料来源：人民论坛网。

虽然我国科技创新取得了显著的成绩，但仍存在不少问题，与其他国家相比还存在差距，亟待加强与改进。麦肯锡的《2019 中国报告》指出，在一些核心技术上中国仍需要进口，如半导体和光学设备。此外中国也需要海外知识产权的引进，2017 年中国的知识产权进口额为 290 亿美元，其中 31% 来自美国、21% 来自日本、10% 来自德国，而知识产权出口额仅为 50 亿美元左右（为进口额的 17%）。2019 年中国科学院科技战略咨询研究院向全球发布的《2019 研究前沿》报告和《2019 研究前沿热度指数》报告显示，在全部 137 个前沿中，美国排名第一的前沿有 80 个，占全部 137 个前沿的 58.39%（约 3/5），中国排名第一的前沿数为 33 个，约占 24.09%，还存在不小差距。中国科学院院长白春礼将其归纳为：科技创新能力总体不强，原始创新能力不足，高端科技产出比例偏低，产业核心技术、源头技术受制于人的局面没有根本性改变。总体上看，我国自主创新特别是原始创新能力不强，关键领域核心技术受制于人的局面没有根本改变，存在创新路径依赖问题。

三 微观视角下中国企业的创新特征分析

在前一节宏观视角下对我国科技创新状况的特征分析的背景下，这一小节旨在从创新投入、创新产出、创新效率三个维度，描述与分析本书实证部分的2008—2018年沪深A股上市公司的创新能力特征。需要说明的是，所有变量的设定与实证部分保持一致，各变量结果等于每年上市公司该指标的平均值。

图4-13描述了上市公司创新投入的变化趋势，包含了所有公司、国有企业和民营企业的样本结果。其中，研发投入被定义为研发投入占营业收入比例（研发投入强度），用来衡量创新投入。通过图像可以发现，金融危机后，研发投入总体上呈波动性增长，但2011—2012年存在一个滑坡。笔者认为，国际金融危机后我国经济增长基础相对较好，因此成为全球避险市场，外企研发投入不降反升，从而带动了本土企业的研发水平。随着大部分经济体渡过危机，那时经济全球化还是可以实现技术购买，从而再次挤出研发投入。此后，随着我国创新驱动战略的实施和逆全球化的加剧，近些年我国研发投入水平持续

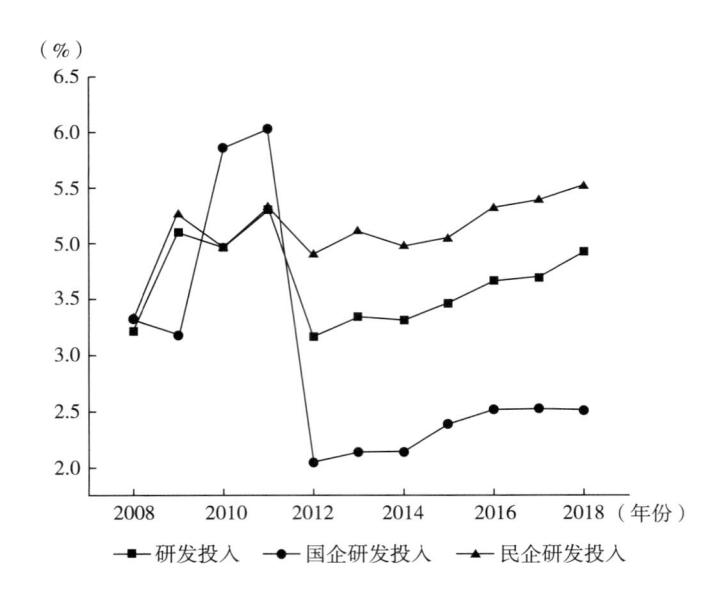

图4-13 研发投入的变化趋势

资料来源：笔者利用实证部分相关数据绘制。

提升。与此同时,国企和民企也表现出了与所有上市公司总样本一致的变化趋势。相比较,民企整体的研发投入水平高于国企,但在 2008—2012 年后危机时期国企研发投入水平的变化更为剧烈。

图 4-14 描述了上市公司专利授权量的变化趋势,同样包含了所有公司、国有企业和民营企业的样本结果。其中,专利授权量用来衡量创新产出数量。通过图形可以发现,整体上我国上市公司专利授权量呈现波动式上升趋势,且国企样本与民企样本具有相同的上升趋势。不同的是,国企整体上上升的曲线斜率较民企更大,表现出了更大的增长速率。此外,我国国有企业上市公司的专利授权量近些年显著高于民营企业。

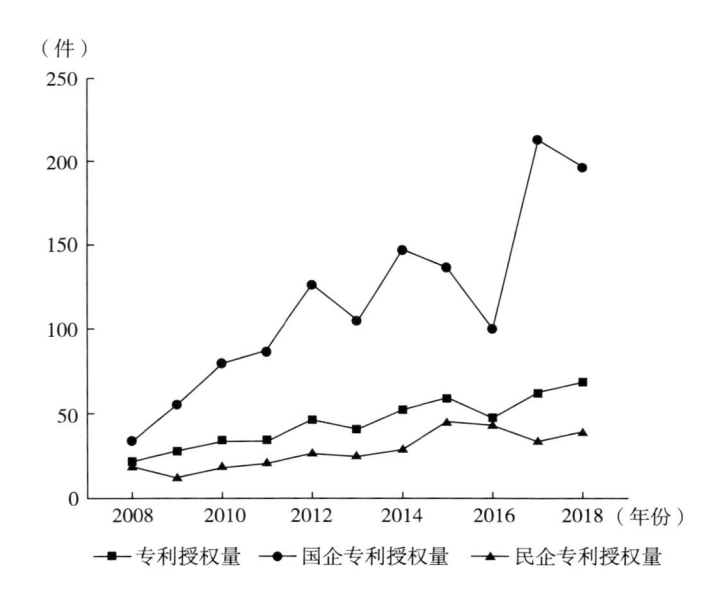

图 4-14 专利授权量的变化趋势

资料来源:笔者利用实证部分相关数据绘制。

图 4-15 进一步描述了上市公司发明专利授权量的变化趋势,也包含了所有公司、国有企业和民营企业的样本结果。其中,发明专利授权量在一定程度可以衡量高质量创新产出数量。通过图形可以发

现，整体上我国上市公司发明专利授权量同样呈现波动式上升趋势，且国企样本与民企样本具有相同的上升趋势。此外，我国国有企业上市公司的发明专利授权量近些年显著高于民营企业，且上升的曲线斜率较民企更大。

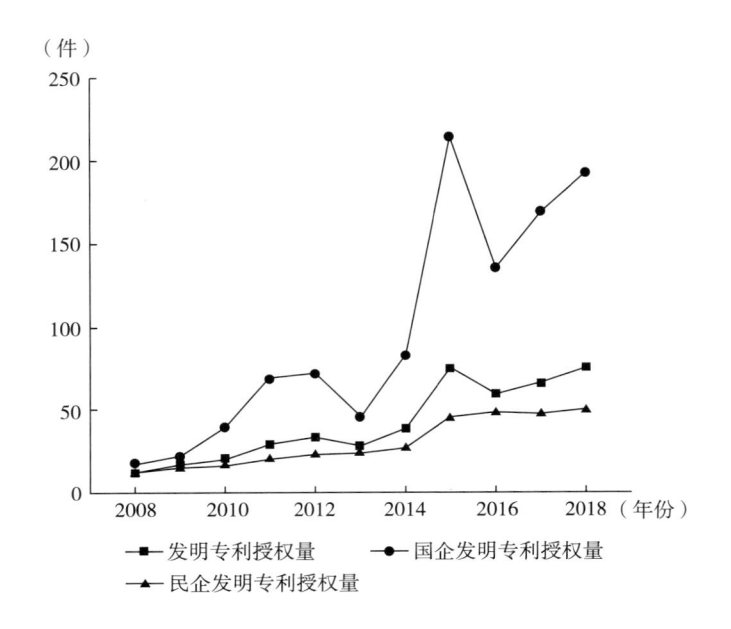

图 4-15　发明专利授权量的变化趋势

资料来源：笔者利用实证部分相关数据绘制。

图 4-16 描述了上市公司实际无形资产的变化趋势，包含了所有公司、国有企业和民营企业的样本结果。其中，实际无形资产被定义为利用消费价格指数剔除价格因素的无形资产净额取对数，用来衡量创新产出质量。通过图形可以发现，整体上我国上市公司实际无形资产水平呈逐渐上升趋势，且国企样本与民企样本具有相同的上升趋势与相似的增长速率。并且，我国国有企业上市公司的实际无形资产水平整体上显著高于民营企业。

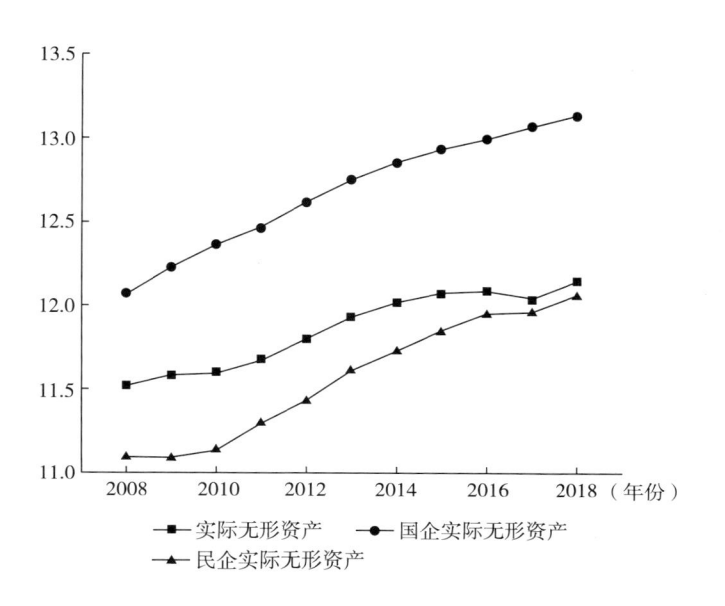

图 4-16 实际无形资产的变化趋势

资料来源：笔者利用实证部分相关数据绘制。

　　图 4-17 描述了上市公司创新数量效率损失的变化趋势，包含了所有公司、国有企业和民营企业的样本结果。其中，创新数量效率损失是利用基于 C-D 生产函数的 SFA 方法测算，投入变量为研发投入强度取对数与研发人员占比取对数，产出变量为专利授权数加一取对数。因此，创新数量效率损失越大，意味着创新数量效率越小。通过图形可以发现，整体上我国上市公司创新数量效率呈波动式上升趋势，但国企样本与民企样本表现出了不同的波动趋势，在 2010—2017 年国企的创新数量效率变化并不显著。并且近些年，我国国有企业上市公司的创新数量效率整体上高于民营企业。

　　图 4-18 描述了上市公司创新质量效率损失的变化趋势，同样包含了所有公司、国有企业和民营企业的样本结果。其中，创新质量效率损失同样是利用基于 C-D 生产函数的 SFA 方法测算，投入变量为研发投入强度取对数与研发人员占比取对数，产出变量为实际无形资产。因此，创新质量效率损失越大，意味着创新质量效率越小。通过图形可以发现，整体上我国上市公司创新质量效率呈波动式上升趋势，

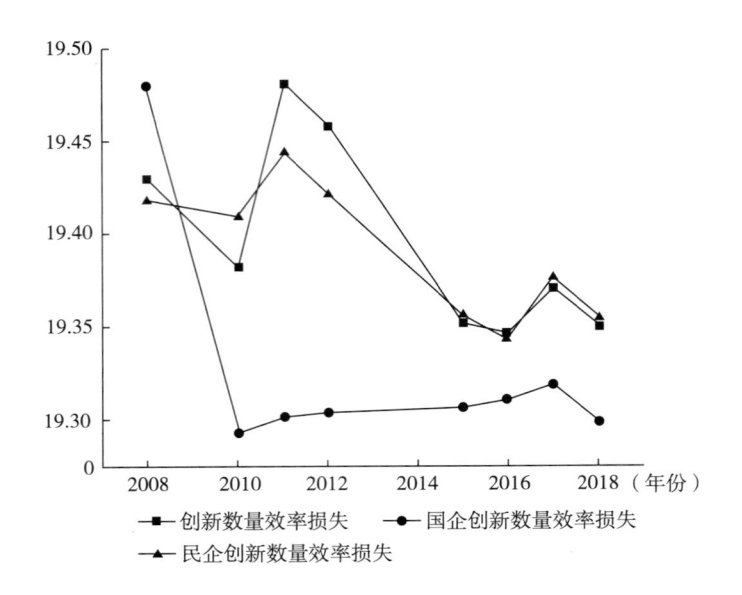

图 4-17　创新数量效率损失的变化趋势

资料来源：笔者利用实证部分相关数据绘制。

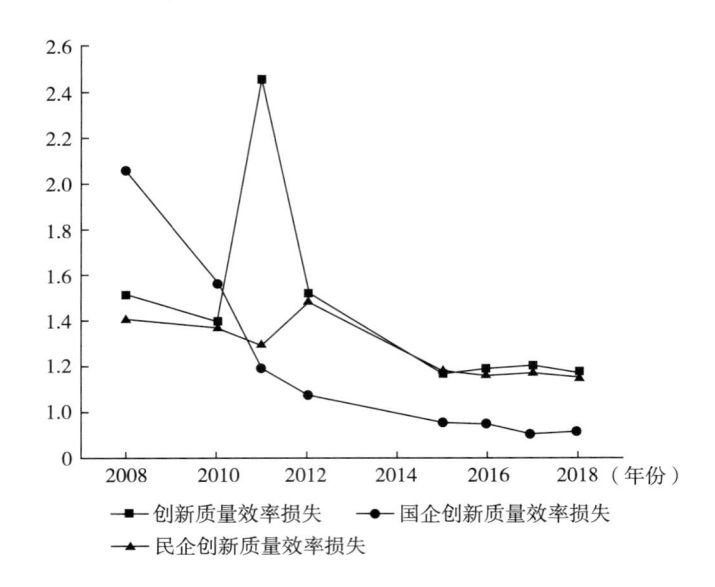

图 4-18　创新质量效率损失的变化趋势

资料来源：笔者利用实证部分相关数据绘制。

第四章　新一代信息技术、融资结构、创新的测度与特征分析

但国企样本与民企样本表现出了不同的波动趋势。并且近些年，我国国有企业上市公司的创新质量效率整体上高于民营企业。

第四节　本章小结

依据关于融资结构、新一代信息技术对企业创新的影响机理的理论分析，本书的实证需要围绕这三个核心变量展开。然而，现有文献在对三者的测算或度量上存在一定的差异，特别是在信息技术相关的测算上学者的侧重点不尽相同。因此，本章基于对现有测算或度量方法的介绍、对比及完善，更有针对性地测算或度量了本书的核心变量，并据此进行了简要的特征分析。

从新一代信息技术的测算结果来看，在纵向视角下我国信息技术水平呈逐年上升趋势，并且高水平的广东与低水平的青海也保持了增长态势。然而，广东省的曲线斜率明显大于青海省的斜率，表现出了一定的"数字鸿沟"特征。横向视角下，地区信息技术发展可以被划分为四个区间水平。广东省的信息技术以超过 0.8 的水平遥遥领先，江苏、北京、浙江处于 0.7—0.8 的第二梯队，上海、福建、山东、四川则处在 0.6—0.7 的第三区间范围，大部分省份的信息技术指数集中在 0.5—0.6 的水平区间，同时表现出了一定的"长尾"分布特征。相比较，青海、宁夏等部分西部或中部省份以 0.5 左右的水平普遍落后，并与高信息技术水平省份存在不小的差距。

从融资结构的度量结果来看，股权融资在考察时间区间内基本保持稳定。相比较，债权融资从 2008—2015 年整体有小幅下降，这与宏观银行信贷攀升的状况形成反差，这在一定程度上说明了信贷并没有很好地流向企业而服务实体经济。但 2011—2013 年受"四万亿"计划等影响，债权融资并未继续下落。随后 2015—2017 年债权融资陡然增加，然而随着 2016 年的"三去一降一补"和随后的金融强监管政策，2017 年后债权融资出现回落。在不同期限结构方面，短期借款与长期借款在考察期内与债权融资的变化趋势大体相同，且我国企

业短期借款的规模要远大于长期借款的规模。在不同债务来源方面，信贷融资、债券融资和商业信用在考察期内与债权融资的变化趋势同样大体相同。不同的是，我国企业债券融资规模总体上稳步上升。相比较，基金持股可能受到金融危机、股灾等冲击，呈现出阶梯式小幅下降趋势，且规模一直不大。整体上看，信贷融资仍然是企业融资的首要渠道。并且，商业信用从结果上看应该仍然与金融负债形成互补，充当了企业主要的融资渠道之一，而债券融资相对还与前两者存在一定差距。在所有制异质性方面，虽然国企与民企基本表现出了与总体债权融资一样的变化趋势，但民企的波动幅度显著要大于国企，且民企的债权融资水平增速显著高于国企。在产业技术异质性方面，高技术与低技术企业同样基本表现出了与总体债权融资一样的变化趋势。不同的是，2015年前高技术企业的债权融资水平明显低于低技术企业，意味着银行的确更偏向传统低技术产业。而2015年后，随着对小微企业、高新技术企业等的信贷调控政策的实施，高技术企业债权融资增长的速率也更快。

本书从研发投入、创新产出、创新效率三个方面度量了企业创新。从结果来看，在研发投入方面，金融危机后研发投入总体上呈波动性增长，但2011—2012年存在一个滑坡。此后，随着我国创新驱动战略的实施和逆全球化的加剧，近些年我国研发投入水平持续提升。与此同时，国企和民企也表现出了与所有上市公司总样本一致的变化趋势。相比较，民企整体的研发投入水平高于国企。在创新产出方面，从数量层面，我国上市公司专利授权量呈现波动式上升趋势，且国企样本与民企样本具有相同的上升趋势。不同的是，国企整体上上升的曲线斜率较民企更大，表现出了更大的增长速率。此外，我国国有企业上市公司的专利授权量近些年显著高于民营企业。进一步，我国上市公司发明专利授权量同样呈现波动式上升趋势，且国企样本与民企样本具有相同的上升趋势。此外，我国国有企业上市公司的发明专利授权量近些年显著高于民营企业，且上升的曲线斜率较民企更大。从质量层面，我国上市公司实际无形资产水平呈逐渐上升趋势，且国企样本与民企样本具有相同的上升趋势与相似的增长速率。并且，我国国有企业上市公司的实际无形资产水平整体上显著高于民营企业。在创新效率方面，我国上市公司创新数量效率呈波动式上升趋势，但国企样本与民企样本表现出了不同的波动趋势，在2010—2017年国企的创新数量效率变化并不显著。并且近些年，我国国有企业上市公司的创新数量效率整体上高于民营企业。同时，我国上市公司创新质量效率呈波动式上升趋势，但国企样本与民企样本表现出了不同的波动趋势。并且近些年，我国国有企业上市公司的创新质量效率整体上高于民营企业。

第五章

融资结构、新一代信息技术与企业创新投入决策的实证检验

本章旨在基于第三章的理论分析,进一步提出关于企业创新投入决策方面的研究假说,并选取微观 2008—2018 年沪深 A 股上市公司数据与省级新一代信息技术发展水平等宏观指标,利用面板模型、面板 Logit 模型与面板 Ologit 模型分别检验不同类型的融资结构、新一代信息技术对企业研发投入、当期研发决策与持续性研发决策的直接影响与交互效应,并进一步探讨所有制及产业技术的异质性影响。

第一节 研究假说

从创新投入的视角,本书不仅关注融资结构、新一代信息技术对研发投入的影响,并且基于研发投入水平,期望得到两者对企业研发决策与持续性研发决策的影响。

结合第三章理论分析部分,根据命题 3-1 及债权融资与创新关系的分析,债权融资的风险与收益结构不匹配对企业高风险的创新投入形成了阻碍,且同时存在清算风险、破产风险等财务约束问题,从而可以提出假说:

H5-1a:债权融资对企业研发投入具有抑制作用。

H5-1b:债权融资对企业研发决策与持续性研发决策具有抑制

作用。

并且通过命题 3-2d 的分析，企业创新投入的高风险特点和股权投资者追求高收益、承担高风险的激励相吻合（张一林等，2016），并且股权融资的长期性有利于企业腾出资金空间负担试错成本和长周期的技术开发与产品研发。当然，委托代理问题、股票交易中的短视行为、"所有权替代效应"、"金融隧道效应"、"经营隧道效应"等也会存在一定的消极影响。因此股权融资对企业的研发投入的影响具有一定的复杂性，有待实证检验。

进一步，对于股权融资的双向影响，究竟是"正向影响>负向影响"，还是"负向影响>正向影响"？有待后续关于研发决策部分的实证检验。

对研发投入而言，新一代信息技术可以克服地理障碍高效互通创新资源，提高创新主体研发能力，从而使企业对创新项目有信心增加研发投入。并且，出于对知识产权保护等的考虑，新一代信息技术可能无法获取基础科研、关键技术等信息流（肖利平，2018）。然而，企业在互联网应用方面的费用成本往往明显低于昂贵的研发投入，过去需要依靠研发投入获取的创新资源部分可以凭借新一代信息技术被掌握，表现出一定的替代效应。因此，新一代信息技术的使用对研发投入可能存在正向与负向的双重影响。因此，新一代信息技术的使用可能对研发投入的拉动作用有限，有待进一步实证检验。

根据命题 3-4b 的分析，由于债权融资投资者属于风险规避型，其通常关注固定收益而没有激励去收集更多的项目信息，因此本身对项目信息的依赖度不高。而股权投资者不同，由于其更需要差异化的信息收集从而具备更好的创新资源基础，因此本身对项目信息的依赖度较高。因此从对创新信息的依赖性上来看，借助新一代信息技术的发展，股权投资者会更倾向加大研发投入力度进行创新活动。因此可以提出假说：

H5-1c：新一代信息技术水平的提升有助于正向调节股权融资与企业研发投入的关系，而对债权融资与企业研发投入的关系不敏感，并且在企业研发决策和持续性研发决策上同样表现出这种交互效应。

第二节 实证研究设计

一 数据来源

考虑到数据的可得性和连续性,本书选取2008—2018年A股上市公司为研究样本。为了使数据具有可比性,在对变量处理时均使用相对比率或对数值。本书微观与宏观原始数据分别来自国泰安数据库与Wind数据库,保证了数据的一致性。由于少数省份个别数据存在缺失问题,因此对其进行了插值处理。考虑到样本中异常值对估计结果准确性的影响,对连续型变量进行了[1%,99%]的缩尾处理。

二 模型设定

首先,为验证融资结构、新一代信息技术对研发投入的影响,设定如下面板模型:

$$RDspend_{ijt} = \beta_0 + \beta_1 FIN_{ijt} + \beta_2 IT_{jt} + \beta_3 CONTROL_{ijt} + u_i + v_t + w_j + \varepsilon_{ijt} \quad (5-1)$$

其中,下标 i 代表公司,j 代表省份,t 代表年份,是随机扰动项,同时控制了个体效应 u_i、时间效应 v_t 和地区效应 w_j。核心被解释变量为企业研发投入($RDspend$),解释变量为融资结构(FIN)和新一代信息技术水平指数(IT)。控制变量($CONTROL$)主要反映企业的基本特征和企业所处的宏观经济环境。

其次,为验证对研发决策的影响,由于研发决策为虚拟变量,这里构建面板二值选择模型中的面板Logit模型:

$$RDdecede_{ijt} = \beta_0 + \beta_1 FIN_{ijt} + \beta_2 IT_{jt} + \beta_3 CONTROL_{ijt} + u_i + v_t + w_j + \varepsilon_{ijt} \quad (5-2)$$

其中,核心被解释变量为企业研发决策($RDdecide$),误差项服从逻辑分布。

进一步,为验证对持续性研发决策的影响,由于持续性研发决策具有排序的属性,这里构建基于逻辑分布的面板Ologit模型:

$$RDlast_{ijt} = \beta_0 + \beta_1 FIN_{ijt} + \beta_2 IT_{jt} + \beta_3 CONTROL_{ijt} + u_i + v_t + w_j + \varepsilon_{ijt} \quad (5-3)$$

该模型的选择规则为潜变量所处的待估"切点"参数决定的区间,核心被解释变量为企业持续性研发决策($RDlast$)。

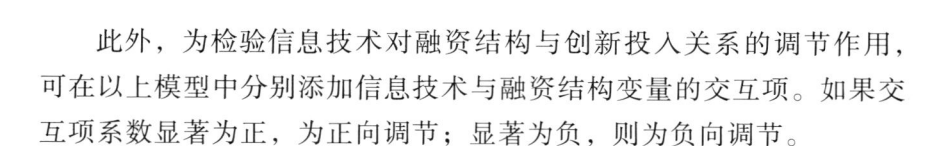

此外，为检验信息技术对融资结构与创新投入关系的调节作用，可在以上模型中分别添加信息技术与融资结构变量的交互项。如果交互项系数显著为正，为正向调节；显著为负，则为负向调节。

三　变量选取与描述性统计

（一）变量选取

1. 被解释变量

（1）研发投入：研发投入是创新投入的主要贡献，在 R&D 投入方面，现有文献主要从 R&D 流量和 R&D 存量两个角度来衡量。其中，R&D 存量指标要事先选取一定的折旧率水平进行测算，目前学界选取的折旧率水平有 15%、9.6%、25%、13%、5% 和 10% 不等，带有明显的主观性，导致出现了 R&D 资本存量估算结果的较大分歧，也会对最终结果的有效性带来较大偏误。鉴于此，本书最终选取 R&D 投入强度，即研发投入占营业收入比例作为研发投入指标（RDspend）。

（2）研发决策：R&D 投入是研发创新的常用测度指标，其以货币为计量单位，可比性较好。同时，考虑到行业技术的异质性，因此为区分企业的研发决策，本书基于 R&D 投入强度构建如下研发决策指标：

$$RDdecide_{ijt} = \begin{cases} 1 & \text{if} \quad RDspend > 行业平均强度 \\ 0 & \text{if} \quad RDspend \leq 行业平均强度 \end{cases}$$

其中，$RDdecide$ 为企业当期的研发决策。如果其研发投入强度高于行业平均研发投入强度，视为高研发决策，记为 1；否则为低研发决策，记为 0。

（3）持续性研发决策：借鉴徐飞（2019）的研究，进一步计算公司连续 3 期的持续研发决策特征，构建如下指标：

$$RDlast = \sum\nolimits_{T=t-2}^{t} RDdecide_{T}$$

其中，$RDlast$ 为公司持续 3 期的持续研发决策指标，其值越大，表明企业在 3 期内选择高研发决策频率越高。

2. 核心解释变量

（1）融资结构：其中单向指标：股权融资（equityf），指企业利用股权交易方式融通资金；债权融资（*debtf*），本书债权融资反映通过银行或非银行金融机构贷款或发行债券等融通资金的方式，包括短期借款和长期借款，以及企业发行的债券。复合指标：债股比（*debt-requity*），以债权融资量比股权融资量来衡量。

（2）新一代信息技术水平（*IT*）：由于多数学者采用 CN 域名数、互联网普及率、网站数等单一指标作为替代，然而实际上信息技术是一个复杂的技术体系，这里结合中国信息技术发展实际并参考韩先锋等（2019）的选取，设计的一级指标体系涵盖信息技术普及、信息技术硬件发展和信息技术软件发展三大维度，从而构造出省际新一代信息技术水平指数，具体指标构建参见第四章。

3. 控制变量

参考已有文献并考虑信息技术产业自有特点，本书选取了以下控制变量。政府补贴（*subsidyr*），选择政府补贴作为国家政策扶持的替代变量。公司的市场价值、股权结构、治理水平、激励方式等也会影响企业创新，故本书还控制了托宾 Q（*tobinq*）、股权集中度（*onestockrate*、*fivestockrate*）、股权制衡度（*Zindex*）、管理层规模（*boardscale*）、持股比例（*presshare*、*genmanshare*）、高管报酬比例（*managesumsalary*）。此外，省级层面选取了外资依存度（*fdi*）、贸易水平（*import*）以控制对外技术溢出，选取人均可支配收入（*wage*）、经济发展水平（*rpgdp*）以控制可能的宏观经济影响。表 5-1 为主要变量设置与说明[①]。

表 5-1　　　　　　　　变量设置与说明

变量类型	变量名称	变量代码	变量含义及说明
被解释变量	研发投入	RDspend	R&D 投入占营业收入比例
	研发决策	RDdecide	R&D 投入高于行业平均为 1，低于行业平均为 0
	持续性研发决策	RDlast	持续 3 期的研发决策加总

---

① 以美元表示的金额按照当年人民币平均汇率折合成人民币核算。对人均可支配收入和经济发展水平以居民消费价格指数剔除价格因素。

续表

变量类型		变量名称	变量代码	变量含义及说明
解释变量	融资结构	股权融资	$equityf$	（股本+资本公积）/资产总额
		债权融资	$debtf$	（应付债券+短期借款+长期借款）/资产总额
		债股比	$debtrequity$	债权融资/股权融资
	新一代信息技术		IT	新一代信息技术水平指数
控制变量		托宾Q	$tobinq$	企业市值/重置成本
		政府补贴	$subsidyr$	政府补贴总额/资产总额
		董事会规模	$boardscale$	董事会人数
		股权集中度	$onestockrate$	第一大股东持股比例之和
			$fivestockrate$	前五大股东持股比例之和
		股权制衡度	$Zindex$	第一大股东与第二大股东持股比例的比值
		管理层持股	$presshare$	董事长持股比例
			$genmanshare$	总经理持股比例
		高管报酬比例	$managesumsalary$	高管年度报酬总额/总营业收入
		外资依存度	fdi	外商直接投资/GDP
		贸易水平	$import$	进口/GDP
		人均可支配收入	$wage$	城镇集体单位职工平均货币工资
		经济发展水平	$rpgdp$	人均真实GDP

（二）变量的描述性统计

表5-2报告了变量的描述性统计结果。在样本期内，债权融资的平均值为0.182，显著低于股权融资的0.436，表明股权融资是企业主要的融资渠道。研发投入强度均值为4.603，标准差为5.429，意味着各企业研发投入具有显著差异。同时，研发决策均值为0.369，表明行业内低强度研发决策较为普遍，持续性研发决策的结果也类似。各省信息技术水平的均值为0.600，在 [0.424, 0.824] 区间内变化，说明不同省份的信息技术发展水平差距较大。其余变量的统计结果也基本符合预期，具体不再赘述。

表 5-2　　　　　　　　　变量的描述性统计

变量	观测值	均值	标准差	最小值	最大值
$RDspend$	17875	4.603	5.429	0.000	151.610
$RDdecide$	17875	0.369	0.483	0.000	1.000
$RDlast$	11431	1.123	1.298	0.000	3.000
$debtf$	20474	0.182	0.176	0.000	3.498
$equityf$	29555	0.436	0.541	0.012	18.021
$debtrequity$	20467	0.902	1.387	0.000	28.618
IT	20805	0.600	0.099	0.424	0.824
$subsidyr$	26099	0.006	0.013	0.000	0.857
$onestockrate$	28678	35.024	15.130	8.759	75.000
$fivestockrrate$	28678	53.604	15.821	19.075	89.318
$Zindex$	28677	11.161	21.647	1.004	183.487
$boardscale$	20823	8.758	1.883	0.000	21.000
$presshare$	19609	7.926	13.878	0.000	54.127
$genmanshare$	19354	4.973	11.274	0.000	50.523
$managesumsalary$	20447	0.249	0.386	0.000	2.474
$tobinq$	27387	2.069	1.366	0.913	8.464
fdi	20864	0.597	0.450	0.047	4.466
$wage$	20864	0.740	0.226	0.230	1.335
$import$	20864	0.289	0.291	0.004	1.338
$rpgdp$	20864	1.096	0.441	0.169	2.154

第三节　实证结果分析

一　直接影响检验

（一）当期直接影响

首先对面板回归常用的回归策略进行比较，在处理面板数据时，究竟使用固定效应还是随机效应模型是一个基本问题。由于混合回归的聚类稳健标准误与普通标准误相差不大，因此传统的 Hausman 检验是适用的。结果显示 Hausman 检验的 p 值通过了固定效应模型，在控制了公司效应、地区效应与时间效应的同时，使用聚类稳健标准误以消除组内自相关影响。

表 5-3 报告了融资结构、信息技术对企业研发投入的回归结果。内源融资作为企业经营活动结果产生的资金，其本身来源于企业股权融资与部分债权融资，不仅被企业经营影响，也会影响企业经营。考虑到内源融资可能的影响，列（1）、列（2）为是否添加内源融资的系数对比。结果显示，债权融资的回归系数分别是 -1.2869 和 -0.1253，在 5% 与 10% 的水平下通过显著性检验，表明债权融资对研发投入存在较显著的抑制作用，验证了 H5-1a。相比较，股权融资对企业研发投入的影响未通过显著性检验，表现出了一定的不确定性和复杂性。为进一步对比债权融资与股权融资的影响效果，列（3）、列（4）为是否添加内源融资的债股比双向指标的系数对比。结果表明，债股比的回归系数分别为 -0.0859 和 -0.0805，均在 10% 的水平下通过显著性检验，意味着相对而言股权比债权更适合促进研发投入。

表 5-3　　　　　融资结构、信息技术对研发投入的影响

变量	(1) RDspend	(2) RDspend	(3) RDspend	(4) RDspend
debtf	-1.2869** (0.51)	-0.1253* (0.07)		
equityf	0.5585 (0.51)	1.0265 (0.91)		
endof		1.9895*** (0.56)		0.6380** (0.27)
IT	-2.8810 (3.86)	-3.0206 (3.85)	-2.9047 (3.87)	-3.0285 (3.86)
subsidyr	25.7799*** (7.70)	25.0484*** (7.77)	25.9707*** (7.68)	26.0651*** (7.82)
onestockrate	-0.0149 (0.01)	-0.0143 (0.01)	-0.0151 (0.01)	-0.0153 (0.01)

续表

变量	(1) $RDspend$	(2) $RDspend$	(3) $RDspend$	(4) $RDspend$
$fivestockrate$	0.0022 (0.01)	0.0010 (0.01)	0.0032 (0.01)	0.0027 (0.01)
$Zindex$	−0.0001 (0.00)	−0.0006 (0.00)	0.0001 (0.00)	−0.0001 (0.00)
$boardscale$	0.0121 (0.04)	0.0092 (0.04)	0.0112 (0.04)	0.0099 (0.04)
$presshare$	0.0148 (0.01)	0.0121 (0.01)	0.0146 (0.01)	0.0136 (0.01)
$genmanshare$	−0.0041 (0.00)	−0.0043 (0.00)	−0.0038 (0.00)	−0.0039 (0.00)
$managesumsalary$	4.9321*** (0.62)	4.8709*** (0.62)	4.9656*** (0.62)	4.9777*** (0.63)
$tobinq$	−0.0015 (0.08)	0.0014 (0.08)	−0.0025 (0.08)	−0.0005 (0.08)
fdi	0.3478 (0.31)	0.3860 (0.31)	0.2941 (0.30)	0.3116 (0.30)
$wage$	0.2417 (0.99)	0.3195 (0.98)	0.1668 (0.99)	0.2232 (0.98)
$import$	0.0990 (0.97)	0.1031 (0.97)	0.0450 (0.97)	0.0719 (0.97)
$rpgdp$	−0.1440 (0.74)	−0.1347 (0.72)	−0.1976 (0.74)	−0.1725 (0.74)
$debtrequity$			−0.0859* (0.05)	−0.0805* (0.05)
常数项	5.0405** (2.08)	4.2106* (2.15)	4.9945** (2.06)	4.9334** (2.07)
观测值	7233	7229	7233	7229
R-squared	0.868	0.868	0.868	0.868

注：*、**、***分别代表0.1、0.05、0.01的显著性水平，括号内数值为标准差。下同。

第五章　融资结构、新一代信息技术与企业创新投入决策的实证检验

并且，列（2）、列（4）中内源融资的系数均显著为正，验证了内源融资是研发投入的重要资金来源这一结论（李汇东等，2013）。究其原因，根据 Myers 和 Majluf（1984）的融资啄食理论，由于企业内部人与投资者之间存在信息不对称以及其导致的"柠檬问题"，外部投资者会担心项目的收益状况，因此企业的研发投入不得不依靠内源融资。至此可以发现，企业研发投入的融资优序是"内源融资>股权融资>债权融资"，有别于 Myers 和 Majluf（1984）的融资优序"内源融资>债权融资>股权融资"。

同时，所有模型的信息技术回归系数均不显著，说明从连续型数据检验，信息技术对研发投入不敏感。在控制变量方面，政府补贴系数显著为正，说明了政府的补贴确实能直接有效缓解企业现金流约束程度，从而使企业腾出资金空间进行创新研发，这与张一林等（2016）对政府补贴的分析结论相吻合。并且，高管薪酬比例系数也显著为正，这体现出了管理人才激励水平与研发投入的同步性。相比较，其余控制变量的影响均在统计上不显著。

表5-4报告了融资结构、信息技术对企业研发决策的回归，同样地列（1）、列（2）为是否添加内源融资的融资结构单向指标结果而列（3）、列（4）为债股比结果。考虑当期研发决策为虚拟变量，因此本书首先选取面板二值选择模型中的面板 Logit 模型考察融资结构、信息技术对企业当期研发决策的影响。这里使用的是面板数据，可能存在组内自相关，因此使用聚类稳健标准误。由于固定效应模型导致了样本量的损失，因此这里优先选取随机效应模型。结果显示，债权融资的系数分别在1%与10%的显著性水平下为-2.4127和-0.7058，表明债权融资同样倾向于低投入研发决策，验证了H5-1b中"债权融资对企业研发决策具有抑制作用"。相比较，股权融资系数则显著为正，意味着股权融资整体上倾向于高投入研发决策。结合研发投入的结果，可以发现股权融资虽然对连续型的研发投入影响不显著，但股权融资却正向影响了二值变量研发决策。因此，就股权融资对研发投入的双向影响，其正向影响效应要大于负向影响效应。同时，债股比的结果没有改变，表明股权较债权更能促进企业倾向高投入研发决

策。此外，信息技术的回归系数均在10%的水平下显著为正，说明信息技术在一定程度上可以促使企业倾向高研发决策。并且，内源融资系数也都显著为正，未有实质性变化。控制变量结果如表5-4所示。

表5-4　　　　融资结构、信息技术对研发决策的影响

变量	(1) RDdecide	(2) RDdecide	(3) RDdecide	(4) RDdecide
debtf	-2.4127*** (0.64)	-0.7058* (0.42)		
equityf	0.5749* (0.34)	2.6537*** (0.52)		
endof		4.6605*** (0.81)		2.1529*** (0.58)
IT	2.5136* (1.40)	2.5025* (1.39)	2.5141* (1.40)	2.3437* (1.38)
subsidyr	21.9836** (9.48)	25.1940*** (7.92)	21.7449** (9.42)	25.8437*** (8.10)
onestockrate	-0.0060 (0.01)	-0.0024 (0.01)	-0.0049 (0.01)	-0.0050 (0.01)
fivestockrate	-0.0062 (0.01)	-0.0120 (0.01)	-0.0048 (0.01)	-0.0073 (0.01)
Zindex	-0.0061 (0.01)	-0.0069 (0.01)	-0.0060 (0.01)	-0.0065 (0.01)
boardscale	0.0513 (0.05)	0.0494 (0.05)	0.0546 (0.05)	0.0483 (0.05)
presshare	0.0198** (0.01)	0.0138* (0.01)	0.0194** (0.01)	0.0170** (0.01)
genmanshare	-0.0005 (0.01)	-0.0017 (0.01)	-0.0000 (0.01)	-0.0004 (0.01)
managesumsalary	3.7720*** (0.41)	3.5369*** (0.40)	3.7663*** (0.40)	3.7935*** (0.40)
tobinq	0.0300 (0.05)	0.0238 (0.05)	0.0275 (0.05)	0.0234 (0.05)

第五章 融资结构、新一代信息技术与企业创新投入决策的实证检验

续表

变量	(1) RDdecide	(2) RDdecide	(3) RDdecide	(4) RDdecide
fdi	-0.2863 (0.36)	-0.1989 (0.36)	-0.2828 (0.36)	-0.2074 (0.36)
$wage$	0.2097 (0.71)	0.5469 (0.72)	0.0998 (0.72)	0.1176 (0.71)
$import$	-0.1448 (0.45)	-0.0949 (0.45)	-0.1417 (0.45)	-0.1090 (0.45)
$rpgdp$	0.2883 (0.57)	0.2893 (0.57)	0.3414 (0.57)	0.2956 (0.57)
$debtrequity$			-0.3339*** (0.09)	-0.2935*** (0.09)
常数项	-4.3824*** (1.01)	-6.6322*** (1.10)	-4.5968*** (0.98)	-4.6769*** (0.97)
观测值	7440	7437	7440	7437
公司数	1745	1745	1745	1745

表5-5报告了融资结构、信息技术对企业持续性研发决策的回归，同样地列（1）、列（2）为是否添加内源融资的融资结构单向指标结果而列（3）、列（4）为债股比结果。考虑持续研发决策为排序变量，因此这里选取面板排序模型中的面板Ologit随机效应模型考察融资结构、信息技术对企业持续性研发决策的影响，并使用聚类稳健标准误。由于模型关注融资结构与信息技术对企业连续3期的持续性影响，因此各解释变量均为滞后2期的指标。从结果上看，债权融资滞后2期系数分别在1%和10%的显著性水平下为-3.1437和-1.1618，表明债权融资会引发企业持续性低投入研发决策，验证了H5-1b中"债权融资对企业持续性研发决策具有抑制作用"。相比较，股权融资滞后2期的系数分别在5%和1%的显著性水平下为1.3762和4.9398，意味着股权融资能够使企业选择持续性高投入研发决策。进一步说明，就股权融资对研发投入的双向影响，其正向影响效应要大

于负向影响效应,并表现出一定的持续性。并且,债股比方面也说明股权较债权更能促进企业倾向持续性高投入研发决策。同时,信息技术系数均不显著,结合研发决策的结果发现信息技术只能促使企业在当期倾向高投入研发决策,而未表现出持续性。控制变量结果如表5-5所示。

表5-5　　融资结构、信息技术对持续性研发决策的影响

变量	(1) RDlast	(2) RDlast	(3) RDlast	(4) RDlast
L2. debtf	-3.1437*** (0.89)	-1.1618* (0.63)		
L2. equityf			1.3762** (0.59)	4.9398*** (0.78)
L2. IT	1.4046 (2.64)	1.6075 (2.62)	1.2959 (2.66)	1.1665 (2.64)
L2. subsidyr	15.5198* (8.59)	14.0415* (8.10)	14.5025* (8.60)	13.4056 (8.31)
L2. onestockrate	-0.0257* (0.01)	-0.0223 (0.01)	-0.0264* (0.01)	-0.0274* (0.01)
L2. fivestockrate	0.0058 (0.01)	-0.0010 (0.01)	0.0093 (0.01)	0.0069 (0.01)
L2. Zindex	-0.0050 (0.01)	-0.0054 (0.01)	-0.0048 (0.01)	-0.0053 (0.01)
L2. boardscale	0.0526 (0.07)	0.0352 (0.07)	0.0433 (0.07)	0.0245 (0.07)
L2. presshare	0.0440*** (0.01)	0.0341*** (0.01)	0.0437*** (0.01)	0.0376*** (0.01)
L2. genmanshare	-0.0131 (0.01)	-0.0131 (0.01)	-0.0121 (0.01)	-0.0116 (0.01)
L2. managesumsalary	2.3996*** (0.47)	2.2632*** (0.47)	2.5666*** (0.46)	2.6829*** (0.47)
L2. tobinq	0.0953* (0.06)	0.0803 (0.06)	0.0858 (0.06)	0.0723 (0.06)

续表

变量	(1) RDlast	(2) RDlast	(3) RDlast	(4) RDlast
$L2.fdi$	-0.9365 (0.59)	-0.8304 (0.58)	-0.8266 (0.59)	-0.7754 (0.58)
$L2.wage$	0.8672 (1.09)	1.2275 (1.09)	0.3876 (1.11)	0.2584 (1.11)
$L2.import$	0.5892 (0.64)	0.5763 (0.64)	0.6011 (0.66)	0.5809 (0.66)
$L2.rpgdp$	0.9582 (0.96)	1.0146 (0.96)	1.0108 (0.97)	1.0595 (0.98)
$L2.endof$		6.7202*** (1.08)		3.1776*** (0.84)
$L2.debtrequity$			-0.4632*** (0.15)	-0.4113*** (0.15)
观测值	6620	6618	6620	6618
公司数	1661	1660	1661	1660

注：$L2.$变量名表示变量的滞后2期。

(二) 滞后期直接影响

表 5-6 基于直接影响检验考察了融资结构、信息技术对研发投入的滞后影响。结果表明，债权融资滞后的系数仍然显著为负，意味着债权融资对研发投入与高投入研发决策的抑制作用均具有时滞性。并且，股权融资、内源融资、信息技术的系数与直接影响检验的结果一致，未发生实质性改变，表明股权融资与信息技术对研发决策的促进作用也都存在时滞性。

表 5-6　　　　　　　　　　对研发投入的滞后影响

变量	(1) RDspend	(2) RDspend	(3) RDdecide	(5) RDdecide
$L.debtf$	-1.0966** (0.48)	-0.3517* (0.19)	-2.5845*** (0.61)	-0.9334* (0.45)

续表

变量	(1) RDspend	(2) RDspend	(3) RDdecide	(5) RDdecide
L.equityf	0.4538 (0.46)	1.4720 (0.98)	0.5931* (0.33)	3.2418*** (0.64)
L.endof		2.0475*** (0.46)		4.5994*** (0.87)
L.IT	-8.1939 (6.68)	-8.0521 (6.73)	2.7916** (1.38)	2.7596** (1.37)
控制变量	Y	Y	Y	Y
观测值	7785	7779	7960	7955
R-squared	0.861	0.862		
公司数			1762	1761

注：L.变量名表示变量的滞后1期。

二　复合影响检验

表5-7考察了融资结构、信息技术对研发投入影响的交互效应。结果显示，信息技术与债权融资交互项（$IT \times debtf$）与其滞后交互项（$L.IT \times L.debtf$）系数均不显著，意味着信息技术在当期和滞后期均未对债权融资与研发投入的关系存在调节作用。相比较，信息技术与股权融资交互项（$IT \times equityf$）与其滞后交互项（$L.IT \times L.equityf$）系数均显著为正，表明信息技术在当期和滞后期均对股权融资与研发投入的关系起到正向调节作用，验证了H5-1c中"新一代信息技术水平的提升有助于正向调节股权融资与研发投入的关系，而对债权融资与研发投入的关系不敏感"。

表5-7　对研发投入影响的交互效应

变量	(1) RDspend	(2) RDspend	(3) RDspend	(4) RDspend
debtf	5.0290 (3.80)	-0.8353* (0.48)		

续表

变量	(1) RDspend	(2) RDspend	(3) RDspend	(4) RDspend
equityf	0.9895**	-3.2470		
	(0.42)	(3.02)		
endof	1.8682***	2.1052***		
	(0.57)	(0.52)		
IT	-0.9172	-5.0978		
	(4.01)	(3.82)		
IT×debtf	-8.7222			
	(7.84)			
IT×equityf		7.5166*		
		(4.06)		
L.debtf			3.5418	-0.3769*
			(4.05)	(0.22)
L.equityf			1.4686**	4.3489
			(0.60)	(3.58)
L.endof			2.0317***	2.0082***
			(0.47)	(0.43)
L.IT			-6.9532	-6.4939
			(5.22)	(4.30)
L.IT×L.debtf			-5.4945	
			(4.96)	
L.IT×L.equityf				1.8535*
				(1.07)
控制变量	Y	Y	Y	Y
观测值	7229	7229	7779	7779
R-squared	0.869	0.869	0.862	0.862

注：L.变量名表示变量的滞后1期。

表5-8考察了融资结构、信息技术对研发决策影响的交互效应。结果表明，信息技术同样在当期和滞后期均未对债权融资与研发决策的关系存在调节作用，而在当期和滞后期均对股权融资与研发决策的关系起到正向调节作用，验证了H5-1c中"新一代信息技术水平的

提升有助于正向调节股权融资与研发决策的关系，而对债权融资与研发决策的关系不敏感"。

表 5-8　　　　　　　　对研发决策影响的交互效应

变量	(1) RDdecide	(2) RDdecide	(3) RDdecide	(4) RDdecide
$debtf$	2.0059 (3.92)	-0.6958* (0.41)		
$equityf$	2.6542*** (0.52)	4.3819 (3.75)		
$endof$	4.6537*** (0.81)	4.6618*** (0.81)		
IT	2.8885 (1.77)	3.6306 (3.29)		
$IT \times debtf$	-2.2121 (2.40)			
$IT \times equityf$		3.0075* (1.83)		
$L.debtf$			5.3669 (3.86)	-0.9375* (0.52)
$L.equityf$			3.2332*** (0.64)	4.0794* (2.28)
$L.endof$			4.5828*** (0.87)	4.5824*** (0.88)
$L.IT$			4.0056** (1.73)	3.3229 (3.10)
$L.IT \times L.debtf$			-7.6612 (6.57)	
$L.IT \times L.equityf$				1.4050* (0.85)
控制变量	Y	Y	Y	Y
观测值	7437	7437	7955	7955
公司数	1745	1745	1761	1761

注：$L.$变量名表示变量的滞后1期。

表 5-9 考察了融资结构、信息技术对持续性研发决策影响的交互效应。结果表明，信息技术同样在滞后 2 期未对债权融资与持续性研发决策的关系存在调节作用，而在滞后 2 期对股权融资与持续性研发决策的关系起到正向调节作用，至此 H5-1c 全部得以验证。

表 5-9　　　　　对持续性研发决策影响的交互效应

变量	（1） RDlast	（2） RDlast
L2.debtf	3.0636 （5.22）	-1.1822* （0.74）
L2.equityf	4.9449*** （0.78）	12.2886*** （3.60）
L2.endof	6.7003*** （1.07）	6.6528*** （1.16）
L2.IT	2.1620 （3.13）	6.3417* （3.81）
L2.IT×L2.debtf	-3.2804 （2.91）	
L2.IT×L2.equityf		2.6121* （1.60）
控制变量	Y	Y
观测值	6618	6618
公司数	1660	1660

注：L2.变量名表示变量的滞后 2 期。

三　内生性处理

由于目前没有合适的工具变量命令嵌入面板 Logit 与面板 Ologit 模型中，且研发决策与持续性研发决策变量均通过研发投入变量构造，因此这里仅对研发投入的基准模型做内生性处理。在工具变量的选取上，融资结构方面主要借鉴了孙早和肖利平（2016）的思路，即投资决策往往取决于企业负债状况、现金流水平、利润增长水平等因素，特别是固定资产可以作为抵押为企业进行债权融资。而信息技术方面，借鉴韩先锋等（2019）的方法，选用其滞后变量作为工具变量。并且，进一步将融资结构与信息技术可能的双向因果关系（刘柳和屈小娥，2017）纳入本书的工具变量法，即两者的工具变量可以互为对方的工具变量。因此，考虑到相关变量的滞后性，本书将企业固定资产净值滞后一期、资产负债率、现金流滞后一期、营业利润增长率、信息技术滞后一期作为融资与信息技术的工具变量以求降低内生性偏误。与此同时，为了稳健起见利用2SLS与GMM回归方法对模型进行内生性处理。

表5-10报告了内生性处理的直接影响回归结果，其中列（1）、（2）为关于单向指标的结果，列（3）、列（4）为关于债股比的结果。检验结果显示，Kleibergen-Paap rk LM统计量的p值分别为0.09、0.09。并且模型（1）、模型（2）的Kleibergen-Paap rk Wald F statistic统计量为5.23，超过其临界值4.3；模型（3）、模型（4）的Cragg-Donald Wald F统计量为396.8，远超其临界值19.45。结果表明基本不存在不可识别和弱工具变量问题。并且，其Hansen J统计量的p值分别为0.38、0.81，表明基本排除了过度识别问题，否定了工具变量与扰动项相关的原假设。表5-10的结果显示，加入了工具变量之后，弱化了计量模型的内生性问题，核心变量的系数和显著性与之前相比均未有实质变化，进一步验证了相关结论。

表5-10 直接影响的内生性处理

变量	（1）2SLS $RDspend$	（2）GMM $RDspend$	（3）2SLS $RDspend$	（4）GMM $RDspend$
$debtf$	-18.0543* (10.05)	-16.2189* (8.58)		
$equityf$	-10.3723 (7.94)	-9.1372 (6.46)		
IT	-10.2752 (6.96)	-9.9292 (6.93)	-5.7559 (5.56)	-4.4661 (4.55)

第五章　融资结构、新一代信息技术与企业创新投入决策的实证检验

续表

变量	(1) 2SLS RDspend	(2) GMM RDspend	(3) 2SLS RDspend	(4) GMM RDspend
debtrequity			-0.5902*** (0.13)	-0.6495*** (0.12)
控制变量	Y	Y	Y	Y
观测值	6622	6622	6622	6622
R-squared	-0.654	-0.489	0.076	0.071

表5-11报告了内生性处理的复合影响回归结果,其中将信息技术滞后一期分别与固定资产滞后一期、资产负债率、现金流滞后一期、营业利润增长率的交互项作为信息技术与债权融资交互项的工具变量,将信息技术滞后一期分别与资产负债率、现金流滞后一期、营业利润增长率的交互项作为信息技术与股权融资交互项的工具变量。检验结果显示,Kleibergen-Paap rk LM 统计量的 p 值分别为 0.07、0.07,Kleibergen-Paap rk Wald F statistic 统计量分别为 34.1、16.27,Cragg-Donald Wald F 统计量分别为 119.24、125.87,均超过其临界值 7.8、8.3,表明基本不存在不可识别和弱工具变量问题。并且,其 Hansen J 统计量的 p 值分别为 0.71、0.41,表明基本排除了过度识别问题,否定了工具变量与扰动项相关的原假设。回归结果显示,加入了工具变量之后,弱化了计量模型的内生性问题,核心变量的系数和显著性与之前相比均未有实质变化,进一步验证了相关结论。

表 5-11　　　　　　　　复合影响的内生性处理

变量	(1) 2SLS RDspend	(2) GMM RDspend	(3) 2SLS RDspend	(4) GMM RDspend
IT×debtf	-91.7634 (62.66)	-86.6568 (67.56)		
debtf	53.8915*** (13.71)	50.8963*** (10.65)	-0.8251* (0.47)	-0.8861* (0.48)
equityf	0.2568 (0.32)	0.2009 (0.30)	-46.1071*** (9.41)	-45.2113*** (8.36)

续表

变量	（1）2SLS *RDspend*	（2）GMM *RDspend*	（3）2SLS *RDspend*	（4）GMM *RDspend*
IT	16.7859* (8.31)	16.4859* (7.32)	-27.9779*** (5.86)	-26.4217*** (5.51)
IT×equityf			79.8371*** (16.26)	78.1785*** (14.45)
控制变量	Y	Y	Y	Y
观测值	6622	6622	6622	6622
R-squared	0.027	0.035	-0.009	-0.006

四 稳健性检验

（一）调整变量定义

这里将债权融资的定义由（短期借款+长期借款+应付债券）比总资产扩大为（短期借款+长期借款+应付债券+商业信用融资）比总资产，其中商业信用融资包括应付账款、应付票据和预收款项。表5-12与表5-13分别为直接影响与间接影响的检验结果，在替换变量后，模型变量的系数符号和显著性均基本保持一致，从而验证了模型的稳定性。

表5-12　　　　　　调整变量的直接影响稳健性检验

变量	（1） *RDspend*	（2） *RDdecide*	（3） *RDlast*
gendebtf	-1.6134*** (0.37)	-3.2811*** (0.54)	
equityf	-0.2023 (0.15)	0.2529* (0.14)	
IT	-4.4655 (3.96)	2.5632* (1.47)	
L2.gendebtf			-5.3066*** (0.72)
L2.equityf			0.0789* (0.04)

续表

变量	(1) RDspend	(2) RDdecide	(3) RDlast
L2.IT			1.1813
			(2.67)
控制变量	Y	Y	Y
观测值	6967	7169	6589
R-squared	0.873		
公司数		1719	1661

注：L2.变量名表示变量的滞后2期。

表5-13　　　　　调整变量的复合影响稳健性检验

变量	(1) RDspend	(2) RDspend	(3) RDdecide	(4) RDdecide	(5) RDlast	(6) RDlast
gendebtf	3.6414	-1.6088***	-2.0218	-3.2647***		
	(3.91)	(0.38)	(3.47)	(0.55)		
equityf	-0.1654	-2.7792	0.2421*	3.2051		
	(0.15)	(2.90)	(0.13)	(2.60)		
IT	-1.0490	-5.7197	3.2391	4.8429**		
	(4.96)	(3.96)	(2.33)	(2.34)		
IT×gendebtf	-8.8547		-2.1277			
	(6.52)		(5.84)			
IT×equityf		4.4683*		5.9935*		
		(2.32)		(2.79)		
L2.gendebtf					-3.7733	-5.1816***
					(4.41)	(0.73)
L2.equityf					0.0462*	6.6641**
					(0.02)	(3.32)
L2.IT					2.0280	5.4654
					(3.86)	(3.43)
L2.IT×L2.gendebtf					-2.5877	
					(7.53)	

续表

变量	(1) RDspend	(2) RDspend	(3) RDdecide	(4) RDdecide	(5) RDlast	(6) RDlast
L2.IT×L2.equityf						11.4238* (6.54)
控制变量	Y	Y	Y	Y	Y	Y
观测值	6967	6967	7169	7169	6589	6589
R-squared	0.873	0.873				
公司数			1719	1719	1661	1661

注：L2.变量名表示变量的滞后2期。

（二）分样本检验

考虑样本的时间跨度是2008—2018年，恰逢2008年是全球性金融危机，因此为稳健起见这里选取2009年以后进行分样本检验。表5-14与表5-15分别为直接影响与间接影响的检验结果，主要变量估计结果的系数符号和显著性基本未发生实质性变化，表明其估计结果具有良好的稳健性，研究结论也是可靠的。

表5-14　　　　　　　　分样本的直接影响稳健性检验

变量	(1) RDspend	(2) RDdecide	(3) RDlast
debtf	-1.0186* (0.52)	-2.6176*** (0.66)	
equityf	-0.0264 (0.23)	0.0980* (0.05)	
IT	-5.3225 (4.05)	2.5045* (1.42)	
L2.debtf			-3.1437*** (0.89)
L2.equityf			1.3762** (0.69)
L2.IT			1.4046 (2.64)

续表

变量	(1) RDspend	(2) RDdecide	(3) RDlast
控制变量	Y	Y	Y
观测值	6936	7141	6620
R-squared	0.872		
公司数		1742	1661

注：L2.变量名表示变量的滞后2期。

表5-15　　　　分样本的复合影响稳健性检验

变量	(1) RDspend	(2) RDspend	(3) RDdecide	(4) RDdecide	(5) RDlast	(6) RDlast
debtf	6.6870 (3.78)	-0.9871* (0.53)	-0.1605 (4.05)	-2.6344*** (0.66)		
equityf	0.0126 (0.23)	-3.2104 (3.05)	0.1089* (0.06)	2.2069 (2.66)		
IT	-2.2737 (4.39)	-6.8303 (3.95)	3.2166* (1.81)	3.8869* (2.27)		
IT×debtf	-12.7840 (9.26)		-4.1126 (6.77)			
IT×equityf		5.5148* (2.88)		3.6638* (2.16)		
L2.debtf					1.3323 (5.19)	-3.0741*** (0.87)
L2.equityf					1.4359** (0.66)	9.5584*** (3.39)
L2.IT					2.6999 (3.20)	6.6348* (3.42)
L2.IT×L2.debtf					-7.6043 (9.13)	
L2.IT×L2.equityf						13.9864* (7.59)
控制变量	Y	Y	Y	Y	Y	Y
观测值	6936	6936	7141	7141	6620	6620

续表

变量	(1) RDspend	(2) RDspend	(3) RDdecide	(4) RDdecide	(5) RDlast	(6) RDlast
R-squared	0.872	0.872				
公司数			1742	1742	1661	1661

注：$L2.$ 变量名表示变量的滞后2期。

五 融资结构细分下的再检验

（一）关于研发投入的直接影响

以上对融资结构、信息技术与企业创新投入的影响进行了基准分析。如果考虑债务期限、债务来源或股权来源的异质性，其表现是否存在差异？关于债务期限与债务来源，一些文献聚焦于其对过度投资的影响（黄乾富和沈红波，2009；胡建雄和谈咏梅，2015；魏群，2018），一些文献考虑到中国金融体系的特点，重点研究了银行信贷对研发投入的作用（徐飞，2019；马光荣等，2014），其余涉及异质性债务与创新投入的研究还略显单薄。并且，国内外文献深入研究了机构投资者如何影响企业创新投入，但未能形成一致看法，主要包括促进论（Manso，2011；Aghion et al.，2013；范海峰和胡玉明，2012；王晓艳和温东子，2020）、抑制论（Porter，1992；温军和冯根福，2012）、无关论（Hansen and Hill，1991；Karpoff et al.，1996；蒋艳辉等，2014），且就基金持股的相关讨论（赵洪江和夏晖，2009；温军和冯根福，2012；齐结斌和安同良，2014）也存在争议。鉴于此，这一部分对此做进一步检验与阐释。表5-16从债务期限、债务来源以及基金持股的视角对融资结构进一步划分，在一致的实证框架下检验不同融资渠道对创新投入的影响效应。

表5-16　　　　　　　关于研发投入的直接影响

变量	(1) RDspend	(2) NRDspend	(3) RDspend
loanf		-1.5807** (0.57)	

续表

变量	(1) RDspend	(2) NRDspend	(3) RDspend
$bondf$		−0.6555	
		(0.88)	
$businessf$		−2.0727**	
		(0.79)	
$equityf$	0.4460	−0.2179	
	(0.50)	(0.15)	
IT	−3.7356	−4.4899	−1.6001
	(3.31)	(3.99)	(3.70)
$longf$	−0.9998*		
	(0.55)		
$shortf$	−1.4308*		
	(0.760)		
$debtf$			−1.3366**
			(0.52)
$fundf$			−0.0041
			(0.02)
控制变量	Y	Y	Y
观测值	9113	6967	6743
R-squared	0.846	0.873	0.872

按照期限，负债可分为短期债务和长期债务。列（1）主要考察了短期债务和长期债务对研发投入的影响，结果表明短期债务（$shortf$）与长期债务（$longf$）均对研发投入表现出负向影响，这与债权融资的结果保持一致。但对比系数的绝对值与显著性来看，在同一个显著性水平下，短期债务系数的绝对值要大于长期债务，意味着短期债务较长期债务更抑制了研发投入。究其原因，短期债务的期限更不匹配创新过程的长期性与持续性，会给企业带来流动性还款压力，使再融资难度增大，因此创新投入过程可能更容易面临资金短缺。

按照来源，负债可分为债券融资、信贷融资、商业信用融资。通常情况，商业信用具有方便和及时的优点，但受生产和商品流转周期的限制，一般只能是短期信用。相比，信贷具有规模资金优势和信息集结处理能力，但关于创新信息的集结却很难。对于债券，企业在融资过程中掌握主动权，因此可以根据项目状况，灵活确定债券的期限、发行量、偿还方式等。列（2）为关于信贷融资、债券融资和商业信用融资的估计结果，显示出信贷融资（$loanf$）和商业信用融资（$businessf$）的系数均显著为负，呈现出抑制作用，而债券融资（$bondf$）不显著。从结果来看，正是基于三种债务来源不同的特点，债券的使用考虑了项目情况，往往更加灵活（如可转债），并可以通过交易市场实现价格信息反馈机制，从而缓解了其本质上对研发投入的抑制作用。

以基金投资者为代表的中国机构投资者积极参与了公司发展的监督和治理，考虑到基金的门槛较低，本书重点考察了基金持股的影响效应。列（3）检验了基金持股的影响，其结果显示基金持股融资（$fundf$）的回归系数不显著，这和股权融资的回归结果保持一致。可能的解释是，虽然机构投资者在专业人才、风险分散（赵洪江和夏晖，2009）、信息收集和整理（Kochhar and David，1996）等一些方面具有规模经济效应，但是基金一般而言有定期披露业绩的压力，因而其往往较注重短期收益（温军和冯根福，2012），这两种双向影响在统计上形成抵消。

（二）关于研发投入的复合影响

表5-17基于债务期限、债务来源以及基金持股的细分，相应地检验了信息技术的交互效应。结果表明，短期债务、长期债务、信贷融资、债券融资和商业信用与信息技术的交乘项系数均不显著，这与债权融资回归的结论一致。并且，基金持股与信息技术的交乘项系数显著为正，意味着信息技术同样能正向调节基金持股与研发投入的关系，也与股权融资回归的结果保持一致。从结果上看，进一步从实证方面验证了股权类融资对信息技术的依赖性。不同的是，银行等金融机构本身具有强大的信息集结能力，或者通过关系型融资掌握了较多私有信息，且自身主要关注其固定收益，因此对信息技术的依赖并不明显。

表 5-17 关于研发投入的交互效应

变量	(1) RDspend	(2) RDspend	(3) RDspend	(4) RDspend	(5) RDspend	(6) RDspend
$longf$	2.1055 (6.64)	-1.0055* (0.65)				
$shortf$	-1.4300* (0.75)	-0.9113 (4.85)				
$equityf$	0.4451 (0.50)	0.4057 (0.45)	-0.1884 (0.15)	-0.2206 (0.15)	-0.2109 (0.15)	
IT	-3.4648 (3.16)	-4.2851 (3.17)	-3.0257 (3.93)	-3.9016 (4.12)	-3.3636 (4.80)	-1.9294 (3.72)
$IT \times longf$	-5.1500 (10.41)					
$IT \times shortf$		3.6125 (8.82)				
$loanf$			3.6901 (3.97)	-1.5647** (0.57)	-1.5820** (0.57)	
$bondf$			-0.5481 (0.91)	5.8396 (7.36)	-0.6987 (0.90)	
$businessf$			-2.0342** (0.79)	-2.0794** (0.79)	1.9430 (5.06)	
$IT \times loanf$			-8.9593 (6.71)			
$IT \times bondf$				-10.6968 (11.66)		
$IT \times businessf$					-6.7827 (8.86)	
$debtf$						-1.3486** (0.52)
$fundf$						-0.1945 (0.17)

续表

变量	(1) RDspend	(2) RDspend	(3) RDspend	(4) RDspend	(5) RDspend	(6) RDspend
$IT \times fundf$						0.3194*
						(0.18)
控制变量	Y	Y	Y	Y	Y	Y
观测值	9113	9113	6967	6967	6967	6743
R-squared	0.846	0.846	0.873	0.873	0.873	0.872

六 所有制异质性检验

考虑我国的经济体制,表5-18在关于研发投入的基准模型基础上从企业所有制差异的视角进行了分组回归。与基准模型的结果相比,在直接影响方面,国企的债权融资并未明显制约其研发投入。究其原因,首先,我国国有企业一般规模较大,且国企的预算软约束在一定程度上有利于企业加大研发投入力度。其次,政府对国有企业经营的直接参与可以极大地改善其与金融机构、政府部门等之间的信息不对称,同时能降低彼此间的交易成本,进而无形中提升了企业的市场待遇(钟海燕等,2010;杨瑞龙等,2013)。相较国企,民营企业的债权融资系数依然显著为负,且其余核心变量的结果与基准模型一致,这部分结果从总债权融资视角拓展了陈岩等(2016)的研究。

表5-18　　　　　　　　所有制异质性

变量	直接影响		复合影响			
	(1) 国企 RDspend	(2) 民企 RDspend	(3) 国企 RDspend	(4) 国企 RDspend	(5) 民企 RDspend	(6) 民企 RDspend
$debtf$	-0.5893	-1.6726**	8.3864*	-0.5871	2.2129	-1.7043**
	(0.72)	(0.56)	(3.91)	(0.71)	(4.96)	(0.56)
$equityf$	0.5431	0.1488	0.6212	-5.6435	0.2117	-1.5592
	(0.62)	(0.44)	(0.61)	(5.91)	(0.42)	(3.98)
IT	-3.8764	-2.4122	-0.7716	-6.8354*	-0.7184	-3.0946
	(2.92)	(5.99)	(3.26)	(3.60)	(6.02)	(5.82)
$IT \times debtf$			-15.6039		-6.3421	
			(10.44)		(7.84)	

续表

变量	直接影响		复合影响			
	(1) 国企 RDspend	(2) 民企 RDspend	(3) 国企 RDspend	(4) 国企 RDspend	(5) 民企 RDspend	(6) 民企 RDspend
$IT \times equityf$				10.8954* (5.38)		2.8167* (1.43)
控制变量	Y	Y	Y	Y	Y	Y
观测值	1971	4567	1971	1971	4567	4567
R-squared	0.935	0.848	0.935	0.935	0.848	0.848

在复合影响方面，国企与民企的信息技术与债权融资交互项系数均不显著，而信息技术与股权融资交互项系数均显著为正，这与基准模型的结果保持一致。

七 产业技术异质性检验

表5-19借鉴岳怡廷和张西征（2017）的做法，将样本按照企业技术特质的不同进行分组研究。依照国家统计局高技术企业分类标准，结合企业对研发的依赖度，从证监会行业分类中最终选取"电器机械及器材制造业""互联网和相关服务""化学纤维制造业""化学原料及化学制品制造业""计算机、通信及其他电子设备制造业""汽车制造业""软件和信息技术服务业""铁路、船舶、航空航天和其他运输设备制造业""医药制造业""专用设备制造业""通用设备制造业""专业技术服务业""仪器仪表制造业""研究和试验发展"这14个产业的企业作为高技术企业样本，将除此之外的企业划为低技术企业，分组探讨融资结构、信息技术对企业创新投入的影响。

表 5-19　　　　　　　　产业技术异质性

变量	直接影响		复合影响			
	(1) 高技术 RDspend	(2) 低技术 RDspend	(3) 高技术 RDspend	(4) 高技术 RDspend	(5) 低技术 RDspend	(6) 低技术 RDspend
$debtf$	-1.1919 (1.05)	-1.2232* (0.56)	10.3893 (7.22)	-1.2175 (1.07)	0.9268 (4.06)	-1.2027* (0.57)

续表

变量	直接影响		复合影响			
	(1) 高技术 RDspend	(2) 低技术 RDspend	(3) 高技术 RDspend	(4) 高技术 RDspend	(5) 低技术 RDspend	(6) 低技术 RDspend
$equityf$	0.7487 (0.67)	-0.1263 (0.17)	0.8586 (0.66)	-4.7267 (5.21)	-0.1147 (0.17)	-2.2757 (2.58)
IT	-6.5355 (8.10)	0.5617 (3.13)	-1.9126 (8.15)	-9.0776 (7.88)	1.4102 (2.82)	-0.4730 (3.62)
$IT \times debtf$			-19.5404 (12.50)		-3.5636 (6.39)	
$IT \times equityf$				9.4343* (5.27)		3.7282* (2.09)
控制变量	Y	Y	Y	Y	Y	Y
观测值	3032	4201	3032	3032	4201	4201
R-squared	0.868	0.855	0.869	0.868	0.855	0.855

与基准回归与低技术企业相比较，高技术企业债权融资的回归系数并不显著。从行业性质上看，高技术行业的企业具有高技术、高投入、高风险、高收益、高成长性的特征，需要大量的人力资本和物质资本投入（王玉泽等，2019）。同时，高技术与低技术样本的信息技术回归系数也均不显著，其余核心变量的结果与基准模型保持一致。

在复合影响方面，高技术与低技术企业的信息技术与债权融资交互项系数均不显著，而信息技术与股权融资交互项系数均显著为正，这与基准模型的结果保持一致。

第四节 本章小结

本章基于第三章的理论分析，进一步提出了关于企业创新投入决策方面的研究假说，并选取微观 2008—2018 年沪深 A 股上市公司数据与省级新一代信息技术发展水平等宏观指标，利用面板模型、面板 Logit 模型与面板 Ologit 模型分别检验了不同类型的融资结构、新一代

第五章 融资结构、新一代信息技术与企业创新投入决策的实证检验

信息技术对企业研发投入、当期研发决策与持续性研发决策的直接影响与交互效应,并进一步探讨了所有制及产业技术的异质性影响。

研究表明:债权融资对企业研发投入、研发决策与持续性研发决策均具有抑制作用。相对而言,股权融资为更适宜的融资渠道,其可以使企业倾向于高投入研发决策与持续性高投入研发决策。结合内源融资的促进作用,整体上企业研发投入的融资优序是"内源融资>股权融资>债权融资"。与此同时,新一代信息技术对研发投入的影响并不敏感,虽然促使企业在当期倾向高投入研发决策,但未表现出持续性。并且,新一代信息技术水平的提升有助于正向调节股权融资与企业研发投入的关系,而对债权融资与企业研发投入关系的作用不显著,并且在企业研发决策和持续性研发决策上同样表现出这种交互效应。此外,不同债务期限、债务来源或基金持股的直接影响存在一定差异,其中短期债务、长期债务、信贷融资及商业信用融资同样表现出了抑制作用,而其交互效应具有一致性。在所有制异质性方面,与民企相比,国企的债权融资并未降低其研发投入水平。在产业技术异质性方面,高技术企业债权融资也未削弱其研发投入水平。

第六章

融资结构、新一代信息技术与企业创新产出的实证检验

本章旨在基于第三章的理论分析，进一步提出关于企业创新产出方面的研究假说，并选取微观2008—2018年沪深A股上市公司数据与省级新一代信息技术发展水平等宏观指标，分别利用面板负二项模型与面板模型检验不同类型的融资结构、新一代信息技术对企业创新产出数量与创新产出质量的直接影响与交互效应，并进一步探讨所有制及产业技术的异质性影响。

第一节 研究假说

结合第三章理论分析部分，从数量和质量两个层面关于创新产出进行实证研究。根据命题3-2a及债权融资与创新关系的分析，债权融资的风险与收益结构不匹配、清算风险、破产风险等融资特性同样制约了企业的创新产出数量，从而可以提出假说：

H6-1a：债权融资会降低企业的创新产出数量水平。

依据命题3-2b的相关分析，在创新过程中，在创新产出质量层面低债务水平可以发挥一定的债务治理效应。其一，基于债务本身到期还款付息的特点，企业会更加努力以兑现债务契约。其二，大部分国家的税法规定债务的利息在税前支付，因此债务具有税盾作用。其

第六章 融资结构、新一代信息技术与企业创新产出的实证检验

三，债务可以约束经营者的机会主义，限制经营者对现金流的滥用（Jensen and Meckling，1976；Grossman and Hart，1983），偿还本金利息的压力可以降低管理者为自己谋利的机会（如津贴）。其四，高杠杆可能传递出"公司具有投资价值"的信号（Ross，1977）。

但是如果企业选择了高负债运营，那么相比较债权融资对创新的不利因素会表现得更为显著。一是当企业负债较低时，破产成本并不显著。但当企业负债较高时，其破产成本是一种潜在的成本。因为即使企业没有破产，其高负债率也将形成信息传递效应，直接影响资金使用，给企业的融资信誉度等带来消极影响（Berk and Zechner，2010）。特别是随着企业债务水平的提高，其破产成本的边际效应通常大于其反向激励、税盾作用、行为约束及正向信号的边际效应，换句话说，企业更害怕自身不保。二是债权人在承担创新失败风险的时候，却往往很难享受创新成功的回报，特别是较高的债务投资却只能换回固定回报。风险与收益结构不匹配对企业高风险的创新投资形成了阻碍（Stiglitz，1985），进而可能偏向选择低风险低收益的项目，由此产生资产替代行为，导致研发投入被挤出（Morck and Nakamura，1999）。与破产成本类似，它的边际效应同样大于债务的边际治理效应。三是理性的债权人会为监督企业行为付出监督成本，但债权人会通过市场机制，将监督成本转由企业承担，如提高利率等，融资成本必然会随债务增加而增加。四是考虑到技术型企业往往缺乏固定资产，其融资成本会变相增加，且融资成本会随债务增加而增加。五是债务合约会进一步限制其融资行为，且债务规模越大，限制会越明显。

因此，在企业债务水平较低时，破产成本、资产替代、融资成本、融资制约的消极因素并不显著。随着债权融资的不断增加，其反向激励、税盾作用、行为约束、正向信号的边际效应通常小于其消极因素的边际效应。至此，可以提出假说：

H6-1b：债权融资对企业创新产出质量存在倒"U"形影响。

根据命题3-2d的分析，虽然企业创新高风险特点和股权投资者追求高收益、承担高风险的激励相吻合，并且股权融资的长期性有利于企业腾出资金空间负担试错成本和长周期的技术开发与产品研发。

但是，委托代理问题、股票交易中的短视行为（冯根福等，2017）、"所有权替代效应"、"金融隧道效应"、"经营隧道效应"等也会对企业创新造成不利影响。因此股权融资从数量和质量层面对企业的创新产出影响具有一定的复杂性，有待实证检验。

发明专利与实用新型或外观设计专利相比，其创新难度更大，含金量更高，因此在一定程度上可以代表企业高质量的创新产出数量水平。由于其内含了一定的创新的质量成分，因此债权融资的约束治理效应理应对高质量创新产出数量发挥作用，债权融资对企业高质量创新产出数量的影响同样有待实证检验。

此外，对于股权融资对创新的双向影响，对于高质量创新产出数量而言究竟是正向影响占据主导还是负向影响占据主导？有待后续关于创新产出数量部分的实证检验。

与此同时，通过第三章的命题3-3a的相关理论分析知道，新一代信息技术能够通过降低企业成本、缓解企业间信息不对称并提高项目成功概率促进企业创新产出数量，因此提出假说：

H6-1c：新一代信息技术水平的提升能够有效增加企业创新产出数量。

虽然在创新数量层面新一代信息技术具有正向影响，但在创新质量层面，正是由于新一代信息技术的属性，使信息的传播体量大、速度快，且学习成本极低，起初使企业有激励通过"后发优势"分享互联网的溢出效应，从而使企业创新的相似度增大，创新度降低，陷入创新的"羊群效应"，损害了企业的创新产出质量。而随着信息技术水平的进一步提高，互联网溢出效应所带来的红利由于被普及均分，其呈递减趋势并逐渐被蚕食，因此倒逼企业不能完全依赖"后发优势"的溢出红利，新一代信息技术通过创新资源产生的正效应才能得到有效释放。因此，从命题3-3b可以提出假说：

H6-1d：新一代信息技术对企业创新产出质量存在"U"形的非线性影响。

根据命题3-4d的分析，新一代信息技术能够缓解融资与创新过程中信息不对称导致的逆向选择、风险不对称、工作忧虑、短视行为、监督不利等问题，并能提高融资中的创新资金使用效率与降低企业实际成本，从而提出假说：

H6-1e：新一代信息技术水平的提升有助于正向调节融资对企业创新产出的影响。

第二节 实证研究设计

一 数据来源

考虑到数据的可得性和连续性，本书选取2008—2018年A股上市公司为研究样本。为了使数据具有可比性，在对变量处理时均使用相对比率或对数值。本书微观与宏观原始数据分别来自国泰安数据库与Wind数据库，保证了数据的一致性。由于少数省份个别数据存在缺失问题，因此对其进行了插值处理。考虑到样本中异常值对估计结果准确性的影响，对连续型变量进行了［1%，99%］的缩尾处理。

二 模型设定

首先，验证融资结构、新一代信息技术对创新产出数量的影响。由于公司层面创新产出数量变量具有计数属性，且样本数据"过度分散"，因此设定面板负二项模型：

$$patent_{ijt}=\beta_0+\beta_1 FIN_{ijt}+\beta_2 IT_{jt}+\beta_3 RDspend_{ijt}+\beta_4 CONTROL_{ijt}+u_i+v_t+w_j+\varepsilon_{ijt} \quad (6-1)$$

其使用条件极大似然估计（conditional MLE）能有效提高估计效率。其中，下标 i 代表公司，j 代表省份，t 代表年份，是随机扰动项，同时控制了个体效应 u_i、时间效应 v_t 和地区效应 w_j。核心被解释变量为创新产出数量（$patent$），本书以专利数衡量。解释变量为融资结构（FIN）和新一代信息技术水平指数（IT）。控制变量（$CONTROL$）主要反映企业的基本特征和企业所处的宏观经济环境。

其次，为验证对创新产出质量可能的非线性影响，这里构建含有核心解释变量二次项的面板模型：

$$lnunform_{ijt}=\beta_0+\beta_1 VAR_{ijt}+\beta_2 VAR_{jt}^2+\beta_3 CONTROL_{ijt}+u_i+v_t+w_j+\varepsilon_{ijt} \quad (6-2)$$

其中，核心被解释变量为创新产出质量（$lnunform$），本书以实际无形资产净值取对数衡量。VAR 代表了需要考察的核心解释变量，如果需要考察某一变量的非线性影响，则添加其二次项。从结果来看，如果二次项系数显著为正而一次项系数显著为负，为"U"形影响；二次项系数显著为负而一次项系数显著为正，则为倒"U"形影响。

此外，为检验信息技术对融资结构与创新产出关系的调节作用，可在以上模型中分别添加信息技术与融资结构变量的交互项。如果交互项系数显著为正，为正向调节；显著为负，则为负向调节。

三 变量选取与描述性统计

（一）变量选取

1. 被解释变量

（1）创新产出数量：随着中国知识产权保护制度的不断完善，越来越多的创新成果以专利的形式出现。虽然专利并不能完全代表创新产出，但其数据容易获取并且具有可比性，所以目前仍然是衡量创新产出的主要代理变量（白俊红，2015）。公司国内外专利授权数表征了公司的自主创新产出数量水平，本书选取公司国内外专利授权数衡量企业的创新产出数量（$patent$）。由于发明型专利相比实用新型专利和外观设计专利具有更高的含金量，因此同时利用发明专利授权数作为高质量创新产出数量（$invention$）对比分析。

（2）创新产出质量：专利数是企业创新的科研成果数，表征了创新主体在创新数量层面的创新产出能力，但不同专利可能内含了不同的创新价值，因此本书利用创新产出质量体现企业的创新成果价值。对于创新成果的价值，学术界常用新产品产值（李后建和刘思亚，2015；戴美虹，2019）、无形资产（鞠晓生等，2013；王玉泽等，2019）等指标对其进行衡量。然而，新产品产值又附加了生产要素的原有价值，且受生产能力与市场供需等影响较大。借鉴鞠晓生（2013）的解释，2007 年的新会计准则要求原无形资产分别在"无形资产"、"商誉"和"投资性房地产"中核算，所以新会计准则下的无形资产主要由专利权和非专利技术构成，更能体现企业拥有的创新

第六章 融资结构、新一代信息技术与企业创新产出的实证检验

成果的内在价值,故本书选取剔除价格因素的实际无形资产净额取对数作为创新产出质量($lnunform$)的度量。

2. 核心解释变量

(1) 融资结构:其中单向指标:股权融资($equityf$),指企业利用股权交易方式融通资金;债权融资($debtf$),本书债权融资反映通过银行或非银行金融机构贷款或发行债券等方式融通资金的方式,包括短期借款和长期借款,以及企业发行的债券。复合指标:债股比($debtrequity$),以债权融资量比股权融资量来衡量。

(2) 新一代信息技术水平(IT):由于多数学者采用CN域名数、互联网普及率、网站数等单一指标作为替代,然而实际上信息技术是一个复杂的技术体系,这里结合中国信息技术发展实际并参考韩先锋等(2019)的选取,设计的一级指标体系涵盖信息技术普及、信息技术硬件发展和信息技术软件发展三大维度,从而构造出省际新一代信息技术水平指数,具体指标构建参见第四章。

3. 控制变量

参考已有文献并考虑信息技术产业自有特点,本书选取了以下控制变量。政府补贴($subsidyr$),选择政府补贴作为国家政策扶持的替代变量。公司的市场价值、股权结构、治理水平、激励方式等也会影响企业创新,故本书还控制了托宾Q($tobinq$)、股权集中度($onestockrate$、$fivestockrate$)、股权制衡度($Zindex$)、管理层规模($boardscale$)、持股比例($presshare$、$genmanshare$)、高管报酬比例($managesumsalary$)。此外,省级层面选取了外资依存度(fdi)、贸易水平($import$)以控制对外技术溢出,选取人均可支配收入($wage$)、经济发展水平($rpgdp$)以控制可能的宏观经济影响。表6-1为主要变量设置与说明①。

---

① 以美元表示的金额按照当年人民币平均汇率折合成人民币核算。对人均可支配收入和经济发展水平以居民消费价格指数剔除价格因素。

表 6-1　　　　　　　　　　变量设置与说明

变量类型	变量名称	变量代码	变量含义及说明
被解释变量	创新产出数量	patent	国内外专利授权数
	高质量创新产出数量	invention	国内外发明专利授权数
	创新产出质量	lnunform	以居民消费价格指数剔除价格因素的实际无形资产净额取对数
解释变量	融资结构 股权融资	equityf	（股本+资本公积）/资产总额
	融资结构 债权融资	debtf	（应付债券+短期借款+长期借款）/资产总额
	融资结构 债股比	debtrequity	债权融资/股权融资
	新一代信息技术	IT	新一代信息技术水平指数
控制变量	托宾 Q	tobinq	企业市值/重置成本
	政府补贴	subsidyr	政府补贴总额/资产总额
	董事会规模	boardscale	董事会人数
	股权集中度	onestockrate	第一大股东持股比例之和
	股权集中度	fivestockrate	前五大股东持股比例之和
	股权制衡度	Zindex	第一大股东与第二大股东持股比例的比值
	管理层持股	presshare	董事长持股比例
	管理层持股	genmanshare	总经理持股比例
	高管报酬比例	managesumsalary	高管年度报酬总额/总营业收入
	外资依存度	fdi	外商直接投资/GDP
	贸易水平	import	进口/GDP
	人均可支配收入	wage	城镇集体单位职工平均货币工资
	经济发展水平	rpgdp	人均真实 GDP

（二）变量的描述性统计

表 6-2 报告了变量的描述性统计结果。在样本期内，债权融资的平均值为 0.182，显著低于股权融资的 0.436，表明股权融资是企业主要的融资渠道。专利授权数均值为 49.186，标准差为 246.512，意味着各企业创新产出数量具有显著差异，发明专利授权数具有类似的

统计特征。同时，实际无形资产水平的均值为 11.906，标准差为 1.933，表明各企业创新产出质量也具有一定差异。各省份信息技术水平的均值为 0.600，在 [0.424，0.824] 区间内变化，说明不同省份的信息技术发展水平差距较大。其余变量的统计结果也基本符合预期，具体不再赘述。

表 6-2　　　　　　　　　变量的描述性统计

变量	观测值	均值	标准差	最小值	最大值
patent	7467	49.186	246.512	0.000	13,398.000
invention	7467	9.879	54.420	0.000	2,780.000
lnunform	28851	11.906	1.933	-0.450	16.378
debtf	20474	0.182	0.176	0.000	3.498
equityf	29555	0.436	0.541	0.012	18.021
debtrequity	20467	0.902	1.387	0.000	28.618
IT	20805	0.600	0.099	0.424	0.824
subsidyr	26099	0.006	0.013	0.000	0.857
onestockrate	28678	35.024	15.130	8.759	75.000
fivestockrate	28678	53.604	15.821	19.075	89.318
Zindex	28677	11.161	21.647	1.004	183.487
boardscale	20823	8.758	1.883	0.000	21.000
presshare	19609	7.926	13.878	0.000	54.127
genmanshare	19354	4.973	11.274	0.000	50.523
managesumsalary	20447	0.249	0.386	0.000	2.474
tobinq	27387	2.069	1.366	0.913	8.464
fdi	20864	0.597	0.450	0.047	4.466
wage	20864	0.740	0.226	0.230	1.335
import	20864	0.289	0.291	0.004	1.338
rpgdp	20864	1.096	0.441	0.169	2.154

第三节 实证结果分析

一 关于创新产出数量的直接影响检验

(一) 当期直接影响

在表 6-3 中,列 (1)、列 (2) 与列 (3)、列 (4) 分别为利用面板负二项固定效应模型的专利授权数与发明专利授权数的考察,同时对是否添加内源融资进行了对比分析。在专利方面,R&D 投入的回归系数均在 1% 的水平下显著为正,说明了研发投入可以显著提高企业的创新产出数量。结合 H5-1a 的结论可以初步推断,债权融资可以通过抑制研发投入进而降低企业创新产出数量(杨帆和王满仓,2020)。债权融资的系数分别为 -0.8762 和 -1.5248,其显著性水平均为 1%,因此债权融资显著降低了专利授权数,验证了 H6-1a。相比较,股权融资系数在统计上不显著,即股权融资对企业创新产出数量的影响呈现非显著性。对于信息技术,其回归系数分别在 1% 和 5% 的水平为 1.4291 和 1.3455,其在负二项回归中表示当信息技术水平提升一个微小量时,专利授权数的平均将分别增加 1.4291 与 1.3455,H6-1c 得以验证。同时,内源融资的系数不显著,表明企业内源融资并没有对其创新产出数量产生影响。在控制变量方面,第一大股东持股表现出了明显的促进作用,可能的解释为企业可以通过集中决策提高创新能力。托宾 Q 的结果说明了公司市场价值与创新产出的正相关性,其余控制变量均不显著。

表 6-3 融资结构、信息技术对创新产出数量的影响

变量	(1) patent	(2) patent	(3) invention	(4) invention
RDspend	0.0318*** (0.01)	0.0324*** (0.01)	-0.0091 (0.01)	-0.0098 (0.01)
debtf	-0.8762*** (0.32)	-1.5248*** (0.51)	-0.0994 (0.37)	0.2286 (0.43)

续表

变量	(1) $patent$	(2) $patent$	(3) $invention$	(4) $invention$
$equityf$	-0.2587 (0.23)	-0.7588 (0.77)	0.5709** (0.26)	0.8103*** (0.31)
$endof$		-1.2062 (1.59)		0.6272 (0.44)
IT	1.4291*** (0.53)	1.3455** (0.78)	2.3219*** (0.61)	2.3782*** (0.61)
$subsidyr$	2.0628 (3.83)	2.3565 (4.37)	7.3848* (4.15)	7.2293* (4.17)
$onestockrate$	0.0109*** (0.00)	0.0103* (0.01)	-0.0127*** (0.00)	-0.0125*** (0.00)
$fivestockrate$	-0.0037 (0.00)	-0.0024 (0.01)	0.0075* (0.00)	0.0073* (0.00)
$Zindex$	-0.0025 (0.00)	-0.0021 (0.00)	0.0048 (0.00)	0.0046 (0.00)
$boardscale$	-0.0015 (0.02)	-0.0023 (0.03)	-0.0577** (0.02)	-0.0565** (0.02)
$presshare$	-0.0056* (0.00)	-0.0052 (0.00)	-0.0014 (0.00)	-0.0018 (0.00)
$genmanshare$	-0.0042 (0.00)	-0.0037 (0.00)	-0.0076** (0.00)	-0.0079** (0.00)
$managesumsalary$	-0.1995* (0.12)	-0.1774 (0.14)	0.2060* (0.12)	0.1873 (0.12)
$tobinq$	0.0480** (0.02)	0.0545** (0.02)	0.0513** (0.02)	0.0475** (0.02)
fdi	0.0389 (0.14)	0.0298 (0.23)	-0.1745 (0.16)	-0.1665 (0.16)
$wage$	0.5756* (0.31)	0.5824 (0.48)	0.9221*** (0.35)	0.9426*** (0.35)
$import$	-0.2594 (0.18)	-0.2335 (0.21)	-0.3864* (0.21)	-0.3729* (0.21)
$rpgdp$	0.0066 (0.22)	-0.0148 (0.35)	-0.0417 (0.24)	-0.0493 (0.24)

续表

变量	(1) patent	(2) patent	(3) invention	(4) invention
常数项	-1.5103*** (0.42)	-1.0122 (0.78)	-1.9010*** (0.46)	-2.1822*** (0.50)
观测值	2343	2343	2264	2264
公司数	655	655	630	630

注：*、**、***分别代表0.1、0.05、0.01的显著性水平，括号内数值为标准差。下同。

在发明专利方面，不同的是研发投入的影响并不显著，这说明直接的研发投入可能并不能有效增进专利质量。一般情况下，高质量创新成功的不确定性更强，往往需要强大的基础研究作为根基，单纯的研发投入很难取得立竿见影的效果。此外，债权融资系数不显著，意味着债权融资对企业高质量创新产出数量的影响不显著，从侧面反映了一定的债务治理效应。相比，发现股权融资系数分别在5%和1%的显著性上达到了0.5709和0.8103，意味着股权融资对高质量创新产出数量具有一定的促进作用，这为新结构经济学（林毅夫等，2009；龚强等，2014；张一林等，2016）提供了一些经验支撑。其一个重要原因是股权融资才能不断负担高质量创新过程中连续的试错成本。并且说明对高质量创新产出数量而言，在股权融资对创新的双向影响中其正向影响占据了主导。对于信息技术，其回归系数分别在1%的水平为2.3219和2.3782，表明新一代信息技术对高质量创新产出数量同样具有促进作用。同时，内源融资的系数仍然不显著。控制变量中，政府补贴表现出一定正向影响。第一大股东持股却表现出负向作用，某种程度上说明了思想垄断损害了高质量专利的产生，但前五大股东持股呈现反向态势，可推断多元化思想对于高质量专利的重要性。同时，董事会规模表现出"挤出效应"，总经理持股呈现抑制作用，托宾Q具有相同表现。宏观方面，人均可支配收入呈现积极作用，而进口降低了发明专利水平，其余控制变量系数基本未表现出显著性。

表6-4报告了债股比、信息技术对创新产出数量的影响。通过结果发现，无论是专利授权数还是发明专利授权数方面，债股比系数均

显著为负，表明对于专利产出而言，股权融资较债权融资是更适宜的融资渠道。其余核心变量结果也未发生实质性变化。

表 6-4　　　　　债股比、信息技术对创新产出数量的影响

变量	（1） patent	（2） patent	（3） invention	（4） invention
RDspend	0.0302*** （0.01）	0.0294*** （0.01）	−0.0081 （0.01）	−0.0081 （0.01）
debtrequity	−0.1183*** （0.04）	−0.1284*** （0.04）	−0.1136** （0.05）	−0.1124** （0.05）
endof		−0.5390 （0.50）		0.0593 （0.56）
IT	1.4895*** （0.53）	1.5162*** （0.53）	2.3047*** （0.61）	2.3101*** （0.61）
控制变量	Y	Y	Y	Y
观测值	2343	2343	2264	2264
公司数	655	655	630	630

（二）滞后期直接影响

表 6-5 基于专利产出的直接影响检验考察了融资结构、信息技术对创新产出数量的滞后影响。结果表明，债权融资对专利授权数、股权融资对发明专利授权数与信息技术的影响效应均具有时滞性，其余变量结果较之前未有变化。

表 6-5　　　　　　对创新产出数量的滞后影响

变量	（1） patent	（2） patent	（3） invention	（4） invention
L.RDspend	0.0311*** （0.01）	0.0306*** （0.01）	0.0030 （0.01）	0.0022 （0.01）
L.debtf	−1.3424*** （0.32）	−1.7027*** （0.37）	−0.0431 （0.36）	0.3230 （0.42）
L.equityf	0.7671 （0.63）	−1.0413 （1.27）	0.6244** （0.25）	0.8978*** （0.30）

续表

变量	(1) patent	(2) patent	(3) invention	(4) invention
L.endof		−0.7003		0.6880
		(0.68)		(0.62)
L.IT	1.8234***	1.8838***	2.4229***	2.4007***
	(0.56)	(0.56)	(0.64)	(0.64)
控制变量	Y	Y	Y	Y
观测值	2346	2346	2252	2252
公司数	674	674	642	642

注：L.变量名表示变量的滞后1期。

二 关于创新产出质量的直接影响检验

（一）当期直接影响

表6-6报告了通过面板固定效应模型的融资结构、信息技术对企业创新产出质量的基准回归结果，同时使用了聚类稳健标准误。列（1）、列（2）基于是否添加内源融资为添加债权融资二次项（$debtf \times debtf$）的非线性检验，结果表明债权融资系数显著为正且其二次项系数显著为负，意味着债权融资对无形资产存在倒"U"形影响，验证了H6-1b。同时，信息技术的回归系数在统计上并不显著，结合理论分析初步判断其并不存在简单的线性影响。模型（3）、模型（4）相应地着重列示了信息技术的非线性影响，信息技术的系数显著为负而其二次项系数显著为正，说明信息技术水平对创新产出质量存在"U"形影响，验证了H6-1d。同时，研发投入系数均显著为正，表现出了对无形资产明显的拉动作用。并且，股权融资的系数均不显著，即股权融资对企业创新产出质量的影响呈现非显著性。然而，内源融资系数依然均不显著。在控制变量方面，董事会规模系数显著为正，说明了解决代理问题的制度安排可以促使企业注重创新。并且，高管薪酬与进口均对无形资产形成了一定的挤出效应。此外，托宾Q与无形资产负相关，从侧面反映了企业无形资产对企业市场价值的反应可以能存在滞后。其余控制变量的影响均在统计上不显著。

表 6-6　融资结构、信息技术对创新产出质量的影响

变量	（1）lnunform	（2）lnunform	（3）lnunform	（4）lnunform
RDspend	0.0161**	0.0143**	0.0157**	0.0143**
	(0.01)	(0.01)	(0.01)	(0.01)
debtf	1.8547***	2.3439***	0.0887	0.7403
	(0.34)	(0.46)	(0.24)	(0.70)
debtf×debtf	−3.9736***	−3.3564***		
	(0.64)	(0.86)		
equityf	−0.9652	−0.2416	−0.8931	−0.2833
	(0.90)	(0.17)	(0.88)	(0.19)
endof	−1.3419		−1.1184	
	(1.08)		(1.36)	
IT	−1.1084	−1.2229	−12.0737**	−11.9015**
	(1.25)	(1.26)	(4.95)	(4.91)
subsidyr	0.6070	0.1106	0.2815	−0.1055
	(1.43)	(1.50)	(1.51)	(1.53)
onestockrate	−0.0058	−0.0055	−0.0057	−0.0054
	(0.00)	(0.01)	(0.01)	(0.01)
fivestockrate	0.0052	0.0044	0.0050	0.0043
	(0.00)	(0.00)	(0.00)	(0.00)
Zindex	0.0014	0.0011	0.0014	0.0011
	(0.00)	(0.00)	(0.00)	(0.00)
boardscale	0.0414**	0.0394**	0.0405**	0.0387**
	(0.01)	(0.01)	(0.01)	(0.01)
presshare	−0.0094	−0.0111	−0.0089	−0.0103
	(0.01)	(0.01)	(0.01)	(0.01)
genmanshare	−0.0021	−0.0024	−0.0025	−0.0026
	(0.00)	(0.00)	(0.00)	(0.00)
managesumsalary	−0.4386***	−0.4739***	−0.4653***	−0.4923***
	(0.14)	(0.14)	(0.14)	(0.15)

续表

变量	(1) lnunform	(2) lnunform	(3) lnunform	(4) lnunform
tobinq	-0.0521**	-0.0507**	-0.0569**	-0.0553**
	(0.02)	(0.02)	(0.02)	(0.02)
fdi	0.1044	0.1299	-0.0415	-0.0165
	(0.16)	(0.16)	(0.14)	(0.14)
wage	0.1173	0.1741	0.1099	0.1565
	(0.31)	(0.32)	(0.31)	(0.32)
import	-0.8566**	-0.8619**	-0.8789**	-0.8794**
	(0.37)	(0.37)	(0.38)	(0.38)
rpgdp	-0.1693	-0.1716	-0.2296	-0.2239
	(0.27)	(0.28)	(0.28)	(0.28)
IT×IT			7.3968*	7.2186*
			(4.42)	(4.38)
常数项	13.4323***	12.9248***	17.5056***	16.9568***
	(0.88)	(0.89)	(1.77)	(1.78)
观测值	7209	7213	7209	7213
R-squared	0.898	0.897	0.897	0.896

（二）滞后期直接影响

表6-7基于无形资产的直接影响检验考察了融资结构、信息技术对创新产出质量的滞后影响。结果表明，债权融资、信息技术对无形资产的非线性影响效应均具有时滞性，其余变量结果较之前未有变化。

表6-7　　　　　　　　对创新产出质量的滞后影响

变量	(1) lnunform	(2) lnunform	(3) lnunform	(4) lnunform
RDspend	0.0121**	0.0127**	0.0118**	0.0125**
	(0.00)	(0.00)	(0.00)	(0.00)
L.debtf	1.6366***	1.3778***	0.2702	0.0291
	(0.42)	(0.41)	(0.19)	(0.18)

续表

变量	(1) lnunform	(2) lnunform	(3) lnunform	(4) lnunform
L.debtf×L.debtf	-3.0014** (0.99)	-2.8959** (0.98)		
L.equityf	-0.3772 (0.40)	-0.6109 (0.68)	-0.4199 (0.41)	-0.6855 (0.68)
L.endof		-0.2907 (0.17)		-0.3327 (0.27)
L.IT	-0.0952 (1.20)	-0.1413 (1.20)	-6.8222* (3.79)	-6.8936* (3.80)
L.IT×L.IT			4.6532* (2.89)	4.6682* (2.89)
控制变量	Y	Y	Y	Y
观测值	7767	7761	7767	7761
R-squared	0.888	0.888	0.887	0.887

注：L.变量名表示变量的滞后1期。

三 复合影响检验

表6-8考察了融资结构、信息技术对专利产出影响的交互效应。结果显示，信息技术与债权融资交互项（IT×debtf）与其滞后交互项（L.IT×L.debtf）系数均显著为正，意味着信息技术在当期和滞后期均能缓解债权融资对专利授权数的抑制作用。并且，信息技术与股权融资交互项（IT×equityf）与其滞后交互项（L.IT×L.equityf）系数也均显著为正，表明信息技术在当期和滞后期均能强化股权融资对发明专利授权数的促进作用。至此，H6-1e得以验证。

表6-8 对专利产出影响的交互效应

变量	(1) patent	(2) patent	(3) invention	(4) Invention
RDspend	0.0323*** (0.01)	0.0271*** (0.01)	-0.0098 (0.01)	0.0028 (0.01)

续表

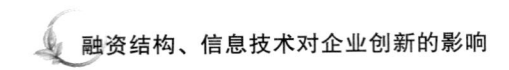

变量	(1) patent	(2) patent	(3) invention	(4) Invention
debtf	−3.1556** (1.60)		0.2022 (0.43)	
equityf	−0.7790 (0.78)		−0.2579 (1.21)	
endof	−1.2233 (1.37)		0.6177 (0.44)	
IT	0.9231 (0.67)		1.6844* (0.98)	
IT×debtf	2.7322* (1.55)			
L.debtf		−3.4841** (1.54)		0.3457 (0.40)
L.equityf		−1.0152 (1.25)		1.7504 (1.11)
L.endof		−0.7512 (0.75)		1.0601 (0.99)
L.IT		0.9937 (0.64)		2.8378*** (0.94)
L.IT×L.debtf		3.0992* (1.76)		
IT×equityf			1.7860* (1.06)	
L.IT×L.equityf				1.2842* (0.69)
控制变量	Y	Y	Y	Y
观测值	2343	2557	2264	2434
公司数	655	716	630	678

注：$L.$ 变量名表示变量的滞后 1 期。

交互效应是数据的连续型变化,还可以从离散型视角进一步考察信息技术水平差异下的直接影响,常用方法有面板门槛等。但由于公司层面的专利数据"过于分散",常用的面板门槛模型无法有效对参数进行估计,表6-9替代性地考虑以信息技术水平的平均数作为临界值分样本回归。结果表明,债权融资系数在高IT水平情况下不显著。相比较,股权融资系数在高IT水平下为0.6836,其显著性水平为10%,意味着信息技术较发达的环境中股权融资可以提升专利授权水平。同时,研发投入系数不显著说明高信息技术发展水平挤出了研发对专利的影响效果。

在发明专利方面,债权融资系数均不显著,但其符号由负转正。同时,股权融资系数在低IT水平下不显著而高IT水平下显著为1.0345,进一步说明新一代信息技术的发展对于股权促进高质量创新产出数量的重要性。至此,H6-1e得到进一步佐证,其余核心解释变量结果均在统计上不显著。

表6-9　　不同信息技术水平下融资结构对专利产出的影响

变量	(1) 低IT水平 patent	(2) 高IT水平 patent	(3) 低IT水平 invention	(4) 高IT水平 invention
$RDspend$	0.0751***	0.0167	0.0309	−0.0135
	(0.02)	(0.01)	(0.02)	(0.01)
$debtf$	−1.8672***	−0.4026	−0.5618	0.6283
	(0.55)	(0.58)	(0.68)	(0.66)
$equityf$	−0.6698	0.6836*	0.5256	1.0345**
	(0.62)	(0.42)	(0.50)	(0.48)
$endof$	−0.3549	−0.7790	−0.3607	0.5898
	(0.61)	(0.56)	(0.75)	(0.64)
控制变量				
观测值	1106	1049	1062	1013
公司数	340	330	322	319

四 内生性处理

由于目前没有合适的工具变量命令嵌入面板负二项模型中,这里替代性地考虑将专利数量加一取对数处理,并利用面板固定效应模型关于创新产出数量进行工具变量法。在工具变量的选取上,融资结构方面同样借鉴了孙早和肖利平(2016)的思路,即投资决策往往取决于企业负债状况、现金流水平、利润增长水平等因素,特别是固定资产可以作为抵押为企业进行债权融资。而信息技术方面,借鉴韩先锋等(2019)的方法,选用其滞后变量作为工具变量。并且,进一步将融资结构与信息技术可能的双向因果关系(刘柳和屈小娥,2017)纳入本书的工具变量法,即两者的工具变量可以互为对方的工具变量。因此,考虑到相关变量的滞后性,本书将企业固定资产净值滞后一期、资产负债率、现金流滞后一期、营业利润增长率、信息技术滞后一期作为融资与信息技术的工具变量以求降低内生性偏误。与此同时,为了稳健起见利用 2SLS 与 GMM 回归方法对模型进行内生性处理。

表 6-10 报告了关于创新产出数量内生性处理的直接影响回归结果。检验结果显示,Kleibergen-Paap rk LM 统计量的 p 值为 0.07,Kleibergen-Paap rk Wald F statistic 统计量为 4.44,Cragg-Donald Wald F 统计量为 5.95,均超过其临界值 4.3,表明基本不存在不可识别和弱工具变量问题。并且,其 Hansen J 统计量的 p 值分别为 0.40、0.41,表明基本排除了过度识别问题,否定了工具变量与扰动项相关的原假设。表 6-10 的结果显示,加入了工具变量之后,弱化了计量模型的内生性问题,核心变量的系数和显著性与之前相比均未有实质变化,进一步验证了相关结论。

表 6-10　　创新产出数量直接影响的内生性处理

变量	(1) 2SLS	(2) GMM	(3) 2SLS	(4) GMM
	lnpatent	lnpatent	lninvention	lninvention
debtf	-5.1763*	-4.542*	0.7965	1.0264
	(3.09)	(2.54)	(4.58)	(4.19)

续表

变量	(1) 2SLS	(2) GMM	(3) 2SLS	(4) GMM
	lnpatent	lnpatent	lninvention	lninvention
equityf	3.7808	2.4326	0.6429*	0.9441*
	(3.89)	(2.06)	(0.33)	(0.47)
IT	5.6626*	4.0234*	2.6968*	3.9252*
	(3.22)	(2.16)	(1.38)	(2.02)
RDspend	0.0408**	0.0354**	0.0121	0.0097
	(0.01)	(0.01)	(0.01)	(0.01)
控制变量	Y	Y	Y	Y
观测值	2264	2264	2264	2264
R-squared	−0.072	−0.072	0.005	0.002

同时，以相同的思路对创新产出质量运用工具变量法，表6-11报告了内生性处理的回归结果。检验结果显示，Kleibergen-Paap rk LM 统计量的 p 值分别为 0.09、0.09，Kleibergen-Paap rk Wald F statistic 统计量分别为 6.51、5.98，Cragg-Donald Wald F 统计量分别为 10.18、9.76，均超过其临界值 4.3、4.1，表明基本不存在不可识别和弱工具变量问题。并且，其 Hansen J 统计量的 p 值分别为 0.63、0.84，表明基本排除了过度识别问题，否定了工具变量与扰动项相关的原假设。回归结果显示，加入了工具变量之后，弱化了计量模型的内生性问题，核心变量的系数和显著性与之前相比均未有实质变化，进一步验证了相关结论。

表6-11　　　　　创新产出质量直接影响的内生性处理

变量	(1) 2SLS	(2) GMM	(3) 2SLS	(4) GMM
	lnunform	lnunform	lnunform	lnunform
debtf	22.3224*	23.0407*	−10.6254	−10.9262
	(12.73)	(12.68)	(9.49)	(9.08)
debtf×debtf	−13.8945*	−15.8885*		
	(7.56)	(8.26)		

续表

变量	(1) 2SLS	(2) GMM	(3) 2SLS	(4) GMM
	lnunform	lnunform	lnunform	lnunform
equityf	-12.2398	-12.1894	-8.4823	-8.7600
	(7.49)	(7.49)	(7.93)	(7.20)
IT	-6.3953	-6.6818	-16.3642*	-13.2169*
	(6.31)	(6.28)	(8.83)	(7.60)
RDspend	0.0050*	0.0070*	0.0065*	0.0072*
	(0.00)	(0.00)	(0.00)	(0.00)
IT×IT			12.6107*	13.2125*
			(6.57)	(7.84)
控制变量	Y	Y	Y	Y
观测值	6607	6607	6607	6607
R-squared	-1.040	-1.924	-0.585	-0.851

表6-12报告了关于创新产出数量内生性处理的复合影响回归结果，其中将信息技术滞后一期分别与固定资产滞后一期、资产负债率、现金流滞后一期、营业利润增长率的交互项作为信息技术与债权融资交互项的工具变量，将信息技术滞后一期分别与资产负债率、现金流滞后一期、营业利润增长率的交互项作为信息技术与股权融资交互项的工具变量。检验结果显示，Kleibergen-Paap rk LM统计量的p值分别为0.09、0.08，Kleibergen-Paap rk Wald F statistic统计量分别为20.52、18.10，Cragg-Donald Wald F统计量分别为53.62、52.46，均超过其临界值13.96、12.83，表明基本不存在不可识别和弱工具变量问题。并且，其Hansen J统计量的p值分别为0.68、0.77，表明基本排除了过度识别问题，否定了工具变量与扰动项相关的原假设。回归结果显示，加入了工具变量之后，弱化了计量模型的内生性问题，核心变量的系数和显著性与之前相比均未有实质变化，进一步验证了相关结论。

表 6-12　　　　　　　创新产出数量复合影响的内生性处理

变量	(1) 2SLS	(2) GMM	(3) 2SLS	(4) GMM
	lnpatent	lnpatent	lninvention	lninvention
IT×debtf	5.9484*	4.2876*		
	(3.31)	(2.21)		
RDspend	0.0352***	0.0304**	0.0135*	0.0124*
	(0.01)	(0.01)	(0.00)	(0.00)
debtf	-4.8778	-3.6546	0.0365	-0.0053
	(9.12)	(5.12)	(0.45)	(0.44)
equityf	-0.7926	-0.9765	8.6254	7.7565
	(0.50)	(0.75)	(8.83)	(8.71)
IT	3.8892	2.7648	2.8325	2.0631
	(4.67)	(3.46)	(5.81)	(5.61)
IT×equityf			14.1894*	12.6788*
			(7.62)	(6.89)
控制变量	Y	Y	Y	Y
观测值	2264	2264	2264	2264
R-squared	0.027	0.027	-0.004	-0.001

五　稳健性检验

(一) 调整变量定义

这里将债权融资的定义由（短期借款+长期借款+应付债券）比总资产扩大为（短期借款+长期借款+应付债券+商业信用融资）比总资产，其中商业信用融资包括应付账款、应付票据和预收款项。表6-13的结果表明，在替换变量后，模型变量的系数符号和显著性均基本保持一致，从而验证了模型的稳定性。

表 6-13　　　　　　　调整变量的稳健性检验

变量	直接影响				间接影响	
	(1)	(2)	(3)	(4)	(5)	(6)
	patent	invention	lnunform	lnunform	patent	invention
RDspend	0.0330***	-0.0077	0.0146**	0.0142**	0.0336***	-0.0077
	(0.01)	(0.01)	(0.01)	(0.01)	(0.01)	(0.01)

续表

变量	直接影响				间接影响	
	（1）	（2）	（3）	（4）	（5）	（6）
	patent	*invention*	*lnunform*	*lnunform*	*patent*	*invention*
gendebtf	-0.5925**	-0.1267	2.6586***	0.6389	-1.4249	-0.1811
	（0.30）	（0.35）	（0.58）	（0.63）	（1.36）	（0.35）
gendebtf×gendebtf			-2.8243***			
			（0.77）			
equityf	-0.4152	0.4571*	-0.2085	-0.2355	-0.4299	-0.7927
	（0.27）	（0.26）	（0.14）	（0.17）	（0.27）	（1.28）
IT	2.2307***	2.7750***	-1.3077	-12.9594**	1.8093**	1.9495*
	（0.56）	（0.64）	（1.30）	（5.14）	（0.88）	（1.04）
IT×IT				7.9464**		
				（3.53）		
IT×gendebtf					1.4102*	
					（0.81）	
IT×equityf						2.0671*
						（1.15）
控制变量	Y	Y	Y	Y	Y	Y
观测值	2251	2173	6947	6947	2251	2173
公司数	639	617			639	617
R-squared			0.896	0.895		

（二）分样本检验

考虑样本的时间跨度是 2008—2018 年，恰逢 2008 年是国际金融危机，因此为稳健起见这里选取 2009 年以后进行分样本检验。表 6-14 的结果表明，主要变量估计结果的系数符号和显著性基本未发生实质性变化，表明其估计结果具有良好的稳健性，研究结论也是可靠的。

表 6-14 分样本的稳健性检验

变量	直接影响				间接影响	
	(1)	(2)	(3)	(4)	(5)	(6)
	patent	invention	lnunform	lnunform	patent	invention
RDspend	0.0337***	-0.0132	0.0116*	0.0114*	0.0336***	-0.0132
	(0.01)	(0.01)	(0.01)	(0.00)	(0.01)	(0.01)
debtf	-0.9541***	-0.2074	2.2335***	0.6758	-2.9048*	-0.2279
	(0.33)	(0.38)	(0.51)	(0.62)	(1.65)	(0.38)
debtf×debtf			-3.2490***			
			(0.94)			
equityf	-0.3636	0.5227*	-0.2215	-0.2612	-0.3749	-0.6769
	(0.25)	(0.27)	(0.16)	(0.18)	(0.25)	(1.25)
IT	1.1968**	2.4134***	-0.4168	-10.0609*	0.6932	1.6425
	(0.54)	(0.62)	(1.26)	(4.97)	(0.69)	(1.00)
IT×IT				6.4935*		
				(3.43)		
IT×debtf					3.2648*	
					(1.84)	
IT×equityf						1.9939*
						(1.17)
控制变量	Y	Y	Y	Y	Y	Y
观测值	2200	2123	6923	6923	2200	2123
公司数	641	617			641	617
R-squared			0.903	0.902		

六 融资结构细分下的再检验

以上对融资结构、信息技术与企业创新产出的影响进行了基准分析。类似地，如果考虑债务期限、债务来源或股权来源的异质性，其表现是否也存在差异？关于债务期限与债务来源，李后建和刘思亚（2015）利用新产品产值研究了银行信贷与创新产出的关系。而王满四和徐朝辉（2018）通过技术密集型企业数据，分析了银行信贷如何影响创新产出。吴尧和沈坤荣（2020a）更是提出长期信贷期限结构能够增加发明专利申请数,而其余相关文献还较少涉及异质性债务与创新产出的研究。相比较,学者充分探究了机构持股与创新产出的因果关系,其结论同样也存在异议。在产出数量层面,研究结论包括正向影响(Luong et al., 2017;张强和王明涛,2019)、非显著(温军和冯根福,2012;许昊等,2015)、异质性表现(许长新和杨李华,2018)。在产出质量层面,李仲泽(2020)提出长期、主动机构投资者能促进企业创新质量提高,而短期、被动机构投资者对企业创新质量的影响不显著。鉴于此,这一部分也对此做进一步检验与阐释。

(一)关于创新产出数量的直接影响

表6-15从债务期限、债务来源以及基金持股的视角对融资结构进一步划分,在一致的实证框架下检验不同融资渠道对创新产出数量的影响效应。

表6-15　　　　　　关于创新产出数量的直接影响

变量	(1) $patent$	(2) $patent$	(3) $patent$
$RDspend$	0.0414*** (0.01)	0.0332*** (0.01)	0.0314*** (0.01)
$loanf$		-1.0365*** (0.36)	
$bondf$		-1.4644* (0.81)	
$businessf$		0.1332 (0.40)	
$equityf$	-0.1481 (0.18)	-0.4765 (0.47)	
IT	0.9993** (0.44)	2.1540*** (0.56)	1.3858** (0.55)
$longf$	-0.0385 (0.54)		

续表

变量	(1)	(2)	(3)
	patent	*patent*	*patent*
shortf	-0.8067***		
	(0.31)		
debtf			-0.7132**
			(0.28)
fundf			0.0049
			(0.01)
控制变量	Y	Y	Y
观测值	3001	2251	2151
公司数	758	639	615

列（1）主要考察了短期债务和长期债务对创新产出数量的影响，结果表明短期债务（*shortf*）呈现出显著的抑制影响而长期债务（*longf*）的影响并不显著。究其原因，长期债权融资具有持续性强的特点，而创新大多是长期性、持续性的行为活动，企业需要持有长期充足的自由现金流，以预防创新过程可能面临的资金短缺。而短期债务则与之相反，其会给企业带来融资困境与流动性还款压力，使再融资难度增大。并且，长期债务的审核及担保机制更为健全，银行等一般会与企业签订规范、详细的借款契约。

列（2）为关于信贷融资、债券融资和商业信用融资的估计结果，显示出信贷融资（*loanf*）和债券融资（*bondf*）的系数均显著为负，呈现出抑制作用，而商业信用融资（*businessf*）系数不显著。比较来看，信贷较债券表现出了更显著的抑制作用。信贷配给理论指出金融市场不完善导致获取信贷困难的企业不得不选择商业信用融资，将其作为信贷的替代（刘慧芬，2017）。结合经典的融资优序理论，商业信用所依托的稳定的客户关系有助于缓解信息不对称，从而削弱了债权融资对创新项目所固有的不利影响，在统计上表现出非显著性。与信贷相比，债券的使用相对更全面考虑了项目情况，往往更加灵活

（如可转债），并可以通过交易市场实现价格信息反馈机制。

列（3）检验了基金持股的影响，其结果显示基金持股融资（$fundf$）的回归系数不显著，这也和股权融资的回归结果保持一致。分析来看，机构投资者在风险分散（赵洪江和夏晖，2009）、信息收集和整理（Kochhar and David，1996）、大宗持股的"锁定"效应等方面具有优势，但是基金一般而言也存在定期披露业绩的压力，因而其往往较注重短期收益（温军和冯根福，2012），这两种双向影响在统计上形成抵消。

（二）关于创新产出质量的直接影响

表6-16同样从债务期限、债务来源以及基金持股的视角对融资结构进一步划分，在一致的实证框架下检验不同融资渠道对创新产出质量的影响效应。

表6-16　　　　　　关于创新产出质量的直接影响

变量	(1) $lnunform$	(2) $lnunform$	(3) $lnunform$
$RDspend$	0.0171** (0.01)	0.0138** (0.01)	0.0123* (0.01)
$loanf$		0.7441 (0.64)	
$bondf$		0.8857 (0.76)	
$businessf$		0.2970 (0.40)	
$equityf$	−0.3864 (0.22)	−0.2479 (0.18)	
IT	−0.6654 (1.07)	−1.3091 (1.31)	−1.5700 (1.27)
$longf$	2.3101*** (0.33)		
$shortf$	0.1978 (0.19)		

续表

变量	(1)	(2)	(3)
	lnunform	lnunform	lnunform
debtf			1.0970
			(0.94)
fundf			0.0078
			(0.01)
控制变量	Y	Y	Y
观测值	9092	6947	6725
R-squared	0.879	0.895	0.899

列（1）主要考察了短期债务和长期债务对创新产出质量的影响，结果表明长期债务（longf）的回归系数在1%的显著性水平下为2.3101，表明长期债务能够显著促进创新产出质量。相比较，短期债务（shortf）的影响并不显著。究其原因，长期债务具有持续性强的特点，而短期债务则与之相反。通常情况，创新大多是长期性、持续性的行为活动，企业需要持有长期充足的自由现金流，长期债务能够满足企业创新的这种资金需求，企业也能够拥有足够的时间调整企业的财务计划以应对未来的还款压力。并且，长期债务的审核及担保机制更为健全，银行一般会与企业签订规范、详细的借款契约。

列（2）为关于信贷融资、债券融资和商业信用融资的估计结果，显示出信贷融资（loanf）、债券融资（bondf）和商业信用融资（businessf）的系数均不显著，在一定程度上印证了债务约束与治理约束的双向效应。

列（3）检验了基金持股的影响，其结果显示基金持股融资（fundf）的回归系数不显著，这同样和股权融资的回归结果保持一致，进一步反映了基金持股的双向影响。

（三）关于创新产出数量的复合影响

表6-17基于债务期限、债务来源以及基金持股的细分，相应地检验了信息技术的交互效应。结果表明，短期债务、长期债务、信贷融资、债券融资和商业信用与信息技术的交乘项系数均显著为正，这

与债权融资回归的结论一致。并且,基金持股与信息技术的交乘项系数也显著为正,意味着信息技术能正向调节基金持股与创新产出数量的关系,也与股权融资回归的结果保持一致。

表 6-17　　　　　　　　关于创新产出数量的交互效应

变量	(1) patent	(2) patent	(3) patent	(4) patent	(5) patent	(6) patent
$RDspend$	0.0413*** (0.01)	0.0417*** (0.01)	0.0332*** (0.01)	0.0335*** (0.01)	0.0314*** (0.01)	0.0314*** (0.01)
$longf$	7.1832** (3.11)	0.0024 (0.54)				
$shortf$	−0.8416*** (0.31)	−4.1127** (1.75)				
$equityf$	−0.1438 (0.18)	−0.1632 (0.18)	−0.4872 (0.37)	−0.4726 (0.37)	−0.4336 (0.27)	
IT	1.4462*** (0.48)	0.4363 (0.53)	1.6287** (0.67)	1.9614*** (0.58)	2.9717*** (0.79)	1.3101** (0.59)
$IT \times longf$	11.8870* (7.07)					
$IT \times shortf$		5.5078* (2.87)				
$loanf$			−3.6738** (1.85)	−1.0209*** (0.36)	−1.0317*** (0.36)	
$bondf$			−1.4529* (0.81)	−6.9696 (4.61)	−1.4631* (0.81)	
$businessf$			0.1569 (0.40)	0.1507 (0.40)	3.2260 (2.14)	
$IT \times loanf$			4.4922* (2.68)			
$IT \times bondf$				9.2172* (5.74)		

续表

变量	(1) patent	(2) patent	(3) patent	(4) patent	(5) patent	(6) patent
IT×businessf					-5.1214*	
					(3.10)	
debtf						-0.7177**
						(0.28)
fundf						-0.0172
						(0.07)
IT×fundf						0.0368*
						(0.02)
控制变量	Y	Y	Y	Y	Y	Y
观测值	3001	3001	2251	2251	2251	2151
公司数	758	758	639	639	639	615

（四）关于创新产出质量的复合影响

表6-18基于债务期限、债务来源以及基金持股的细分，相应地检验了信息技术的交互效应。结果表明，长期债务和债券融资与信息技术的交乘项系数均显著为正，呈现正向作用。并且，基金持股与信息技术的交乘项系数也显著为正，意味着信息技术同样能正向调节基金持股与创新产出质量的关系。

表6-18　　　　　关于创新产出质量的交互效应

变量	(1) lnunform	(2) lnunform	(3) lnunform
RDspend	0.0171**	0.0138**	0.0119*
	(0.01)	(0.01)	(0.01)
loanf		0.7454**	
		(0.24)	
bondf		1.4351	
		(1.77)	

续表

变量	(1) lnunform	(2) lnunform	(3) lnunform
businessf		0.2965 (0.40)	
equityf	−0.3862 (0.22)	−0.2481 (0.18)	
IT	−0.7296 (1.00)	−1.2594 (1.29)	−1.7268 (1.30)
IT×bondf		0.9049* (0.52)	
shortf	0.1980 (0.19)		
longf	1.5747 (2.37)		
IT×longf	1.2197* (0.78)		
debtf			1.0908 (1.24)
fundf			−0.0832* (0.04)
IT×fundf			0.1526** (0.06)
控制变量	Y	Y	Y
观测值	9092	6947	6725
R-squared	0.879	0.895	0.899

七 所有制异质性检验

考虑我国的经济体制，表6-19在关于创新产出数量的基准模型基础上从企业所有制差异的视角进行了分组回归。与基准模型的结果相比，在直接影响方面，国企的债权融资同样未明显制约其创新产出数量。根据之前的分析，预算软约束却可以直接弱化企业硬性的还款压力等。并且，政府对国有企业经营的直接参与可以极大地改善其与金融机构、政府部门等之间的信息不对称，降低对信息技术的依赖度，同时能降低彼此间的交易成本，进而无形中提升企业的市场待遇（钟海燕等，2010；杨瑞龙等，2013）。相较国企，民营企业的债权融资系数依然显著为负。

然而对于高质量的发明专利而言，民企的表现优于国企。国有企业的天然属性决定了其所有者缺位的特点，企业经理人可能会增加在职消费，操控现金流，并倾向借新还旧，从而引致更严重的委托代理冲突（Li et al.，2012；李宝宝和黄寿昌，2012）。并且，所有者缺位问题使企业代理链和决策链过长，从而加大企业营运成本并使企业的资金损耗更加严重。与此同时，政府往往会直接干预国有企业生产经营，常常使企业需要负担一些社会行政职能，如促进就业等，这无形中会导致国企的低效率（Lin et al.，1998；林毅夫和李志赟，2005）。与此同时，信息技术的系数均与基准模型一致，表明新一代信息技术均能促进国企和民企的创新产出数量与高质量创新产出数量，其余核心变量的结果也与基准模型一致。

表 6-19　　数量层面所有制异质性检验的直接影响

变量	（1）国企	（2）民企	（3）国企	（4）民企
	patent	patent	invention	invention
RDspend	0.0383**	0.0304***	−0.0447	0.0014
	（0.02）	（0.01）	（0.04）	（0.01）
debtf	−0.6019	−1.0940***	−0.2846	0.0413
	（0.57）	（0.42）	（0.69）	（0.48）
equityf	−0.6427	−0.0271	0.4330	0.3701*
	（0.47）	（0.29）	（0.60）	（0.18）
IT	0.6293*	1.4276**	2.3418*	2.0147***
	（0.35）	（0.68）	（1.33）	（0.78）
控制变量	Y	Y	Y	Y
观测值	572	1551	533	1516
公司数	163	427	152	415

在复合影响方面，表6-20的结果表明，国企与民企的信息技术与债权融资交互项系数均显著为正，且对于高质量创新产出数量信息技术与股权融资交互项系数均显著为正，这同样与基准模型的结果保持一致。

表6-20　　　　数量层面所有制异质性检验的复合影响

变量	（1）国企 patent	（2）民企 patent	（3）国企 invention	（4）民企 invention
RDspend	0.0403** (0.02)	0.0306*** (0.01)	-0.0603 (0.06)	0.0014 (0.01)
debtf	-10.7600*** (3.04)	-0.0978 (2.05)	-0.5517 (0.70)	0.0413 (0.48)
equityf	-0.6871 (0.47)	-0.0168 (0.29)	-9.5994*** (2.90)	0.4127 (1.51)
IT	-3.6330** (1.44)	1.6648** (0.83)	-1.9334 (1.84)	2.0458 (1.33)
IT×debtf	17.3860*** (5.06)	1.6473* (0.93)		
IT×equityf			17.3052*** (4.82)	0.0716* (0.04)
控制变量	Y	Y	Y	Y
观测值	572	1551	533	1516
公司数	163	427	152	415

表6-21在关于创新产出质量的基准模型基础上从企业所有制差异的视角进行了分组回归。结果发现，国有企业债权融资的一次项与二次项系数均不显著，与全样本的倒"U"形影响比较来看，在一定程度上说明国有企业可能存在的债务滥用问题（陈岩等，2016），从而弱化了债务治理效应。同时，国有企业信息技术的一次项与二次项系数也均不显著，表明由于国有企业的全民所有制在一定程度上弱化了创新"羊群效应"到"倒逼效应"的"U"形影响，使这种"U"形影响表现出非显著性。

表 6-21　　　　　质量层面所有制异质性检验的直接影响

变量	（1）国企 lnunform	（2）民企 lnunform	（3）国企 lnunform	（4）民企 lnunform
RDspend	0.0484*** (0.01)	0.0107 (0.01)	0.0475*** (0.01)	0.0107 (0.01)
debtf	0.3031 (0.55)	1.4903** (0.52)	-0.1687 (0.30)	0.2215 (0.27)
debtf×debtf	-0.9393 (0.95)	-2.5280** (1.00)		
equityf	-1.2380 (0.98)	-0.7727 (0.79)	-1.2316 (0.98)	-0.9139 (0.89)
IT	-0.8584 (1.69)	-2.2604 (1.57)	4.0156 (8.05)	-13.7709* (6.30)
IT×IT			-3.4990 (6.06)	7.6746* (3.92)
控制变量	Y	Y	Y	Y
观测值	1968	4554	1968	4554
R-squared	0.948	0.855	0.948	0.855

八　产业技术异质性检验

这里同样借鉴岳怡廷和张西征（2017）的做法，将样本按照企业技术特质的不同进行分组研究。依照国家统计局高技术企业分类标准，结合企业对研发的依赖度，从证监会行业分类中最终选取"电器机械及器材制造业""互联网和相关服务""化学纤维制造业""化学原料及化学制品制造业""计算机、通信及其他电子设备制造业""汽车制造业""软件和信息技术服务业""铁路、船舶、航空航天和其他运输设备制造业""医药制造业""专用设备制造业""通用设备制造业""专业技术服务业""仪器仪表制造业""研究和试验发展"这 14 个产业的企业作为高技术企业样本，将除此之外的企业划为低技术企业，分组探讨融资结构、信息技术对企业创新产出的影响。

表 6-22 为关于创新产出数量的直接影响。从行业性质上看，高

技术行业的企业具有高技术、高投入、高风险、高收益、高成长性的特征，需要大量的人力资本和物质资本投入（王玉泽等，2019）。结果表明，高技术企业的债权融资对创新产出数量与高质量创新产出数量表现出显著的抑制作用，而低技术企业样本未表现出显著性。与此同时，与全样本的回归结果相比，高技术企业的股权融资对高质量创新产出数量未表现出显著性，意味着更高技术含量的创新并不依赖于股权融资的规模。并且，信息技术的回归系数与全样本检验一致，均呈现出正向作用。与肖利平（2018）的观点相比，信息技术虽然可能无法获取关键技术等，但它可以提供相关的知识储备。同时，其余核心变量的结果与基准模型保持一致。

表 6-22　　　　　数量层面产业技术异质性检验的直接影响

变量	（1）高技术 patent	（2）低技术 patent	（3）高技术 invention	（4）低技术 invention
RDspend	0.0303**	0.0458***	-0.0016	-0.0071
	(0.01)	(0.01)	(0.01)	(0.01)
debtf	-1.4206***	-0.4309	-1.1761**	0.6439
	(0.48)	(0.43)	(0.59)	(0.48)
equityf	-0.4551	-0.1812	0.1919	0.7461**
	(0.36)	(0.31)	(0.39)	(0.36)
IT	0.2597*	2.3739***	2.4912***	2.4212***
	(0.14)	(0.71)	(0.96)	(0.81)
控制变量	Y	Y	Y	Y
观测值	1050	1293	1021	1243
公司数	291	364	283	347

在复合影响方面，表 6-23 的结果表明，高技术与低技术企业的信息技术与债权融资交互项系数均显著为正，且对于高质量创新产出数量信息技术与股权融资交互项系数均显著为正，这同样与基准模型的结果保持一致。

表 6-23　　　　数量层面产业技术异质性检验的复合影响

变量	（1）高技术 patent	（2）低技术 patent	（3）高技术 invention	（4）低技术 invention
$RDspend$	0.0300**	0.0460***	-0.0025	-0.0077
	(0.01)	(0.01)	(0.01)	(0.01)
$debtf$	-4.4037*	-1.3595	-1.2808**	0.6552
	(2.36)	(2.14)	(0.59)	(0.48)
$equityf$	-0.4872	-0.1887	-2.9034	1.8007
	(0.36)	(0.31)	(1.85)	(1.62)
IT	-0.5302	2.1339**	0.3311	3.0593**
	(1.04)	(0.89)	(1.60)	(1.25)
$IT\times debtf$	5.0143*	1.5638*		
	(2.88)	(0.93)		
$IT\times equityf$			5.2667*	1.7492*
			(3.08)	(1.13)
控制变量	Y	Y	Y	Y
观测值	1050	1293	1021	1243
公司数	291	364	283	347

表 6-24 在关于创新产出质量的基准模型基础上从企业所有制差异的视角进行了分组回归。结果发现，高技术与低技术企业债权融资的一次项与二次项系数结果说明其对创新市场价值存在倒"U"形影响，同时信息技术的一次项与二次项系数表明信息技术的"U"形影响对高技术与低技术企业也存在，这都与基准模型回归结果保持一致。

表 6-24　　　　质量层面产业技术异质性检验的直接影响

变量	（1）高技术 lnunform	（2）低技术 lnunform	（3）高技术 lnunform	（4）低技术 lnunform
$RDspend$	0.0162**	0.0112*	0.0163**	0.0116*
	(0.01)	(0.00)	(0.01)	(0.00)

续表

变量	(1) 高技术 lnunform	(2) 低技术 lnunform	(3) 高技术 lnunform	(4) 低技术 lnunform
$debtf$	1.6569** (0.58)	2.3097*** (0.55)	0.5326 (0.46)	0.6267 (0.58)
$debtf \times debtf$	-2.6896* (1.30)	-3.3063*** (0.93)		
$equityf$	-1.2701 (0.84)	-0.1378 (0.10)	-1.2921 (0.94)	-0.1785 (0.12)
IT	-0.6146 (1.67)	-1.2544 (1.53)	-17.7809** (6.26)	-7.6239* (4.74)
$IT \times IT$			11.8732** (4.69)	4.2896* (2.60)
控制变量	Y	Y	Y	Y
观测值	3018	4195	3018	4195
R-squared	0.884	0.908	0.885	0.907

第四节　本章小结

本章基于第三章的理论分析，进一步提出了关于企业创新产出方面的研究假说，并选取微观 2008—2018 年沪深 A 股上市公司数据与省级新一代信息技术发展水平等宏观指标，分别利用面板负二项模型与面板模型检验了不同类型的融资结构、新一代信息技术对企业创新产出数量与创新产出质量的直接影响与交互效应，并进一步探讨了所有制及产业技术的异质性影响。

研究表明：债权融资会降低企业的创新产出数量，但一定的债权融资可以发挥治理效应，对企业创新产出质量存在倒"U"形影响。与之不同，股权融资对创新产出数量和质量表现出了一定的不确定性和复杂性，然而对高质量创新产出数量具有一定的促进作用。与此同时，新一代信息技术水平的提升能够有效增加企业创新产出数量与高质量创新产出数量，但对企业创新产出质量存在"U"形的非线性影响。并且，新一代信息技术水平的提升有助于正向调节融资对企业创新产出的影响。此外，不同债务期限、债务来源或基金持股的直接影响存在一定差异，其中长期债务不仅没有抑制创新产出数量，而且能够显著促进创新产出质量，而其交互效应具有一致性。在所有制异质性方面，关于创新产出数量，国企较民企具有优势；而关于创新产出质量，民企的表现优于国企。在产业技术异质性方面，高技术企业的债权融资对创新产出数量与高质量创新产出数量表现出显著的抑制作用，而低技术企业未表现出显著性。

第七章

融资结构、新一代信息技术与企业创新效率的实证检验

本章旨在基于第三章的理论分析，进一步提出关于企业创新效率方面的研究假说，并选取微观 2008—2018 年沪深 A 股上市公司数据与省级新一代信息技术发展水平等宏观指标，基于 SFA 方法利用面板 Tobit 模型检验不同类型的融资结构、新一代信息技术对企业创新数量效率与创新质量效率的直接影响与交互效应，并进一步探讨所有制及产业技术的异质性影响。

第一节 研究假说

结合第三章理论分析部分，同样从数量和质量两个层面关于创新效率进行实证研究。根据命题 3-2c 的相关分析，债权融资的风险与收益结构不匹配、清算风险、破产风险等融资特性会以资产替代等方式不利于企业创新，因而对数量层面的创新效率存在负向作用，可以提出假说：

H7-1a：债权融资对企业创新数量效率具有抑制作用。

但是在质量层面，结合第六章 H6-1b 的分析，在企业债务水平较低时，破产成本、资产替代、融资成本、融资制约的消极因素并不显著。随着债权融资的不断增加，其反向激励、税盾作用、行为约

束、正向信号的边际效应通常小于其消极因素的边际效应。至此，可以提出假说：

H7-1b：债权融资对企业创新质量效率具有倒"U"形影响。

根据命题 3-2d 的分析，虽然股权融资与投资者追求高收益、承担高风险的激励一致，但随着股权融资规模的扩大，股东和利益相关者的利益冲突可能会加剧，投资者容易形成短视行为（冯根福等，2017），股权融资对企业的"攫取"效应，包括"所有权替代效应""金融隧道效应""经营隧道效应"等也将不利于企业创新，因此股权融资对企业创新效率的影响有待实证检验。

根据命题 3-3d 的分析，新一代信息技术能够利用其正反馈机制、不确定性的降低、开放式网络、内部组织协调、研发投入效率的提高等研发因素与优化公司治理、放大竞争范围、促进专业分工等非研发因素促进企业的创新效率，可以提出假说：

H7-1c：新一代信息技术能够提高企业的创新效率。

根据命题 3-4d 的分析，新一代信息技术能够缓解融资与创新过程中信息不对称导致的逆向选择、风险不对称、工作忧虑、短视行为、监督不利等问题，并能提高融资中的创新资金使用效率与降低企业实际成本，从而提出假说：

H7-1d：新一代信息技术水平的提升有助于正向调节融资与企业创新效率的负相关关系。

第二节 实证研究设计

一 数据来源

考虑到数据的可得性和连续性，本书选取 2008—2018 年 A 股上市公司为研究样本。为了使数据具有可比性，在对变量处理时均使用相对比率或对数值。本书微观与宏观原始数据分别来自国泰安数据库与 Wind 数据库，保证了数据的一致性。由于少数省份个别数据存在缺失问题，因此对其进行了插值处理。考虑到样本中异常值对估计结果准确性的影响，对连续型变量进行了［1%，99%］的缩尾处理。

二 模型设定

首先，验证融资结构、新一代信息技术对创新数量效率的影响。由于本书利用随机前沿模型（SFA）估算的无效率项来表征创新效率，其值大于等于0，具有"归并数据"的性质，因此设定归并数据的面板Tobit模型：

$$uneffpatent_{ijt} = \beta_0 + \beta_1 FIN_{ijt} + \beta_2 IT_{jt} + \beta_3 CONTROL_{ijt} + u_i + v_t + w_j + \varepsilon_{ijt} \quad (7-1)$$

其中，下标i代表公司，j代表省份，t代表年份，是随机扰动项，同时控制了个体效应u_i、时间效应v_t和地区效应w_j。核心被解释变量为创新数量效率（uneffpatent），解释变量为融资结构（FIN）和新一代信息技术水平指数（IT）。控制变量（CONTROL）主要反映企业的基本特征和企业所处的宏观经济环境。

其次，由于创新质量效率变量与创新数量效率变量的构造方法相同，同时为了考察可能的非线性影响，这里构建含有核心解释变量二次项的面板Tobit模型：

$$uneffunform_{ijt} = \beta_0 + \beta_1 VAR_{ijt} + \beta_2 VAR_{jt}^2 + \beta_3 CONTROL_{ijt} + u_i + v_t + w_j + \varepsilon_{ijt}$$

$$(7-2)$$

其中，核心被解释变量为创新质量效率（lnunform），VAR代表了需要考察的核心解释变量，如果需要考察某一变量的非线性影响，则添加其二次项。从结果来看，如果二次项系数显著为正而一次项系数显著为负，为"U"形影响；二次项系数显著为负而一次项系数显著为正，则为倒"U"形影响。

此外，为检验信息技术对融资结构与创新效率关系的调节作用，可在以上模型中分别添加信息技术与融资结构变量的交互项。如果交互项系数显著为正，为正向调节；显著为负，则为负向调节。

三 变量选取与描述性统计

（一）变量选取

1. 被解释变量

已有文献测算创新效率时，主要运用了数据包络分析法（DEA）和随机前沿函数法（SFA）。DEA是非参数方法，其测算过程不用预先设定具体的函数形式，通过约束规划计算相对效率，但该方法的缺陷是由于没有具体的函数形式导致其内在经济意义较不明确。而 SFA 作为参数方法，虽然较依赖其函数形式的设定，但其在样本数有限的情况下其估计效率往往高于非参数方法，因此本书选择 SFA 方法对创新效率进行测算，其一般函数形式为：

$$y_{it} = f(x_{it}) exp(v_{it} - u_{it})$$

基于此，借鉴湛泳和王浩军（2019）的思路，设定 Cobb-Douglas 生产函数形式的随机前沿生产函数模型：

$$\ln y_{it} = \beta_0 + \sum_{k=1}^{K} \beta_k \ln x_{kit} + v_{it} - u_{it}, \quad u_{it} \geq 0$$

其中，y_{it} 表示产出，x_{kit} 表示投入组合，$v_{it} - u_{it}$ 为复合误差结构。u_{it} 为"无效率项"，表示效率损失，服从非负断尾正态分布 $N(u, \sigma_u^2)$。而 v_{it} 被称为"idiosyncratic error"，表示不可控的随扰动，且服从 $N(0, \sigma_v^2)$。$u_{it} = 0$ 时，效率无损失；而 $u_{it} > 0$ 时，效率有损失。显然，效率损失与效率负相关，效率损失越大，效率越低。

并且，Battes 和 Coelli（1995）指出可以通过检验 u_{it} 和 v_{it} 的比例关系（λ）检验无效率项在复合扰动项中的占比情况。此外，还可以利用广义似然比检验（Gutierrez et al.，2001）对此进行检验。

（1）创新数量效率：参考 Seru（2014）的文献，选取 R&D 投入强度（同第五章）与研发人才水平作为创新投入变量，其中研发人才水平以研发人员占总员工数的比例衡量。与此同时，选取专利授权数（同第六章）作为创新产出数量变量。通过 SFA 方法，可以计算得到创新数量效率损失（*uneffpatent*）。测算结果报告中，λ 为 1.13，且广义似然比统计量的 p 值为 0.093，表明无效率项在复合扰动项中的占比较显著。

（2）创新质量效率：与创新数量效率一样，选取 R&D 投入强度（同第五章）与研发人才水平作为创新投入变量。同时，选取实际无形资产（同第六章）作为创新产出质量变量。同样通过 SFA 方法，可以计算得到创新数量效率损失（*uneffunform*）。测算结果报告中，λ 为 1.16，且广义似然比统计量的 p 值为 0.085，表明无效率项在复合扰动项中的占比较显著。

2. 核心解释变量

（1）融资结构：其中单向指标：股权融资（*equityf*），指企业利用股权交易方式融通资金；债权融资（*debtf*），本书债权融资反映通过银行或非银行金融机构贷款或发行债券等方式融通资金的方式，包括短期借款和长期借款，以及企业发行的债券。复合指标：债股比（*debtrequity*），以债权融资量比股权融资量来衡量。

（2）新一代信息技术水平（*IT*）：由于多数学者采用 CN 域名数、互联网普及率、网站数等单一指标作为替代，然而实际上信息技术是一个复杂的技术体系，这里结合中国信息技术发展实际并参考韩先锋等（2019）的选取，设计的一级指标体系涵盖信息技术普及、信息技术硬件发展和信息技术软件发展三大维度，从而构造出省际新一代信息技术水平指数，具体指标构建参见第四章。

3. 控制变量

参考已有文献并考虑信息技术产业自有特点，本书选取了以下控制变量。政府补贴（*subsidyr*），选择政府补贴作为国家政策扶持的替代变量。公司的市场价值、股权结构、治理水平、激励方式等也会影响企业创新，故本书还控制了托宾 Q（*tobinq*）、股权集中度（*onestockrate*、*fivestockrate*）、股权制衡度（*Zindex*）、管理层规模（*boardscale*）、持股比例（*presshare*、*genmanshare*）、高管报酬比例（*managesumsalary*）。此外，省级层面选取了外资依存度（*fdi*）、贸易水平（*import*）以控制对外技术溢出，选取人均可支配收入（*wage*）、经济发展水平（*rpgdp*）以控制可能的宏观经济影响。表 7-1 为主要变量设置与说明①。

表 7-1　　　　　　　　变量设置与说明

变量类型	变量名称	变量代码	变量含义及说明
被解释变量	创新数量效率	*uneffpatent*	SFA 方法
	创新质量效率	*uneffunform*	SFA 方法

---

① 以美元表示的金额按照当年人民币平均汇率折合成人民币核算。对人均可支配收入和经济发展水平以居民消费价格指数剔除价格因素。

续表

变量类型		变量名称	变量代码	变量含义及说明
解释变量	融资结构	股权融资	equityf	（股本+资本公积）/资产总额
		债权融资	debtf	（应付债券+短期借款+长期借款）/资产总额
		债股比	debtrequity	债权融资/股权融资
	新一代信息技术		IT	新一代信息技术水平指数
控制变量		托宾Q	tobinq	企业市值/重置成本
		政府补贴	subsidyr	政府补贴总额/资产总额
		董事会规模	boardscale	董事会人数
		股权集中度	onestockrate	第一大股东持股比例之和
			fivestockrate	前五大股东持股比例之和
		股权制衡度	Zindex	第一大股东与第二大股东持股比例的比值
		管理层持股	presshare	董事长持股比例
			genmanshare	总经理持股比例
		高管报酬比例	managesumsalary	高管年度报酬总额/总营业收入
		外资依存度	fdi	外商直接投资/GDP
		贸易水平	import	进口/GDP
		人均可支配收入	wage	城镇集体单位职工平均货币工资
		经济发展水平	rpgdp	人均真实GDP

（二）变量的描述性统计

表7-2报告了变量的描述性统计结果。在样本期内，债权融资的平均值为0.182，显著低于股权融资的0.436，表明股权融资是企业主要的融资渠道。创新数量效率损失的均值为19.355，标准差为0.119。同时，创新质量效率损失的均值为1.183，标准差为0.555。各省信息技术水平的均值为0.600，在［0.424，0.824］区间内变化，说明不同省份的信息技术发展水平差距较大。其余变量的统计结果也基本符合预期，具体不再赘述。

表7-2　　　　　　　　　变量的描述性统计

变量	观测值	均值	标准差	最小值	最大值
uneffpatent	3829	19.355	0.119	18.893	19.540
uneffunform	10534	1.183	0.555	0.330	5.945
IT	20805	0.600	0.099	0.424	0.824
debtf	20474	0.182	0.176	0.000	3.498
equityf	29555	0.436	0.541	0.012	18.021
debtrequity	20467	0.902	1.387	0.000	28.618
subsidyr	26099	0.006	0.013	0.000	0.857
onestockrate	28678	35.024	15.130	8.759	75.000
fivestockrate	28678	53.604	15.821	19.075	89.318
Zindex	28677	11.161	21.647	1.004	183.487
boardscale	20823	8.758	1.883	0.000	21.000
presshare	19609	7.926	13.878	0.000	54.127
genmanshare	19354	4.973	11.274	0.000	50.523
managesumsalary	20447	0.249	0.386	0.000	2.474
tobinq	27387	2.069	1.366	0.913	8.464
fdi	20864	0.597	0.450	0.047	4.466
wage	20864	0.740	0.226	0.230	1.335
import	20864	0.289	0.291	0.004	1.338
rpgdp	20864	1.096	0.441	0.169	2.154

第三节　实证结果分析

一　关于创新数量效率的直接影响检验

表7-3基于面板Tobit随机效应模型报告了融资结构、信息技术对企业创新数量效率损失的影响。其中列（1）、列（2）为是否添加内源融资的模型对比，结果表明债权融资的回归系数在1%的显著性水平为0.2144和0.1046，意味着债权融资抑制了企业创新数量效率，验证了H7-1a。同时，股权融资系数在1%的显著性水平为0.1788和

第七章　融资结构、新一代信息技术与企业创新效率的实证检验

0.0995，说明股权融资对企业创新数量效率同样存在负向影响，因此从结果看债权融资与股权融资在数量效率层面均表现出了"创新惰性"。列（3）、列（4）为相应的债股比的回归结果，债股比系数均显著为正，因此在一定程度上反映出债权比股权的抑制作用更强。此外，信息技术的系数均显著为负，说明信息技术水平的提升可以有效提高企业创新数量效率。并且，内源融资系数显著为正，说明内源融资同样对创新数量效率负向影响。同样控制变量方面，政府补贴对创新数量效率起到显著的支持作用，同样作用的还有第一大股东持股与董事会规模，而其余控制变量系数均表现出不稳定的非显著性。

表 7-3　融资结构、信息技术对创新数量效率损失的影响

变量	（1） $uneffpatent$	（2） $uneffpatent$	（3） $uneffpatent$	（4） $uneffpatent$
$debtf$	0.2144*** (0.04)	0.1046*** (0.04)		
$equityf$	0.1788*** (0.03)	0.0995*** (0.03)		
$endof$	0.1835*** (0.04)		0.0550* (0.03)	
IT	-0.1355*** (0.05)	-0.1312** (0.05)	-0.1437*** (0.05)	-0.1407*** (0.05)
$subsidyr$	-1.3225** (0.58)	-1.1510** (0.58)	-1.3639** (0.59)	-1.2735** (0.59)
$onestockrate$	-0.0014*** (0.00)	-0.0015*** (0.00)	-0.0017*** (0.00)	-0.0017*** (0.00)
$fivestockrate$	0.0001 (0.00)	0.0003 (0.00)	0.0002 (0.00)	0.0003 (0.00)
$Zindex$	0.0001 (0.00)	0.0001 (0.00)	0.0001 (0.00)	0.0001 (0.00)
$boardscale$	-0.0050** (0.00)	-0.0050** (0.00)	-0.0069*** (0.00)	-0.0067*** (0.00)

续表

变量	(1) uneffpatent	(2) uneffpatent	(3) uneffpatent	(4) uneffpatent
presshare	0.0005 (0.00)	0.0007* (0.00)	0.0008** (0.00)	0.0008** (0.00)
genmanshare	0.0006 (0.00)	0.0007 (0.00)	0.0006 (0.00)	0.0006 (0.00)
managesumsalary	0.0142 (0.01)	0.0181 (0.01)	0.0320** (0.01)	0.0307** (0.01)
tobinq	0.0027 (0.00)	0.0046 (0.00)	0.0058** (0.00)	0.0062** (0.00)
fdi	0.0201 (0.02)	0.0234 (0.02)	0.0292 (0.02)	0.0286 (0.02)
wage	−0.0144 (0.04)	−0.0278 (0.04)	−0.0520 (0.04)	−0.0518 (0.04)
import	−0.0359 (0.04)	−0.0489 (0.04)	−0.0568 (0.04)	−0.0579 (0.04)
rpgdp	0.0102 (0.02)	0.0122 (0.02)	0.0093 (0.02)	0.0108 (0.02)
debtrequity			0.0102** (0.00)	0.0089* (0.00)
常数项	19.3582*** (0.06)	19.4311*** (0.06)	19.5199*** (0.05)	19.5191*** (0.05)
观测值	969	970	969	970
公司数	739	740	739	740

注：*、**、***分别代表0.1、0.05、0.01的显著性水平，括号内数值为标准差。下同。

二 关于创新质量效率的直接影响检验

表7-4同样基于面板Tobit随机效应模型报告了融资结构、信息技术对企业创新质量效率损失的影响。列（1）、列（2）为是否添加内源融资的模型对比，结果表明债权融资一次项系数显著为负且其二

次项系数显著为正，意味着债权融资对企业创新质量效率存在倒"U"形影响，验证了 H7-1b。同时，股权融资系数在1%的显著性水平为 0.5360 和 0.4787，说明股权融资对企业创新质量效率存在负向影响。此外，信息技术的系数均显著为负，说明信息技术水平的提升可以有效提高企业创新质量效率，同样结合创新数量效率的对应结论，H7-1c 得以验证。并且，内源融资系数不显著。控制变量方面，董事会规模、人均可支配收入与经济发展水平均对创新质量效率起到显著的支持作用，而前五大股东持股、总经理持股、高管薪酬、托宾 Q 和进口水平均与创新质量效率负相关，其余控制变量均未表现出显著性。

表 7-4　融资结构、信息技术对创新质量效率损失的影响

变量	(1) $uneffunform$	(2) $uneffunform$
$debtf$	-0.3298*	-0.4283**
	(0.18)	(0.19)
$debtf \times debtf$	0.6502*	0.7227*
	(0.38)	(0.38)
$equityf$	0.5360***	0.4787***
	(0.07)	(0.06)
$endof$	0.1189	
	(0.08)	
IT	-0.2473*	-0.2420*
	(0.14)	(0.14)
$subsidyr$	-0.7007	-0.8931
	(0.88)	(0.87)
$onestockrate$	-0.0007	-0.0008
	(0.00)	(0.00)
$fivestockrate$	0.0018*	0.0020*
	(0.00)	(0.00)
$Zindex$	-0.0002	-0.0002
	(0.00)	(0.00)

续表

变量	(1)	(2)
	uneffunform	*uneffunform*
boardscale	-0.0141***	-0.0144***
	(0.01)	(0.01)
presshare	0.0016*	0.0017*
	(0.00)	(0.00)
genmanshare	0.0028***	0.0028***
	(0.00)	(0.00)
managesumsalary	0.1052***	0.1098***
	(0.04)	(0.04)
tobinq	0.0267***	0.0275***
	(0.01)	(0.01)
fdi	0.0191	0.0184
	(0.03)	(0.03)
wage	-0.2017**	-0.2108**
	(0.08)	(0.08)
import	0.2960***	0.2868***
	(0.08)	(0.08)
rpgdp	-0.1131**	-0.1109**
	(0.05)	(0.05)
debtrequity		
常数项	1.1946***	1.2462***
	(0.12)	(0.11)
观测值	2371	2374
公司数	1528	1528

三 复合影响检验

表7-5考察了融资结构、信息技术对创新效率影响的交互效应。其中列（1）、列（2）关于创新数量效率的结果显示，信息技术与债权融资交互项（*IT×debtf*）系数显著为负，意味着信息技术能缓解债权融资对创新数量效率的抑制作用。并且，信息技术与股权融资交互项（*IT×equityf*）系数也显著为负，表明信息技术同样能缓解股权融资

对创新数量效率的抑制作用。通过列（3）关于创新质量效率的结果，发现信息技术与股权融资交互项（IT×equityf）系数显著为负，表明信息技术可以缓解股权融资对创新质量效率的抑制作用。至此，H7-1d得以验证。

表 7-5　　　　　　　　　　对创新效率影响的交互效应

变量	（1） $uneffpatent$	（2） $uneffpatent$	（3） $uneffunform$
$debtf$	0.1560 （0.21）	0.2150*** （0.04）	-0.0360 （0.09）
$equityf$	0.1787*** （0.03）	0.2130 （0.16）	1.5607*** （0.31）
$endof$	0.1835*** （0.04）	0.1841*** （0.04）	0.1359 （0.09）
IT	-0.1514* （0.08）	-0.1154 （0.11）	0.3308 （0.22）
$IT×debtf$	-0.6924* （0.40）		
$IT×equityf$		-0.3533* （0.20）	-1.5816*** （0.47）
控制变量	Y	Y	Y
观测值	969	969	2371
公司数	739	739	1528

四　内生性处理

由于目前没有合适的工具变量命令嵌入面板 Tobit 模型中，这里替代性地考虑利用面板固定效应模型进行工具变量法。在工具变量的选取上，融资结构方面同样借鉴了孙早和肖利平（2016）的思路，即投资决策往往取决于企业负债状况、现金流水平、利润增长水平等因素，特别是固定资产可以作为抵押为企业进行债权融资。而信息技术方面，借鉴韩先锋等（2019）的方法，选用其滞后变量作为工具变量。并且，进一步将融资结构与信息技术可能的双向因果关系（刘柳和屈小娥，2017）纳入本书的工具变量法，即两者的工具变量可以互为对方的工具变量。因此，考虑到相关变量的滞后性，本书将企业固定资产净值滞后一期、资产负债率、现金流滞后一期、营业利润增长率、信息技术滞后一期作为融资与信息技术的工具变量以求降低内生性偏误。与此同时，为了稳健起见利用2SLS与GMM回归方法对模型进行内生性处理。

表7-6列（1）、列（2）为创新数量效率的结果，列（3）、列（4）为创新质量效率的结果。检验结果显示，Kleibergen-Paap rk LM 统计量的p值分别为0.09、0.09，Kleibergen-Paap rk Wald F statistic 统计量分别为6.09、4.83，Cragg-Donald Wald F统计量分别为6.2、5.06，均超过其临界值6.01、4.05，表明基本不存在不可识别和弱工具变量问题。并且，其Hansen J统计量的p值分别为0.47、0.76，表明基本排除了过度识别问题，否定了工具变量与扰动项相关的原假设。回归结果显示，加入了工具变量之后，弱化了计量模型的内生性问题，核心变量的系数和显著性与之前相比均未有实质变化，进一步验证了相关结论。

表7-6　　　　　　　　　　直接影响的内生性处理

变量	(1) 2SLS *uneffpatent*	(2) GMM *uneffpatent*	(3) 2SLS *uneffunform*	(4) GMM *uneffunform*
debtf	0.7503* (0.42)	0.7261* (0.40)	-4.5079* (2.59)	-3.1348* (1.79)
debtf×*debtf*			2.7541* (1.66)	1.4375* (0.86)
equityf	0.5975* (0.34)	0.5896* (0.32)	2.7506* (1.64)	2.7949* (1.63)
IT	-0.3737* (0.21)	-0.5778* (0.29)	-2.1404* (1.24)	-2.0894* (1.23)
控制变量	Y	Y	Y	Y
观测值	362	362	1287	1287
R-squared	-0.022	-0.021	-1.021	-1.134

第七章　融资结构、新一代信息技术与企业创新效率的实证检验

表 7-7 报告了关于创新效率内生性处理的复合影响回归结果，其中将信息技术滞后一期分别与固定资产滞后一期、资产负债率、现金流滞后一期、营业利润增长率的交互项作为信息技术与债权融资交互项的工具变量，将信息技术滞后一期分别与资产负债率、现金流滞后一期、营业利润增长率的交互项作为信息技术与股权融资交互项的工具变量。检验结果显示，Kleibergen-Paap rk LM 统计量的 p 值分别为 0.09、0.08、0.09，Kleibergen-Paap rk Wald F statistic 统计量分别为 10.34、8.32、8.39，Cragg-Donald Wald F 统计量分别为 22.34、21.65、19.38，均超过其临界值 8.03、6.53、6.8，表明基本不存在不可识别和弱工具变量问题。并且，其 Hansen J 统计量的 p 值分别为 0.39、0.43、0.54，表明基本排除了过度识别问题，否定了工具变量与扰动项相关的原假设。回归结果显示，加入了工具变量之后，弱化了计量模型的内生性问题，核心变量的系数和显著性与之前相比均未有实质变化，进一步验证了相关结论。

表 7-7　　　　　　　　复合影响的内生性处理

变量	(1) 2SLS	(2) GMM	(3) 2SLS	(4) GMM	(5) 2SLS	(6) GMM
	$uneffpatent$	$uneffpatent$	$uneffpatent$	$uneffpatent$	$uneffunform$	$uneffunform$
$IT \times debtf$	-2.7428*	-2.4376*				
	(1.50)	(1.33)				
$debtf$	1.7210	1.5324	-0.1197	-0.1045	-0.2676	-0.2414
	(2.31)	(2.02)	(0.15)	(0.15)	(0.13)	(0.13)
$equityf$	0.0650*	0.0550*	1.0029*	0.8756*	5.3113	5.6547
	(0.03)	(0.03)	(0.63)	(0.49)	(4.68)	(4.21)
IT	0.7411	0.5329	-0.2981	-0.2432	2.2349	1.6878
	(1.00)	(0.88)	(1.08)	(1.05)	(2.10)	(1.88)
$IT \times equityf$			-1.3763*	-1.1123*	-7.6867*	-8.2664*
			(0.75)	(0.66)	(4.25)	(4.95)
控制变量	Y	Y	Y	Y	Y	Y
Observations	362	362	362	362	1287	1287
R-squared	0.088	0.088	0.131	0.131	0.005	-0.037

五 稳健性检验

(一) 调整变量定义

这里将债权融资的定义由（短期借款+长期借款+应付债券）比总资产扩大为（短期借款+长期借款+应付债券+商业信用融资）比总资产，其中商业信用融资包括应付账款、应付票据和预收款项。表7-8的结果表明，在替换变量后，模型变量的系数符号和显著性均基本保持一致，从而验证了模型的稳定性。

表7-8 调整变量的稳健性检验

变量	直接影响		复合影响		
	(1)	(2)	(3)	(4)	(5)
	$uneffpatent$	$uneffunform$	$uneffpatent$	$uneffpatent$	$uneffunform$
$gendebtf$	0.0115*	-0.0527*	0.0845	0.0104*	0.1546
	(0.01)	(0.03)	(0.19)	(0.01)	(0.18)
$gendebtf \times gendebtf$		0.2792*			
		(0.15)			
$equityf$	0.0785**	0.5936***	0.0792**	-0.0226	1.4395***
	(0.03)	(0.07)	(0.03)	(0.17)	(0.35)
IT	-0.1351**	-0.1560*	-0.1000	-0.1968*	0.3407
	(0.06)	(0.09)	(0.10)	(0.12)	(0.25)
$IT \times gendebtf$			-0.1143*		
			(0.07)		
$IT \times equityf$				-0.1586*	-1.3141**
				(0.09)	(0.54)
控制变量	Y	Y	Y	Y	Y
观测值	887	2112	887	887	2112
公司数	720	1493	720	720	1493

(二) 分样本检验

考虑样本的时间跨度是2008—2018年，恰逢2008年是国际金融危机，因此为稳健起见这里选取2009年以后进行分样本检验。表7-9的结果表明，主要变量估计结果的系数符号和显著性基本未发生实质性变化，表明其估计结果具有良好的稳健性，研究结论也是可靠的。

表 7-9　　　　　　　　　　分样本的稳健性检验

变量	直接影响		间接影响		
	(1)	(2)	(3)	(4)	(5)
	$uneffpatent$	$uneffunform$	$uneffpatent$	$uneffpatent$	$uneffunform$
$debtf$	0.1066***	-0.4185**	0.0528	0.1064***	-0.0979
	(0.04)	(0.18)	(0.22)	(0.04)	(0.07)
$debtf×debtf$		0.7265**			
		(0.37)			
$equityf$	0.0947***	0.4607***	0.0948***	0.0549	1.1650***
	(0.03)	(0.06)	(0.03)	(0.16)	(0.31)
IT	-0.1194**	-0.2445*	-0.1340*	-0.1429	0.1527
	(0.05)	(0.13)	(0.08)	(0.11)	(0.22)
$IT×debtf$			-0.0850*		
			(0.05)		
$IT×equityf$				-0.0622*	-1.0854**
				(0.04)	(0.47)
观测值	961	2355	961	961	2355
公司数	740	1528	740	740	1528

六　融资结构细分下的再检验

以上对融资结构、信息技术与企业创新效率的影响进行了基准分析。类似地，如果考虑债务期限、债务来源或股权来源的异质性，其表现是否仍然存在差异？遗憾的是，学术界相关的文献还较为匮乏。有鉴于此，这一部分也对此做进一步检验与阐释。

（一）关于创新数量效率的直接影响

表 7-10 从债务期限、债务来源以及基金持股的视角对融资结构进一步划分，在一致的实证框架下检验不同融资渠道对创新数量效率的影响效应。

列（1）主要考察了短期债务和长期债务对创新数量效率的影响，结果表明长期债务（$longf$）的回归系数在统计上并未表现出显著性，表明长期债务并没有像债权融资一样呈现抑制作用。相比而言，短期

表 7-10　　关于创新数量效率的直接影响

变量	(1) uneffpatent	(2) uneffpatent	(3) uneffpatent
loanf		0.0974** (0.04)	
bondf		-0.0557 (0.10)	
businessf		-0.1024** (0.05)	
equityf	0.0784*** (0.02)	0.0689** (0.03)	
IT	-0.1378*** (0.04)	-0.1279** (0.06)	-0.1333** (0.05)
longf	0.0581 (0.06)		
shortf	0.1252*** (0.03)		
debtf			0.0638* (0.03)
fundf			0.0002 (0.00)
控制变量	Y	Y	Y
观测值	1630	887	958
公司数	930	720	736

债务（shortf）的系数为 0.1252，在 1% 的水平下显著，意味着短期债务依然制约了创新数量效率。

列（2）为关于信贷融资、债券融资和商业信用融资的估计结果，显示出信贷融资（loanf）的系数显著为正，同样存在负向影响。而债券融资（bondf）的系数则不显著，未表现显著影响。不同于信贷和债券，商业信用融资（businessf）系数显著为负，表明商业信用融资可以提高企业的创新数量效率。

第七章 融资结构、新一代信息技术与企业创新效率的实证检验

列（3）检验了基金持股的影响，与股权融资的抑制影响的结果不同，基金持股融资（$fundf$）对创新数量效率的影响并不显著。

（二）关于创新质量效率的直接影响

表7-11从债务期限、债务来源以及基金持股的视角对融资结构进一步划分，在一致的实证框架下检验不同融资渠道对创新质量效率的影响效应。

表7-11　　　　　　　　关于创新质量效率的直接影响

变量	（1） $uneffunform$	（2） $uneffunform$	（3） $uneffunform$
$loanf$		0.0043 （0.09）	
$bondf$		-0.3659** （0.18）	
$businessf$		0.4665*** （0.11）	
$equityf$	0.1889*** （0.03）	0.5887*** （0.07）	
IT	-0.3998*** （0.11）	-0.1511* （0.09）	-0.3116** （0.14）
$longf$	-0.4953*** （0.08）		
$shortf$	0.2430 （0.24）		
$debtf$			0.3554 （0.37）
$fundf$			0.0016 （0.00）
控制变量	Y	Y	Y
观测值	4245	2112	2351
公司数	1786	1493	1519

列（1）主要考察了短期债务和长期债务对创新质量效率的影响，结果表明长期债务（*longf*）的回归系数在1%的显著性水平上显著为负，表明长期债务可以有效促进创新质量效率。相比而言，短期债务（*shortf*）的系数并未表现出显著性。

列（2）为关于信贷融资、债券融资和商业信用融资的估计结果，显示出信贷融资（*loanf*）的系数未呈现显著性。而债券融资（*bondf*）的系数则显著为负，说明债券融资可以提高创新质量效率。不同于信贷和债券，商业信用融资（*businessf*）系数显著为正，表明商业信用融资抑制了创新质量效率。

列（3）检验了基金持股的影响，与股权融资的抑制影响的结果不同，基金持股融资（*fundf*）对创新数量效率的影响并不显著。

(三) 关于创新数量效率的复合影响

表7-12基于债务期限、债务来源以及基金持股的细分，相应地检验了信息技术的交互效应。结果表明，短期债务、信贷融资和商业信用与信息技术的交乘项系数均显著为负，这与债权融资回归的结论一致。并且，基金持股与信息技术的交乘项系数也显著为负，意味着信息技术同样能正向调节基金持股与创新数量效率的关系，也与股权融资回归的结果保持一致。

表 7-12　　　　　　　　关于创新数量效率的交互效应

变量	(1) *uneffpatent*	(2) *uneffpatent*	(3) *uneffpatent*	(4) *uneffpatent*
loanf		0.0979 (0.24)	0.0975** (0.04)	
bondf		−0.0556 (0.10)	−0.0557 (0.10)	
Businessf		−0.1024** (0.05)	−0.0976 (0.28)	
equityf	0.0783*** (0.02)	0.0689** (0.03)	0.0689** (0.03)	

续表

变量	(1) uneffpatent	(2) uneffpatent	(3) uneffpatent	(4) uneffpatent
IT	-0.1336** (0.06)	-0.1277* (0.08)	-0.1268 (0.08)	-0.1193* (0.06)
$IT \times loanf$		-0.0088* (0.00)		
$IT \times businessf$			-0.0075* (0.00)	
$longf$	0.0580 (0.06)			
$shortf$	0.1498 (0.21)			
$IT \times shortf$	-0.0384* (0.02)			
$debtf$				0.0640* (0.03)
$fundf$				0.0055 (0.01)
$IT \times fundf$				-0.0083* (0.00)
控制变量	Y	Y	Y	Y
观测值	1630	887	887	958
公司数	930	720	720	736

（四）关于创新质量效率的复合影响

表7-13基于债务期限、债务来源以及基金持股的细分，相应地检验了信息技术的交互效应。结果表明，长期债务、债券融资和商业信用与信息技术的交乘项系数均显著为负，表明信息技术能分别正向调节这三者与创新质量效率的关系。并且，基金持股与信息技术的交乘项系数也显著为负，意味着信息技术同样能正向调节基金持股与创新质量效率的关系，也与股权融资回归的结果保持一致。

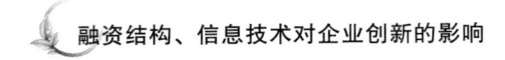

表 7-13　　关于创新质量效率的交互效应

变量	(1) uneffunform	(2) uneffunform	(3) uneffunform	(4) uneffunform
loanf		0.0041 (0.09)	-0.0052 (0.09)	
bondf		-1.8218* (1.09)	-0.3601* (0.18)	
businessf		0.4731*** (0.11)	-0.3889 (0.65)	
equityf	0.1900*** (0.03)	0.5908*** (0.07)	0.5813*** (0.07)	
IT	-0.4308*** (0.12)	-0.2130 (0.15)	-0.3512* (0.21)	-0.1564 (0.15)
IT×bondf		-2.2693* (1.28)		
longf	-0.9334* (0.51)			
shortf	-0.2444 (0.24)			
IT×longf	-0.6750* (0.37)			
IT×businessf			-1.3354* (0.76)	
debtf				-0.3580 (0.37)
fundf				0.0636** (0.03)
IT×fundf				-0.0957** (0.04)
控制变量	Y	Y	Y	Y
观测值	4245	2112	2112	2351
公司数	1786	1493	1493	1519

第七章 融资结构、新一代信息技术与企业创新效率的实证检验

七 所有制异质性检验

考虑我国的经济体制,表7-14在关于创新数量效率与创新质量效率的基准模型基础上从企业所有制差异的视角进行了分组回归。在创新数量效率方面,国企的债权融资也没有明显制约其创新数量效率。根据之前的分析,可能的原因在于预算软约束和市场优待(钟海燕等,2010;杨瑞龙等,2013),并且其股权融资也未负向影响其创新数量效率,其余核心变量与基准模型一致,其中包括信息技术的系数。

表7-14　　　　　　所有制异质性检验的直接影响

变量	(1) 国企 uneffpatent	(2) 民企 uneffpatent	(3) 国企 uneffunform	(4) 民企 uneffunform
$debtf$	0.0853 (0.07)	0.1459*** (0.05)	-0.2898 (0.29)	-0.2325* (0.12)
$debtf \times debtf$			0.2764 (0.52)	0.4487* (0.28)
$equityf$	0.0255 (0.05)	0.1075*** (0.04)	0.5213*** (0.10)	0.4487*** (0.08)
IT	-0.0253* (0.01)	-0.1513** (0.07)	-0.0339* (0.02)	-0.5460*** (0.18)
控制变量	Y	Y	Y	Y
观测值	267	608	699	1438
公司数	186	478	415	955

对于创新质量效率而言,由于国有企业可能存在的债务滥用问题(陈岩等,2016),国有企业债权融资的一次项与二次项系数均不显著,与全样本的倒"U"形影响比较来看,也说明国企在一定程度上弱化了债务治理效应,其余核心变量的结果也与基准模型一致。

表7-15为基于所有制异质性对创新效率的复合影响。结果表明,对创新数量效率而言,国企与民企的信息技术与债权融资、信息技术与股权融资的交互项系数均显著为负;对于创新质量效率而言,国企

与民企的信息技术与股权融资交互项系数也均显著为负，所有结果与基准模型的结果保持一致。

表 7-15　　　　　　　　所有制异质性检验的复合影响

变量	（1）国企 uneffpatent	（2）民企 uneffpatent	（3）国企 uneffpatent	（4）民企 uneffpatent	（5）国企 uneffunform	（6）民企 uneffunform
$debtf$	0.3896 (0.39)	-0.1837 (0.28)	0.0859 (0.07)	0.1462 (1.05)	-0.1352 (0.11)	-0.0557 (0.11)
$equityf$	0.0240 (0.05)	0.1063 (0.94)	0.0871 (0.29)	0.1268 (0.22)	2.7384*** (0.51)	1.2182*** (0.42)
IT	0.0739 (0.16)	-0.2337** (0.10)	0.0043 (0.18)	-0.1392 (0.15)	1.0757*** (0.32)	-0.0865 (0.31)
$IT \times debtf$	-0.4948* (0.28)	-0.5114* (0.27)				
$IT \times equityf$			-0.0998* (0.06)	-0.0296* (0.01)	-3.7312*** (0.85)	-1.1739* (0.63)
控制变量	Y	Y	Y	Y	Y	Y
观测值	267	608	267	608	699	1438
公司数	186	478	186	478	415	955

八　产业技术异质性检验

这里同样借鉴岳怡廷和张西征（2017）的做法，将样本按照企业技术特质的不同进行分组研究。依照国家统计局高技术企业分类标准，结合企业对研发的依赖度，从证监会行业分类中最终选取"电器机械及器材制造业""互联网和相关服务""化学纤维制造业""化学原料及化学制品制造业""计算机、通信及其他电子设备制造业""汽车制造业""软件和信息技术服务业""铁路、船舶、航空航天和其他运输设备制造业""医药制造业""专用设备制造业""通用设备制造业""专业技术服务业""仪器仪表制造业""研究和试验发展"这14个产业的企业作为高技术企业样本，将除此之外的企业划为低技术企业，分组探讨融资结构、信息技术对企业创新效率的影响。

表 7-16 在关于创新数量效率与创新质量效率的基准模型基础上从企业产业技术差异的视角进行了分组回归。在创新数量效率方面，高技术企业与低技术企业的大部分核心变量系数均与基准模型保持一致，区别在于高技术企业的信息技术系数并不显著，说明新一代信息技术并没有促进高技术企业的创新数量效率。究其原因，出于对知识产权保护等的考虑，新一代信息技术可能无法获取基础科研、关键技术等信息流（肖利平，2018）。

表 7-16　　　　　　产业技术异质性检验的直接影响

变量	（1）高技术 $uneffpatent$	（2）低技术 $uneffpatent$	（3）高技术 $uneffunform$	（4）低技术 $uneffunform$
$debtf$	0.1184** (0.05)	0.0714* (0.04)	-0.6953** (0.28)	-0.2860* (0.15)
$debtf \times debtf$			1.1440** (0.58)	0.4647* (0.27)
$equityf$	0.1142*** (0.04)	0.0891** (0.04)	0.3877*** (0.09)	0.5487*** (0.08)
IT	-0.0152 (0.08)	-0.1436** (0.07)	-0.5726*** (0.22)	-0.0833* (0.05)
控制变量	Y	Y	Y	Y
观测值	415	555	943	1431
公司数	326	414	641	887

对于创新质量效率而言，核心变量的结果表明无论对高技术企业还是低技术企业，债权融资、股权融资、信息技术对创新质量效率的倒"U"形影响、负向影响、正向影响均与全样本模型一致。

表 7-17 为基于产业技术异质性对创新效率的复合影响。结果表明，对创新数量效率而言，高技术与低技术企业的信息技术与债权融资、信息技术与股权融资的交互项系数均显著为负；对于创新质量效率而言，高技术与低技术企业的信息技术与股权融资交互项系数也均显著为负，所有结果与基准模型的结果保持一致。

表 7-17　产业技术异质性检验的复合影响

变量	(1) uneffpatent	(2) uneffpatent	(3) uneffpatent	(4) uneffpatent	(5) uneffunform	(6) uneffunform
$debtf$	-0.0070 (0.31)	0.0957 (0.30)	0.1177** (0.05)	0.0721* (0.04)	-0.2164 (0.15)	-0.0727 (0.10)
$equityf$	0.1128*** (0.04)	0.0890** (0.04)	0.0156 (0.22)	0.1553 (0.23)	1.4341*** (0.48)	1.6933*** (0.40)
IT	-0.0488 (0.11)	-0.1368 (0.11)	-0.0777 (0.16)	-0.1065 (0.15)	0.0601 (0.37)	0.5449** (0.28)
$IT \times debtf$	-0.2023* (0.11)	-0.0378* (0.02)				
$IT \times equityf$			-0.1616* (0.09)	-0.1005* (0.06)	-1.6613** (0.76)	-1.7554*** (0.60)
控制变量	Y	Y	Y	Y	Y	Y
观测值	415	555	415	555	943	1431
公司数	326	414	326	414	641	887

第四节　本章小结

本章基于第三章的理论分析，进一步提出了关于企业创新效率方面的研究假说，并选取微观 2008—2018 年沪深 A 股上市公司数据与省级新一代信息技术发展水平等宏观指标，基于 SFA 方法利用面板 Tobit 模型检验了不同类型的融资结构、新一代信息技术对企业创新数量效率与创新质量效率的直接影响与交互效应，并进一步探讨了所有制及产业技术的异质性影响。

研究表明：债权融资与股权融资对企业创新数量效率均具有抑制作用，且股权融资对企业创新质量效率同样存在负向影响，而债权融资对企业创新质量效率具有倒"U"形影响。因此，除了债权的治理

第七章　融资结构、新一代信息技术与企业创新效率的实证检验

效应外，融资在效率层面容易产生"创新惰性"。与之不同，新一代信息技术能够提高企业的创新数量效率与创新质量效率。并且，新一代信息技术水平的提升有助于正向调节融资对企业创新效率的影响，缓解其"创新惰性"。此外，不同债务期限、债务来源或基金持股的直接影响存在一定差异，其中商业信用融资可以提高企业的创新数量效率，长期债务与债券融资可以有效促进创新质量效率，且基金持股融资对创新效率未表现出抑制性影响，而其交互效应具有一致性。在所有制异质性方面，与民企相比，国企的债权融资与股权融资并没有制约其创新数量效率，但在创新质量效率方面国企却存在债务治理效应弱化问题。在产业技术异质性方面，债权和股权融资的影响未呈现明显差异，并且新一代信息技术对促进高技术企业的创新数量效率还存在局限性。

第八章

研究结论与展望

第一节 主要结论

随着我国劳动力成本逐渐上升与产能过剩问题的暴露,创新驱动发展战略成为经济持续增长的动力源。然而我国的整体技术创新能力与前沿国家仍有一定差距,还存在关键核心技术被"卡脖子"的现实问题。金融作为经济的命脉,其目的是通过优化资源配置推动主体的技术进步乃至经济增长,然而在当前依靠银行体系分配金融资源的金融结构下,对于技术创新型企业能否得到充分有效的金融支持,尚存在许多争议。此外,金融配置过程中的信息不对称等问题同样成为阻滞优化的一大突出问题。与此同时,我国新一代信息技术的发展呈显著上升趋势,其大大提高了信息处理能力和信息使用效率,其能否成为创新驱动新的引擎?其在金融融资与创新中扮演怎样的角色?沿着这些问题,本书利用我国2008—2018年沪深A股上市公司数据与省级新一代信息技术发展水平等宏观指标,通过理论建模和实证检验研究了融资结构、新一代信息技术对企业创新的直接与复合影响。此外,本书对融资结构进一步细分,从不同债务期限、债务来源或基金持股方面进行了相关讨论,并考察了所有制及产业技术的异质性影响。本书的主要研究结论涉及创新投入、创新产出和创新效率三个方面。

一 创新投入方面

基于第三章的理论分析，选取微观 2008—2018 年沪深 A 股上市公司数据与省级新一代信息技术发展水平等宏观指标，利用面板模型、面板 Logit 模型与面板 Ologit 模型分别检验了不同类型的融资结构、新一代信息技术对企业研发投入、当期研发决策与持续性研发决策的直接影响与交互效应，并进一步探讨了所有制及产业技术的异质性影响。

研究表明：债权融资对企业研发投入、研发决策与持续性研发决策均具有抑制作用。相对而言，股权融资为更适宜的融资渠道，其可以使企业倾向于高投入研发决策与持续性高投入研发决策。结合内源融资的促进作用，整体上企业研发投入的融资优序是"内源融资>股权融资>债权融资"。与此同时，新一代信息技术对研发投入的影响并不敏感，虽然促使企业在当期倾向高投入研发决策，但未表现出持续性。并且，新一代信息技术水平的提升有助于正向调节股权融资与企业研发投入的关系，而对债权融资与企业研发投入关系的作用不显著，并且在企业研发决策和持续性研发决策上同样表现出这种交互效应。此外，不同债务期限、债务来源或基金持股的直接影响存在一定差异，其中短期债务、长期债务、信贷融资及商业信用融资同样表现出了抑制作用，而其交互效应具有一致性。在所有制异质性方面，与民企相比，国企的债权融资并未降低其研发投入水平。在产业技术异质性方面，高技术企业债权融资也未削弱其研发投入水平。

二 创新产出方面

基于第三章的理论分析，选取微观 2008—2018 年沪深 A 股上市公司数据与省级新一代信息技术发展水平等宏观指标，分别利用面板负二项模型与面板模型检验了不同类型的融资结构、新一代信息技术对企业创新产出数量与创新产出质量的直接影响与交互效应，并进一步探讨了所有制及产业技术的异质性影响。

研究表明：债权融资会降低企业的创新产出数量，但一定的债权融资可以发挥治理效应，对企业创新产出质量存在倒"U"形影响。与之不同，股权融资对创新产出数量和质量表现出了一定的不确定性和复杂性，然而对高质量创新产出数量具有一定的促进作用。与此同时，新一代信息技术水平的提升能够有效增加企业创新产出数量与高质量创新产出数量，但对企业创新产出质量存在"U"形的非线性影响。并且，新一代信息技术水平的提升有助于正向调节融资对企业创新产出的影响。此外，不同债务期限、债务来源或基金持股的直接影响存在一定差异，其中长期债务不仅没有抑制创新产出数量，而且能够显著促进创新产出质量，而其交互效应具有一致性。在所有制异质性方面，关于创新产出数量，国企较民企具有优势；而关于创新产出质量，民企的表现优于国企。在产业技术异质性方面，高技术企业的债权融资对创新产出数量与高质量创新产出数量表现出显著的抑制作用，而低技术企业未表现出显著性。

三　创新效率方面

基于第三章的理论分析，选取微观2008—2018年沪深A股上市公司数据与省级新一代信息技术发展水平等宏观指标，基于SFA方法利用面板Tobit模型检验了不同类型的融资结构、新一代信息技术对企业创新数量效率与创新质量效率的直接影响与交互效应，并进一步探讨了所有制及产业技术的异质性影响。

研究表明：债权融资与股权融资对企业创新数量效率均具有抑制作用，且股权融资对企业创新质量效率同样存在负向影响，而债权融资对企业创新质量效率具有倒"U"形影响。因此，除了债权的治理效应外，融资在效率层面容易产生"创新惰性"。与之不同，新一代信息技术能够提高企业的创新数量效率与创新质量效率。并且，新一代信息技术水平的提升有助于正向调节融资对企业创新效率的影响，缓解其"创新惰性"。此外，不同债务期限、债务来源或基金持股的直接影响存在一定差异，其中商业信用融资可以提高企业的创新数量效率，长期债务与债券融资可以有效促进创新质量效率，且基金持股融资对创新效率未表现出抑制性影响，而其交互效应具有一致性。在所有制异质性方面，与民企相比，国企的债权融资与股权融资并没有制约其创新数量效率，但在创新质量效率方面国企却存在债务治理效应弱化问题。在产业技术异质性方面，债权和股权融资的影响未呈现明显差异,并且新一代信息技术对促进高技术企业的创新数量效率还存在局限性。

第二节 启示建议

从历史的经验来看,创新能力的强弱不仅决定了企业发展的活力,更是决定了国家经济发展的竞争力。就我国当前的经济现状,随着人口红利优势的渐消与产能过剩问题的暴露,我国亟须从过去粗放型的增长模式转向创新驱动的发展方式,"大众创业、万众创新"成了经济新常态下我国经济发展的重要方向。虽然改革开放的成绩是显著的,但不可忽视的是我国的整体技术创新能力与前沿国家仍有一定差距,还存在关键核心技术被"卡脖子"的现实问题。因此,结合本书得出的相关结论,这里提出一些启示建议以期为我国金融供给侧结构性改革与"互联网+"战略驱动创新发展提供了一定的参考。

一 国家层面的政策建议

(一)补齐各种股权、债权等融资服务短板,使不同的融资渠道形成优势互补

长期以来,我国金融体系由银行主导,银行是企业主要的融资渠道,但本书研究表明其并不能满足企业的创新发展需求。依据不同融资方式之于创新的差异化作用,应进一步打造"正金字塔"形股权融资市场的构建,扩大创业板、科创板、新三板、区域性股权市场等的市场规模并完善其证券发行规则等制度建设。并且,鼓励并规范VC、PE等投资活动,疏通多重股权融资进入与退出的渠道。此外,壮大机构投资者队伍,提升机构投资者市场份额。与此同时,在"去杠杆"的过程中不应忽视债务的治理效应,努力寻求创新主体适宜的债务水平与债务结构。特别是,相应地提高具有"耐心资本"属性的长期债务融资水平。并且,进一步加强债券市场交易活跃度,深化债券品种创新。

（二）加快新一代信息技术建设，促进其与技术创新的深度融合

持续大力发展大数据、云计算、物联网、区块链和人工智能等新兴业态，提前研究和部署高速率、广普及、全覆盖、智能化的下一代互联网，力争掌握新领域发展主动权和主导权，打造产业链完整、技术水平高、竞争优势强的新一代信息技术产业体系。特别是，聚焦感知、控制、决策、执行等核心关键环节，加强关键共性技术创新，努力攻克高端芯片、工业操作系统、工业软件、安全防护等基础技术。同时，加大提速降费力度，推动降低移动流量平均资费。以此为契机，进一步加快数字产业化和产业数字化进程，大力支持智能制造、智慧交通、智慧城市等领域，打造一批大数据国家综合试验区、5G网络先行区、人工智能应用示范区等新一代信息技术前沿开发区。同时，也要客观充分地认识到信息技术对高技术产业发展的局限性，健全大数据下知识产权保护的法规建设，积极在基础科研和教育等方面探索高质量创新路径。

（三）不断加强新一代信息技术在金融领域的应用能力，充分发挥其在金融与创新主体间的信息红利

在守住不发生系统性金融风险的底线下，着力加强金融科技发展规划与统筹协调，持续完善金融科技监管框架并深化"放管服"改革，积极引导新一代信息技术在金融领域的合理应用，不断提升金融服务实体经济的能力。特别是，运用数据挖掘、机器学习等技术手段对产业发展动态、市场供需状况等进行关联分析，增加投资者与创新企业的管理黏性，充分释放新一代信息技术于金融与创新中的"乘法效应"。

（四）充分权衡国有企业与民营企业各自的优势，积极探索创新中混合所有制改革的最优边界

大力推动国有企业在做强做优做大的同时，支持民营企业不断发展壮大，构建国有资本与民营资本良性互动的竞争格局。进一步，积极稳妥地推进混合所有制改革，将混合所有制作为国有资本的主要存在形式，通过股权改革推动机制改革，有效放大民营资本对市场的灵活性和国有资本对市场的规范性，实现各种所有制取长补短、相互促

进、共同发展。

（五）努力把握不同产业的技术差异，不断优化不同产业的创新资源配置

根据产业技术梯度差异与技术创新特点，为不同产业提供分类化指导的政策举措和制度安排，推动相关的政策举措与制度安排更具有针对性、一致性和连贯性，让有限的金融资源和数据资源等发挥好"四两拨千斤"的作用。

二 企业层面的经营建议

（一）完善融资结构体系，助力企业创新发展

企业应该主动寻求多种融资组合，互相抵消不同融资方式的弊端，充分发挥不同融资方式的优势，避免由于个人关系等非绩效因素而过分依赖某一融资。随着我国资本市场的发展和健全，风险投资、私募基金等融资方式越来越多样化，企业应大胆走出"舒适区"，通过资产证券化、供应链证券化等新兴业态助力企业创新发展。

（二）借助新一代信息技术快车，提升企业的创新竞争力

从产品创新、生产运营、客户服务、产业体系、经营管理等方面推进数字化转型升级，加强企业在产品研发、生产组织、经营管理、安全保障等环节对大数据、云计算、人工智能等新一代信息技术的集成应用，全力打造企业数字化"双创"。

（三）利用新一代信息技术，缓解投资者与企业间的信息不对称等问题

企业要积极利用新一代信息技术与投资者搭建沟通平台，破解过去存在的信息壁垒、信息鸿沟或信息孤岛等问题，有效降低融资成本、交易成本、代理成本等多项成本，从而增加融资供给效率，缓解融资的创新惰性。

（四）着眼创新转型，积极探寻企业所有制改革中的最优结构

考虑到国企擅长约束制衡、民企擅长授权激励等特点，企业应积极探索通过混改引入在业务、技术、管理、文化等方面具有协同作用的战略投资者，做到互补互促，形成权力制衡，避免监督过度，实现合作共赢。

（五）结合自身的技术特点，不断优化企业的创新资源配置

企业应根据自身所处产业及产业链位置的技术特点，摒弃传统的资源路径依赖，科学合理地配置有限的金融资源与数据资源。一方面及时调整不同属性融资的配比，另一方面客观把握互联网的创新红利水平，重视企业的基础研发，从而更有针对性地支持企业创新发展。

第三节　研究不足及展望

本书虽然较为系统地通过理论建模和实证检验研究了融资结构、新一代信息技术对企业创新的直接与复合影响，并考察了所有制及产业技术的异质性，从而得出了一些有益的结论。但是，无论从研究视角还是分析过程看，仍存在一定的局限性。为得出对创新驱动背景下金融与新一代信息技术实践更有参考价值的结论，进一步研究可以从以下方面继续推进和拓展。

第一，在变量衡量方面，进一步挖掘企业创新、新一代信息技术等核心变量的内涵。例如在创新能力方面，可利用专利被引用数、专利新颖性等指标进行针对性的衡量，或者构建"创新强度""创新势力"等综合指数进行相关研究。

第二，在研究视角方面，在宏观或微观视域下还存在融资结构与创新关系的探究盲区。本书虽然分析了微观融资结构与宏观信息技术对企业研发投入、创新产出数量、创新产出质量、创新数量效率、创新质量效率的直接与复合影响，但通过梳理文献发现，较少有文献涉及宏观视角下融资结构与创新质量的关系，并且微观企业信息技术能力与企业创新效率的研究也较为匮乏。特别是，宏观金融结构与新一代信息技术的有机结合如何影响区域创新有待探究。同时，如果对融资结构进行细分，债券融资、合格境外投资者持股（QFII）等的创新效应相关研究还略显单薄。此外，本书虽然探讨了所有制和产业技术的异质性，但还可以从企业规模、生命周期等层面讨论其异质性影响。

第三，在实证分析方面，进一步扩大企业的研究样本的选取范围。虽然由于数据的可得性等原因，本书选取我国 2008—2018 年沪深 A 股上市公司大样本数据进行了实证分析，但实际上未上市的企业也可能成为重要的创新主体，还存在进一步探索的空间。

参考文献

中文

白俊红、卞元超：《要素市场扭曲与中国创新生产的效率损失》，《中国工业经济》2016 年第 11 期。

白俊红、蒋伏心：《协同创新、空间关联与区域创新绩效》，《经济研究》2015 年第 7 期。

白俊红、蒋伏心：《协同创新、空间关联与区域创新绩效》，《经济研究》2015 年第 7 期。

卞元超等：《高铁开通是否促进了区域创新?》，《金融研究》2019 年第 6 期。

蔡庆丰等：《信贷资源可得性与企业创新：激励还是抑制?——基于银行网点数据和金融地理结构的微观证据》，《经济研究》2020 年第 10 期。

曹玉平：《互联网普及、知识溢出与空间经济集聚——理论机制与实证检验》，《山西财经大学学报》2020 年第 10 期。

钞小静、薛志欣、孙艺鸣：《新型数字基础设施如何影响对外贸易升级——来自中国地级及以上城市的经验证据》，《经济科学》2020 年第 3 期。

陈德球等：《政策不确定性、政治关联与企业创新效率》，《南开管理评论》2016 年第 4 期。

陈思等：《风险投资与企业创新：影响和潜在机制》，《管理世界》2017 年第 1 期。

陈习定等：《管理层持股对企业技术创新效率的影响研究》，《科研管理》2018 年第 5 期。

陈岩等：《国有企业债务结构对创新的影响——是否存在债权融资滥用的经验检验》，《科研管理》2016年第4期。

程立茹：《互联网经济下企业价值网络创新研究》，《中国工业经济》2013年第9期。

程文、张建华：《收入水平、收入差距与自主创新——兼论"中等收入陷阱"的形成与跨越》，《经济研究》2018年第4期。

戴美虹：《互联网技术与出口企业创新活动——基于企业内资源重置视角》，《统计研究》2019年第11期。

丁秀好、武素明：《IT能力对开放式创新绩效的影响：知识整合能力的中介效应》，《管理评论》2020年第10期。

董祺：《中国企业信息化创新之路有多远？——基于电子信息企业面板数据的实证研究》，《管理世界》2013年第7期。

董晓庆等：《国有企业创新效率损失研究》，《中国工业经济》2014年第2期。

段姗等：《区域企业技术创新发展评价研究——浙江省、11个设区市及各行业企业技术创新评价指标体系分析》，《中国软科学》2014年第5期。

范海峰、胡玉明：《机构投资者持股与公司研发支出——基于中国证券市场的理论与实证研究》，《南方经济》2012年第9期。

方福前、张平：《我国高技术产业的投入产出效率分析》，《中国软科学》2009年第7期。

冯根福：《双重委托代理理论：上市公司治理的另一种分析框架——兼论进一步完善中国上市公司治理的新思路》，《经济研究》2004年第12期。

冯根福、刘虹、冯照桢等：《股票流动性会促进我国企业技术创新吗？》，《金融研究》2017年第3期。

冯根福、温军：《中国上市公司治理与企业技术创新关系的实证分析》，《中国工业经济》2008年第7期。

付雷鸣等：《VC是更积极的投资者吗？——来自创业板上市公司创新投入的证据》，《金融研究》2012年第10期。

高巍、毕克新：《制造业企业信息化水平与工艺创新能力互动关系实证研究》，《科学学与科学技术管理》2014年第8期。

龚强等：《产业结构、风险特性与最优金融结构》，《经济研究》2014年第4期。

辜胜阻等：《论构建支持自主创新的多层次资本市场》，《中国软科学》2007年第8期。

顾夏铭等：《经济政策不确定性与创新——基于我国上市公司的实证分析》，《经济研究》2018年第2期。

郭家堂、骆品亮：《互联网对中国全要素生产率有促进作用吗》，《管理世界》2016年第10期。

郭丽虹等：《社会融资规模和融资结构对实体经济的影响研究》，《国际金融研究》2014年第6期。

韩宝国、朱平芳：《宽带对中国经济增长影响的实证分析》，《统计研究》2014年第10期。

韩先锋等：《互联网能成为中国区域创新效率提升的新动能吗》，《中国工业经济》2019年第7期。

韩先锋等：《信息化能提高中国工业部门技术创新效率吗》，《中国工业经济》2014年第12期。

韩兆洲、程学伟：《中国省域R&D投入及创新效率测度分析》，《数量经济技术经济研究》2020年第5期。

何小钢等：《信息技术、劳动力结构与企业生产率——破解"信息技术生产率悖论"之谜》，《管理世界》2019年第9期。

何瑛等：《高管职业经历与企业创新》，《管理世界》2019年第11期。

胡恒强等：《融资结构、融资约束与企业创新投入》，《中国经济问题》2020年第1期。

胡建雄、谈咏梅：《企业自由现金流、债务异质性与过度投资——来自中国上市公司的经验证据》，《山西财经大学学报》2015年第9期。

胡善成等：《金融结构对技术创新的影响研究》，《中国科技论坛》2019年第10期。

胡援成、田满文：《代理成本、融资效率与公司业绩——来自中国上市公司的实证》，《财贸经济》2008年第8期。

黄乾富、沈红波：《债务来源、债务期限结构与现金流的过度投资——基于中国制造业上市公司的实证证据》，《金融研究》2009年第9期。

黄群慧等：《互联网发展与制造业生产率提升：内在机制与中国经验》，《中国工业经济》2019年第8期。

黄速建、刘美玉：《不同类型信贷约束对小微企业创新的影响有差异吗》，《财贸经济》2020年第9期。

惠宁、刘鑫鑫：《信息化对中国工业部门技术创新效率的空间效应》，《西北大学学报》（哲学社会科学版）2017年第6期。

江小涓：《高度联通社会中的资源重组与服务业增长》，《经济研究》2017年第3期。

蒋艳辉等：《机构投资者异质性与上市公司R&D投入——来自A股市场高新技术企业的经验研究》，《经济经纬》2014年第4期。

解维敏、方红星：《金融发展、融资约束与企业研发投入》，《金融研究》2011年第5期。

解维敏、魏化倩：《市场竞争、组织冗余与企业研发投入》，《中国软科学》2016年第8期。

景光正等：《金融结构、双向FDI与技术进步》，《金融研究》2017年第7期。

鞠晓生：《中国上市企业创新投资的融资来源与平滑机制》，《世界经济》2013年第4期。

鞠晓生等：《融资约束、营运资本管理与企业创新可持续性》，《经济研究》2013年第1期。

李宝宝、黄寿昌：《国有企业管理层在职消费的估计模型及实证检验》，《管理世界》2012年第5期。

李晨光、张永安：《区域创新政策对企业创新效率影响的实证研究》，《科研管理》2014年第9期。

李冲等：《融资结构与企业技术创新——基于中国上市公司数据的实证分析》，《上海经济研究》2016年第7期。

李海舰等：《互联网思维与传统企业再造》，《中国工业经济》2014年第10期。

李后建、刘思亚：《银行信贷、所有权性质与企业创新》，《科学学研究》2015年第7期。

李汇东等：《用自己的钱还是用别人的钱创新？——基于中国上市公司融资结构与公司创新的研究》，《金融研究》2013年第2期。

李慧云等：《产品市场竞争视角下信息披露与企业创新》，《统计研究》2020年第7期。

李平、刘利利：《政府研发资助、企业研发投入与中国创新效率》，《科研管理》2017年第1期。

李思慧、于津平：《对外直接投资与企业创新效率》，《国际贸易问题》2016年第12期。

李维安：《移动互联网时代的公司治理变革》，《南开管理评论》2014年第4期。

李文贵、余明桂：《民营化企业的股权结构与企业创新》，《管理世界》2015年第4期。

李晓龙、冉光和：《中国金融抑制、资本扭曲与技术创新效率》，《经济科学》2018年第2期。

李心合等：《债务异质性假说与资本结构选择理论的新解释》，《会计研究》2014年第12期。

李政、杨思莹：《财政分权、政府创新偏好与区域创新效率》，《管理世界》2018年第12期。

李仲泽：《机构持股能否提升企业创新质量》，《山西财经大学学报》2020年第11期。

林毅夫、李志赟：《中国的国有企业与金融体制改革》，《经济学（季刊）》2005年第3期。

林毅夫等：《经济发展中的最优金融结构理论初探》，《经济研究》2009年第8期。

林志帆、龙晓旋：《金融结构与发展中国家的技术进步——基于新结构经济学视角的实证研究》，《经济学动态》2015年第12期。

刘慧芬：《商业信用、市场地位与技术创新——来自制造业上市公司的证据》，《经济问题》2017年第4期。

刘锦、王学军：《寻租、腐败与企业研发投入——来自30省12367家企业的证据》，《科学学研究》2014年第10期。

刘柳、屈小娥：《互联网金融改善了社会融资结构吗？——基于企业融资选择模型》，《财经论丛》2017年第3期。

刘晓光等：《金融结构、经济波动与经济增长——基于最优产业配置框架的分析》，《管理世界》2019年第5期。

刘鑫、薛有志：《CEO继任、业绩偏离度和公司研发投入——基于战略变革方向的视角》，《南开管理评论》2015年第3期。

刘学元等：《企业创新网络中关系强度、吸收能力与创新绩效的关系研究》，《南开管理评论》2016年第1期。

卢福财、徐远彬：《互联网对制造业劳动生产率的影响研究》，《产业经济研究》2019年第4期。

鲁桐、党印：《投资者保护、行政环境与技术创新：跨国经验证据》，《世界经济》2015年第10期。

罗正英等：《民营企业的股权结构对R&D投资行为的传导效应研究》，《中国软科学》2014年第3期。

马光荣等：《银行授信、信贷紧缩与企业研发》，《金融研究》2014年第7期。

马微、惠宁：《金融结构对技术创新的影响效应及其区域差异研究》，《经济科学》2018年第2期。

孟凡新、涂圣伟：《技术赋权、平台主导与网上交易市场协同治理新模式》，《经济社会体制比较》2017年第5期。

孟庆斌、师倩：《宏观经济政策不确定性对企业研发的影响：理论与经验研究》，《世界经济》2017年第9期。

孟庆斌等：《员工持股计划能够促进企业创新吗？——基于企业员工视角的经验证据》，《管理世界》2019年第11期。

宁光杰、林子亮：《信息技术应用、企业组织变革与劳动力技能需求变化》，《经济研究》2014年第8期。

戚湧、杨帆：《基于最优金融结构理论的区域创新能力研究》，《科技进步与对策》2018年第23期。

戚聿东、李颖：《新经济与规制改革》，《中国工业经济》2018年第3期。

齐结斌、安同良：《机构投资者持股与企业研发投入——基于非线性与异质性的考量》，《中国经济问题》2014年第3期。

钱丽等：《环境约束、技术差距与企业创新效率——基于中国省际工业企业的实证研究》，《科学学研究》2015年第3期。

沈国兵、袁征宇：《企业互联网化对中国企业创新及出口的影响》，《经济研究》2020年第1期。

施炳展、李建桐：《互联网是否促进了分工：来自中国制造业企业的证据》，《管理世界》2020年第4期。

水会莉等：《政府压力、税收激励与企业研发投入》，《科学学研究》2015年第12期。

宋洋：《创新资源、研发投入与产品创新程度——资源的互斥效应和研发的中介效应》，《中国软科学》2017年第12期。

孙早、韩颖：《外商直接投资、地区差异与自主创新能力提升》，《经济与管理研究》2018年第11期。

孙早、肖利平：《融资结构与企业自主创新——来自中国战略性新兴产业A股上市公司的经验证据》，《经济理论与经济管理》2016年第3期。

谭洪涛、陈瑶：《集团内部权力配置与企业创新——基于权力细分的对比研究》，《中国工业经济》2019年第12期。

谭小芬等：《金融结构与非金融企业"去杠杆"》，《中国工业经济》2019年第2期。

谭颖、杨筝：《QFII持股与企业技术创新》，《金融论坛》2020年第12期。

王金杰等：《互联网对企业创新绩效的影响及其机制研究——基

于开放式创新的解释》,《南开经济研究》2018 年第 6 期。

王婧、蓝梦:《混合所有制改革与国企创新效率——基于 SNA 视角的分析》,《统计研究》2019 年第 11 期。

王靖宇、张宏亮:《债权融资与企业创新效率——基于〈物权法〉自然实验的经验证据》,《中国软科学》2020 年第 4 期。

王康等:《孵化器何以促进企业创新?——来自中关村海淀科技园的微观证据》,《管理世界》2019 年第 11 期。

王可、李连燕:《"互联网+"对中国制造业发展影响的实证研究》,《数量经济技术经济研究》2018 年第 6 期。

王兰芳、胡悦:《创业投资促进了创新绩效吗?——基于中国企业面板数据的实证检验》,《金融研究》2017 年第 1 期。

王莉娜、张国平:《信息技术、人力资本和创业企业技术创新——基于中国微观企业的实证研究》,《科学学与科学技术管理》2018 年第 4 期。

王满仓等:《网络经济、人力资本与家庭创业决策》,《西北大学学报》(哲学社会科学版) 2019 年第 3 期。

王满四、徐朝辉:《银行债权、内部治理与企业创新——来自 2006—2015 年 A 股技术密集型上市公司的实证分析》,《会计研究》2018 年第 3 期。

王伟同、周佳音:《互联网与社会信任:微观证据与影响机制》,《财贸经济》2019 年第 10 期。

王晓艳、温东子:《机构投资者异质性、创新投入与企业绩效——基于创业板的经验数据》,《审计与经济研究》2020 年第 2 期。

王旭:《债权治理、创新激励二元性与企业创新绩效——关系型债权人视角下的实证检验》,《科研管理》2017 年第 3 期。

王旭、褚旭:《债权融资是否推动了企业创新绩效?——来自治理二元性理论的动态解释》,《科学学研究》2017 年第 8 期。

王永钦等:《僵尸企业如何影响了企业创新?——来自中国工业企业的证据》,《经济研究》2018 年第 11 期。

王玉泽等:《什么样的杠杆率有利于企业创新》,《中国工业经济》2019年第3期。

魏群：《企业生命周期、债务异质性与非效率投资》，《山西财经大学学报》2018年第1期。

温军、冯根福：《风险投资与企业创新："增值"与"攫取"的权衡视角》，《经济研究》2018年第2期。

温军、冯根福：《异质机构、企业性质与自主创新》，《经济研究》2012年第3期。

吴婵丹：《中国互联网、市场潜能与产业布局——基于新经济地理学视角的研究》，博士学位论文，华中科技大学，2015年。

吴海民等：《城市文明、交易成本与企业"第四利润源"——基于全国文明城市与民营上市公司核匹配倍差法的证据》，《中国工业经济》2015年第7期。

吴晗：《我国融资结构演进对经济增长的影响——基于新结构经济学视角的经验分析》，《经济问题探索》2015年第1期。

吴穹等：《我国区域信息化对工业技术创新效率的影响——基于劳动—教育决策两部门DSGE模型的分析》，《经济问题探索》2018年第5期。

吴延兵：《不同所有制企业技术创新能力考察》，《产业经济研究》2014年第2期。

吴尧、沈坤荣：《信贷期限结构对企业创新的影响》，《经济与管理研究》2020年第1期。

吴尧、沈坤荣：《最优金融结构与企业创新产出质量》，《宏观质量研究》2020年第2期。

肖海莲等：《负债对企业创新投资模式的影响——基于R&D异质性的实证研究》，《科研管理》2014年第10期。

肖利平：《"互联网+"提升了我国装备制造业的全要素生产率吗》，《经济学家》2018年第12期。

肖利平：《公司治理如何影响企业研发投入？——来自中国战略性新兴产业的经验考察》，《产业经济研究》2016年第1期。

谢露露：《产业集聚和创新激励提升了区域创新效率吗——来自

长三角城市群的经验研究》,《经济学家》2019 年第 8 期。

谢平等:《互联网金融的基础理论》,《金融研究》2015 年第 8 期。

徐晨阳、王满:《债务异质性能促进企业创新绩效水平提升吗》,《山西财经大学学报》2019 年第 4 期。

徐飞:《银行信贷与企业创新困境》,《中国工业经济》2019 年第 1 期。

徐立平等:《企业创新能力评价指标体系研究》,《科研管理》2015 年第 1 期。

徐丽鹤、李青:《信贷来源结构对中小企业多维度创新活动的影响》,《财经研究》2020 年第 7 期。

徐林:《长三角城市群创新效率测度》,《统计与决策》2021 年第 2 期。

徐明、刘金山:《何种金融结构有利于技术创新——理论解构、实践导向与启示》,《经济学家》2017 年第 10 期。

许长新、杨李华:《异质性视角下机构投资者影响企业创新的路径》,《金融经济学研究》2018 年第 6 期。

许昊等:《VC 与 PE 谁是促进企业创新的有效投资者?》,《科学学研究》2015 年第 7 期。

严成樑:《社会资本、创新与长期经济增长》,《经济研究》2012 年第 11 期。

颜莉:《我国区域创新效率评价指标体系实证研究》,《管理世界》2012 年第 5 期。

杨德明、刘泳文:《"互联网+"为什么加出了业绩》,《中国工业经济》2018 年第 5 期。

杨帆、王满仓:《融资结构、制度环境与创新能力:微观视阈下的数理分析与实证检验》,《经济与管理研究》2020 年第 10 期。

杨桂菊、李斌:《获得式学习、非研发创新行为与代工企业品牌升级——基于三星电子的探索性案例研究》,《软科学》2015 年第 8 期。

杨瑞龙等：《"准官员"的晋升机制：来自中国央企的证据》，《管理世界》2013 年第 3 期。

杨勇松、吴和成：《基于改进 DEA 的我国各地区大中型工业企业 R&D 效率实证分析》，《科学学与科学技术管理》2008 年第 7 期。

易平涛等：《基于指标特征分析的区域创新能力评价及实证》，《科研管理》2016 年第 1 期。

尹士等：《基于资源观的互联网与企业技术创新模式演化研究》，《科技进步与对策》2018 年第 6 期。

余明桂等：《中国产业政策与企业技术创新》，《中国工业经济》2016 年第 12 期。

余琰、李怡宗：《高息委托贷款与企业创新》，《金融研究》2016 年第 4 期。

余泳泽、张少辉：《城市房价、限购政策与技术创新》，《中国工业经济》2017 年第 6 期。

虞义华等：《发明家高管与企业创新》，《中国工业经济》2018 年第 3 期。

袁东任、汪炜：《信息披露与企业研发投入》，《科研管理》2015 年第 11 期。

岳怡廷、张西征：《异质性企业创新投入资金来源差异及其变迁研究》，《科学学研究》2017 年第 1 期。

曾颖、陆正飞：《信息披露质量与股权融资成本》，《经济研究》2006 年第 2 期。

湛泳、王浩军：《国防科技融资方式对创新效率的影响——基于军工上市企业面板数据的研究》，《经济理论与经济管理》2019 年第 11 期。

张杰等：《竞争如何影响创新：中国情景的新检验》，《中国工业经济》2014 年第 11 期。

张杰等：《融资约束、融资渠道与企业 R&D 投入》，《世界经济》2012 年第 10 期。

张杰等：《中国的银行管制放松、结构性竞争和企业创新》，《中国工业经济》2017年第10期。

张璟、刘晓辉：《融资结构、企业异质性与研发投资——来自中国上市公司的经验证据》，《经济理论与经济管理》2018年第1期。

张静等：《融资结构、创新阶段与企业创新投入》，《北京工业大学学报》（社会科学版）2017年第2期。

张可：《经济集聚与区域创新的交互影响及空间溢出》，《金融研究》2019年第5期。

张宽、黄凌云：《贸易开放、人力资本与自主创新能力》，《财贸经济》2019年第12期。

张岭：《股权与债权融资对技术创新绩效的影响研究》，《科研管理》2020年第8期。

张骞、吴晓飞：《信息化对区域创新能力的影响——马太效应存在吗》，《科学决策》2018年第7期。

张强、王明涛：《机构投资者对企业创新的影响机制——来自中小创板上市公司的经验证据》，《科技进步与对策》2019年第13期。

张骁等：《互联网时代企业跨界颠覆式创新的逻辑》，《中国工业经济》2019年第3期。

张昕蔚：《数字经济条件下的创新模式演化研究》，《经济学家》2019年第7期。

张旭亮等：《互联网对中国区域创新的作用机理与效应》，《经济地理》2017年第12期。

张一林等：《技术创新、股权融资与金融结构转型》，《管理世界》2016年第11期。

张治河等：《上市公司创新能力评价研究——来自陕西省41家上市公司的数据》，《科研管理》2016年第3期。

张宗和、彭昌奇：《区域技术创新能力影响因素的实证分析——基于全国30个省市区的面板数据》，《中国工业经济》2009年第11期。

赵洪江、夏晖：《机构投资者持股与上市公司创新行为关系实证研究》，《中国软科学》2009年第5期。

赵甜、方慧：《OFDI 与中国创新效率的实证研究》，《数量经济技术经济研究》2019 年第 10 期。

赵振：《"互联网+"跨界经营：创造性破坏视角》，《中国工业经济》2015 年第 10 期。

甄红线等：《制度环境、终极控制权对公司绩效的影响——基于代理成本的中介效应检验》，《金融研究》2015 年第 12 期。

郑春美、朱丽君：《QFII 对创新投入及企业价值的影响》，《科技进步与对策》2019 年第 5 期。

郑录军、王馨：《地方金融结构、制度环境与技术创新》，《金融论坛》2018 年第 10 期。

郑世林等：《电信基础设施与中国经济增长》，《经济研究》2014 年第 5 期。

钟海燕等：《政府干预、内部人控制与公司投资》，《管理世界》2010 年第 7 期。

钟腾、汪昌云：《金融发展与企业创新产出——基于不同融资模式对比视角》，《金融研究》2017 年第 12 期。

钟昀珈等：《国企民营化与企业创新效率：促进还是抑制？》，《财经研究》2016 年第 7 期。

周宏仁：《信息化在中国的发展》，《北京邮电大学学报》（社会科学版）2008 年第 6 期。

周开国、卢允之：《金融结构与国家创新：来自 OECD 国家的证据》，《国际金融研究》2019 年第 3 期。

周莉萍：《金融结构理论：演变与述评》，《经济学家》2017 年第 3 期。

周密等：《创新过程、创新环境及其跨层级交互作用对创新的影响效应研究——基于知识生产函数的两阶层线性模型分析》，《财经研究》2013 年第 3 期。

周月秋、邱牧远：《中国融资结构进入转型期的分析——基于经济生态的视角》，《金融论坛》2016 年第 10 期。

朱冰等：《多个大股东与企业创新》，《管理世界》2018 年第

7期。

朱德胜、周晓珮：《股权制衡、高管持股与企业创新效率》，《南开管理评论》2016年第3期。

庄彩云等：《互联网能力、双元战略柔性与知识创造绩效》，《科学学研究》2020年第10期。

宗庆庆等：《行业异质性、知识产权保护与企业研发投入》，《产业经济研究》2015年第2期。

左鹏飞：《信息化推动中国产业结构转型升级研究》，博士学位论文，北京邮电大学，2017年。

英文

Acemoglu, D., et al., "Return of the Solow Paradox? IT, Productivity and Employment in U. S. Manufacturing", *American Economic Review*, 2014, 104（5）: 394-399.

Aghion, P, et al., "Technology and Financial Structure: Are Innovative Firms Different?", *Journal of the European Economic Association*, 2004, 2（2-3）: 277-288.

Aghion, P. et al., "Innovation and Institutional Ownership", *American Economic Review*, 2013, 103（1）: 277-304.

Akerlof, G. A., "The Market for Lemons, Qualitative Uncertainty and the Market Mechanism", *Quarterly Journal of Economics*, 1970, 84: 488-500.

Akerman, A, et al., "The Skill Complementarity of Broadband Internet", *The Quarterly Journal of Economics*, 2015, 130（4）: 1781-1824.

Allen, F., Gale, D., *Comparing Financial Systems*, Cambridge, MA: MIT Press, 2000.

Armstrong, C. S., et al., "When does Information Asymmetry Affect the Cost of Capital?", *Journal of Accounting Research*, 2011, 49（1）: 1-40.

Arrow, K. J., "Uncertainty and the Welfare Economics of Medical Care", *American Economic Review*, 1963, 53: 941-73.

Arthur, W. B., "Increasing Returns and the New World of Business", *Harvard Business Review*, 1999, 74 (4): 100-109.

Arthur, W. B., "The Structure of Invention", *Research Policy*, 2007, 36 (2): 274-287.

Asheim, B. T., Isaksen, A., "Regional Innovation Systems: The Integration of Local 'Sticky' and Global 'Ubiquitous' Knowledge", *The Journal of Technology Transfer*, 2002, 27 (1): 77-86.

Atanasov, V. A., et al., "VCs and the Expropriation of Entrepreneurs", *SSRN Electronic Journal*, 2006.

Atasoy, H., "The Effects of Broadband Internet Expansion on Labor Market Outcomes", *Industrial & Labor Relations Review*, 2013, 66 (2): 315-345.

Audretsch, D. B., et al., "Infrastructure and Entrepreneurship", *Small Business Economics*, 2015, 44 (2): 219-230.

Baptista, R., Swann, P., "Do Firms in Clusters Innovate More?", *Research Policy*, 1998, 27.

Barney, J. B., "Strategic Factor Markets: Expectations, Luck, and Business Strategy", *Management Science*, 1986, 32 (10): 1231-1241.

Barrett, M., et al., "Service Innovation in the Digital Age: Key Contributions and Future Directions", *Mis Quarterly*, 2015, 39 (1): 135-154.

Bartel, et al., "How does Information Technology Affect Productivity? Plant Level Comparisons of Product Innovation, Process Improvement, and Worker Skills", *The Quarterly Journal of Economics*, 2007, 122 (4): 1721-1758.

Bayoumi, T., et al., "R&D Spillovers and Global Growth", *Journal of International Economics*, 1999, 47 (2): 399-428.

Beck, T., "Finance for Development: A Research Agenda", UK: DEGRP Research Reports, 2013.

Belloc, F., "Corporate Governance and Innovation: A Survey",

Journal of Economic Surveys, 2011, 26 (5): 835-864.

Berk, J. B., Zechner, R. S., "Human Capital, Bankruptcy, and Capital Structure", *Journal of Finance*, 2010, 65 (3): 891-926.

Bernstein, S., "Does Going Public Affect Innovation?", *Journal of Finance*, 2015, 70 (4): 1365-1403.

Bertrand, M., Mullainathan, S., "Enjoying the Quiet Life? Corporate Governance and Managerial Preferences", *Journal of Political Economy*, 2003, 111 (5): 1043-1075.

Berzkalne, I., Zelgalve, E., "Capital Structure and Innovation: A Study of Baltic Listed Companie", *Changes in Social and Business Environment*, 2013 (5): 13-21.

Besanko, D., Kanatas, G., "Credit Market Equilibrium with Bank Monitoring and Moral Hazard", *The Review of Financial Studies*, 1993, 6 (1): 213-232.

Bolton, P., Freixas, X., "Equity, Bonds and Bank Debt: Capital Structure and Financial Market Equilibrium under Asymmetric Information", *Journal of Political Economy*, 2000, 108 (2): 324-351.

Brown, J. R., et al., "Law, Stock Markets, and Innovation", *Journal of Finance*, 2013, 68 (4): 1517-1550.

Brown, J. R., Petersen, B. C., "Why Has the Investment-Cash Flow Sensitivity Declined So Sharply? Rising R&D and Equity Market Developments", *Journal of Banking & Finance*, 2009, 33 (5): 971-984.

Bushman, R. M., Smith, A., "Transparency, Financial Accounting Information, and Corporate Governance", *Economic Policy Review*, 2003, 32: 237-333.

Bygstad, B., Aanby, H. P., "ICT Infrastructure for Innovation: A Case Study of the Enterprise Service Bus Approach", *Information Systems Frontiers*, 2010, 12 (3): 257-265.

Campos, R., et al., "Online Job Search in the Spanish Labor Market", *Telecommunications Policy*, 2014, 38 (11): 1095-1116.

Carpenter, R. E., Petersen, B. C., "Capital Market Imperfections, High-Tech Investment, and New Equity Financing", *The Economic Journal*, 2002, 112 (477): 54-72.

Carr, N. G., "IT doesn't Matter", *Harvard Business Review*, 2003, 81 (5): 41-9, 128.

Chaganti, R., Damanpour, F., "Institutional Ownership, Capital Structure, and Firm Performance", *Strategic Management Journal*, 1991, 12: 479-491.

Chakraborty, C., Nandi, B., "'Mainline' Telecommunications Infrastructure, Levels of Development and Economic Growth: Evidence from a Panel of Developing Countries", *Telecommunications Policy*, 2011, 35 (5): 441-449.

Chiappori, P. A., Salanie, B., "Testing for Asymmetric Information in Insurance Markets", *Journal of Political Economy*, 2000, 108 (1): 56-78.

Cho, S., Kim, S. K., "Horizon Problem and Firm Innovation: The Influence of CEO Career Horizon, Exploitation and Exploration on Breakthrough Innovations", *Research Policy*, 2017, 46 (10): 1801-1809.

Cui, T., et al., "Information Technology and Open Innovation", *Information & Management*, 2015, 52 (3): 48-358.

Czarnitzki, D., Hottenrott, H., "R&D Investment and Financing Constraints of Small and Medium-Sized Firms", *Small Business Economics*, 2011, 36 (1): 65-83.

Czarnitzki, D., Licht, G., "Additionality of Public R&D Grants in a Transition Economy", *Economics of Transition*, 2006, 14 (1): 101-131.

Czernich, N., et al., "Broadband Infrastructure and Economic Growth", *Economic Journal*, 2011, 121 (552): 505-532.

Damanpour, F., Evan, W. M., "Organizational Innovation and Performance: The Problem of 'Organizational Lag'", *Administrative Sci-*

ence *Quarterly*, 1984, 29 (3): 392-409.

Dana, J. D., Orlov, E., "Internet Penetration and Capacity Utilization in the US Airline Industry", *American Economic Journal: Microeconomics*, 2014, 6: 106-137.

Demirguc-Kunt, A., et al., *Optimal Financial Structures and Development: The Evolving Importance of Banks and Markets*, Washington DC: World Bank, 2011.

Dessi, R., Yin, N., "Venture Capital, Patents and Innovation", Working Paper, 2011.

Eagle, N., et al., "Network Diversity and Economic Development", *Science*, 2010, 328 (5981): 1029-1031.

Ellison, G., et al., "Match Quality, Search, and the Internet Market for Used Books", *NBER Working Papers*, 2018.

Enkel, E., et al., "Open R&D and Open Innovation: Exploring the Phenomenon", *R&D Management*, 2010, 39 (4).

Erevelles, S., et al., "Big Data Consumer Analytics and the Transformation of Marketing", *Journal of Business Research*, 2016, 69 (2): 897-904.

Fang, V. W., et al., "Does Stock Liquidity Enhance or Impede Firm Innovation", *Journal of Finance*, 2014, 69: 2085-2125.

Forés, B., Camisón, C., "Does Incremental and Radical Innovation Performance Depend on Different Types of Knowledge Accumulation Capabilities and Organizational Size", *Journal of Business Research*, 2016 (2): 831-848.

Gerpott, et al., "Composite Indices for the Evaluation of a Country's Information Technology Development Level: Extensions of the IDI of the ITU", *Technological Forecasting and Social Change*, 2015, 98: 174-185.

Ghasemaghaei, M., Calic, G., "Does Big Data Enhance Firm Innovation Competency? The Mediating Role of Data-Driven Insights", *Journal of Business Research, 2019, 104 (7): 69-84.

Glavas, C., Mathews, S., "How International Entrepreneurship Characteristics Influence Internet Capabilities for the International Business Processes of the Firm", International Business Review, 2014, 23 (1): 228-245.

Graham, J. R., et al., "The Economic Implications of Corporate Financial Reporting", Journal of Accounting and Economics, 2005, 40.

Grossman, S. J., Hart, O., "Corporate Financial Structure and Managerial Incentives", Social Science Electronic Publishing, 1983: 107-140.

Guire, et al., "Why Big Data is the New Competitive Advantage", Ivey Business Journal, 2012 (7-8): 1-13.

Gustav, Martinsson, "Equity Financing and Innovation: Is Europe Different from the United States?", Journal of Banking & Finance, 2010, 34 (6): 1215-1224.

Hall, B., "The Financing of Research and Development", Oxford Review of Economic, Policy, 2002, 18: 35-51.

Hall, B., Van Reenen, J., "How Effective are Fiscal Incentives for R&D? A Review of the Evidence", Research Policy, 2000, 29 (4): 449-469.

Hall, B. H., "Investment and Research and Development at the Firm Level: Does the Source of Financing Matter?", NBER Working Paper, 1992.

Hall, B. H., "The Private and Social Returns to Research and Development", Technology, R&D, and the Economy, 1996, 140: 162.

Hansen, G. S., Hill, C. W. L., "Are Institutional Investors Myopic? A time-Series Study of Four Technology-Driven Industries", Strategic Management Journal, 1991, 12 (1): 1-16.

Hardy, A. P., "The Role of the Telephone in Economic Development", Telecommunications Policy, 1980, 4 (4): 278-286.

He, J., Tian, X., "The Dark Side of Analyst Coverage: The Case of Innovation", *Journal of Financial Economics*, 2013, 109 (3): 856-878.

He, Z., et al., "Uncertainty, Risk, and Incentives: Theory and Evidence", *Management Science*, 2014, 60 (1): 206-226.

Healy, P. M., Palepu, K. G., "Information Asymmetry, Corporate Disclosure, and the Capital Markets: A Review of the Empirical Disclosure Literature", *Social Science Electronic Publishing*, 2001, 31 (1-3): 405-440.

Helfat, C. E., "Know-How and Asset Complementarity and Dynamic Capability Accumulation: The Case of R&D", *Strategic Management Journal*, 1997, 18 (5).

Henkel, J., "Selective Revealing in Open Innovation Processes: The Case of Embedded Linux", *Research Policy*, 2006, 35 (7): 953-969.

Hirshleifer, D., et al., "Are Overconfident CEOs Better Innovators?", *The Journal of Finance*, 2012, 67 (4): 1457-1498.

Holmstrom, B., "Agency Cost and Innovation", *Journal of Economic Behavior & Organization*, 1989, 12 (3): 305-327.

Hsu, P. H., et al., "Financial Development and Innovation: Cross-Country Evidence", *Journal of Financial Economics*, 2014, 112 (1): 116-135.

Jensen, M. C., Meckling, W. H., "Theory of the Firm: Managerial Behavior, Agency Cost, and Capital Structure", *Journal of Financial Economics*, 1976, 3 (4): 305-360.

Jie, et al., "ICT's Effect on Trade: Perspective of Comparative Advantage", *Economics Letters*, 2017.

Joel, et al., "Challenges of Open Innovation: The Paradox of Firm Investment in Open-Source Software", *R&D Management*, 2006.

Jorgenson, D. W., et al., "What will Revive U. S. Economic Growth? Lessons from a Prototype Industry-Level Production Account for the United States", *Journal of Policy Modeling*, 2014, 36 (4): 674-691.

Kafouros, M., "The Impact of the Internet on R&D Efficiency: Theory and Evidence", *Technovation*, 2006, 26 (7): 827-835.

Karpoff, J. M., et al., "Corporate Governance and Shareholder Initiatives: Empirical Evidence", *Journal of Financial Economics*, 1996, 42 (3): 365-395.

Kleis, L., et al., "Information Technology and Intangible Output: The Impact of IT Investment on Innovation Productivity", *Information Systems Research*, 2012, 23 (1): 42-59.

Kneller, R., Timmis, J., "ICT and Exporting: The Effects of Broadband on the Extensive Margin of Business Service Exports", *Review of International Economics*, 2016, 24 (4): 757-796.

Kochhar, R., David, P., "Institutional Investors and Firm Innovation: A Test of Competing Hypotheses", *Strategic Management Journal*, 1996, 17: 73-84.

Kuhn, et al., "Internet Job Search and Unemployment Durations", *American Economic Review*, 2004, 94 (1): 218-232.

Kyle, A. S., Vila, J. L., "Noise Trading and Takeovers", *The RAND Journal of Economics*, 1991, 22 (1): 54-71.

Lam, P. L., Shiu, A., "Economic Growth, Telecommunications Development and Productivity Growth of the Telecommunications Sector: Evidence around the World", *Telecommunications Policy*, 2010, 34 (4): 185-199.

Lazzarotti, V., Manzini, R., "Different Modes of Open Innovation: A Theoretical Framework and an Empirical Study", *International Journal of Innovation Management*, 2009, 13 (4): 615-636.

Leff, N. H., "Externalities, Information Costs, and Social Benefit-Cost Analysis for Economic Development: An Example from Telecommunications", *Economic Development & Cultural Change*, 1984, 32 (2):

255-276.

Levine, R., "Bank-Based or Market-Based Financial Systems: Which is Better?", *Journal of Financial Intermediation*, 2002, 11 (4): 398-428.

Levine, R., "Finance and Growth: Theory and Evidence", *Handbook of Economic Growth*, 2005, 1, part a.

Li, S., et al., "Control Modes and Outcomes of Transformed State-Owned Enterprises in China: An Empirical Test", *Management & Organization Review*, 2012, 8 (2).

Lin, Y. F., et al., "Competition, Policy Burdens, and State-Owned Enterprise Reform", *The American Economic Review*, 1998, 88 (2).

Luong, H., et al., "How do Foreign Institutional Investors Enhance Firm Innovation?", *Journal of Financial and Quantitative Analysis*, 2017, 52 (4): 1449-1490.

Lusch, R. F., Nambisan, S., "Service Innovation: A Service-Dominant Logic Perspective", *MIS Quarterly*, 2015, 39 (1): 155-175.

Lyytinen, K., et al., "Digital Product Innovation within Four Classes of Innovation Networks", *Information Systems Journal*, 2016, 26 (1): 47-75.

Manso, G., "Motivating Innovation", *The Journal of Finance*, 2011, 66 (5): 1823-1860.

Matei, S., "The Impact of State-Level Social Capital on the Emergence of Virtual Communities", *Journal of Broadcasting & Electronic Media*, 2004, 48 (1): 23-40.

Morck, R., Nakamura, M., "Banks and Corporate Control in Japan", *Journal of Finance*, 1999, 54 (1): 319-339.

Mudambi, R., Swift, T., "Knowing When to Leap: Transitioning between Exploitative and Explorative R&D", *Strategic Management Journal*, 2014, 35 (1): 126-145.

Müller, E., Zimmermann, V., "The Importance of Equity Finance for R&D Activity", *Small Business Economics*, 2009, 33 (3): 303-318.

Nanda, R., Nicholas, T., "Did Bank Distress Stifle Innovation during the Great Depression?", *Social Science Electronic Publishing*, 2014, 114 (2): 273-292.

Okada, Mina E., "Uncertainty, Risk Aversion, and WTA vs. WTP", *Marketing ence*, 2010, 29 (1): 75-84.

Parthiban, D., et al., "The Implications of Debt Heterogeneity for R&D Investment and Firm Performance", *Academy of Management Journal*, 2008, 51 (1): 165-181.

Paunov, C., Rollo, V., "Has the Internet Fostered Inclusive Innovation in the Developing World?", *World Development*, 2016, 78: 587-609.

Porter, M. E., "Capital Disadvantage: America's Failing Capital Investment System", *Harvard Business Review*, 1992, 70 (5): 65-82.

Ricci, L. A., Trionfetti, F., "Productivity, Networks, and Export Performance: Evidence from a Cross-Country Firm Dataset", *Review of International Economics*, 2012, 20 (3): 552-562.

Rogers, E. M., *Diffusion of Innovation*, New York: Free Press, 2003.

Seru, A., "Firm Boundaries Matter: Evidence from Conglomerates and R&D Activity", *Journal of Financial Economics*, 2014, 111 (2).

Seyoum, M., et al., "Technology Spillovers from Chinese Outward Direct Investment: The Case of Ethiopia", *China Economic Review*, 2015, 33: 35-49.

Shefer, D., Frenkel, A., "R&D, Firm Size and Innovation: An Empirical Analysis", *Technovation*, 2005, 25 (1): 25-32.

Solow, R. M., "We'd Bertter Watch Out", *New York Times Book Review*, 1987-12-01 (36).

Spence, J. T., et al., "A Short Version of the Attitudes toward

Women Scale (AWS)", *Bulletin of the Psychonomic Society*, 1973, 2(4): 219-220.

Stiglitz, J. E., Weiss, A., "Credit Rationing in Markets with Imperfect Information" *American Economic Review*, 1981, 71(3): 393-410.

Stiglitz, J. E., "Credit Markets and the Control of Capital", *Journal of Money Credit & Banking*, 1985, 17(2): 133-152.

Stokey, N. L., "R&D and Economic Growth", *The Review of Economic Studies*, 1995, 62(3): 469-489.

Stopford, J. M., Baden-Fuller, C. W. F., "Creating Corporate Entrepreneurship", *Strategic Management Journal*, 1994, 15(7): 521-536.

Sunstein, C. R., *Republic: Divided Democracy in the Age of Social Media*. Princeton, NJ: Princeton University Press, Sunstein, 2018.

Teece, D., Pisano, G., "The Dynamic Capabilities of Firms: An Introduction", *Industrial and Corporate Change*, 1994, 3(3): 537-556.

Varian, H. R., "Computer Mediated Transactions", *American Economic Review*, 2010, 100(2): 1-10.

Waegenaere, A. D., et al. "Multinational Taxation and R&D Investments", *The Accounting Review*, 2012, 87(4): 1197-1217.

Wang, F., et al., "The Effect of R&D Novelty and Openness Decision on Firms' Catch-Up Performance: Empirical Evidence from China", *Technovation*, 2014, 34(1): 21-30.

Weinstein, D. E., Yafeh, Y., "On the Costs of a Bank-Centered Financial System: Evidence from the Changing Main Bank Relations in Japan", *The Journal of Finance*, 1998, 53(2): 635-672.

Winter, S. G., "Understanding Dynamic Capabilities", *Strategic Management Journal*, 2003, 24(10): 991-995.

Zhang, A., et al., "A Study of the R&D Efficiency and Productivity of Chinese Firms", *Journal of Comparative Economics*, 2003, 31(3):

444-464.

Zhao, Y., et al., "Entrepreneurial Orientation, Organizational Learning, and Performance: Evidence from China", *Entrepreneurship Theory & Practice*, 2011, 35 (2): 293-317.

Zollo, M., Winter, S. G., "Deliberate Learning and the Evolution of Dynamic Capabilities", *Organization Science*, 2002, 13 (3): 339-339.

后　记

本书是基于我的博士论文修改而成的。非常感谢我的母校西北大学，让我能够在工作了四年后拥有宝贵的机会"回炉再造"。在此，想对在我人生重要时期关心和帮助过我的老师、同学、朋友和家人表示感谢，真心感谢你们的帮助与关心。

首先要感谢我的导师王满仓教授和王忠民教授。本书是在导师的悉心指导下完成的，从论文的选题到论文的撰写，无不渗透着导师的心血。我的校内导师王满仓教授不仅博学睿智，而且积极阳光。他不仅是我专业的领路人，更是给予了我很多专业以外的人生指导和生活关照，让我在博士生涯受益匪浅。值此之际，谨对导师的辛勤培育以及谆谆教诲表示最衷心的感谢！

同时，感谢我的师兄石阳副教授、葛鹏飞副教授和葛晶博士（后）等，在我科研遇到困惑时，他们曾给予我很多的帮助和启发。并且，真心感谢西部证券的王洲、万家基金的金灿、西北工业大学的武斌、陕西省公安厅的陈霁阳、空军军医大学唐都医院的郑瑶、铁一中学的李扬等好友对我的关心。

此外，我要特别感谢我的家人，感谢他们对我的理解和支持。感谢我的父亲杨西川先生和母亲刘扬女士，他们成为我读博的坚强后盾。感谢我的妻子李欢女士，为了我们的小家奉献了她最美的韶华。特别是，我们可爱的两个儿子在我读博期间来到了我们的小家，他们成为我科研之余的开心果。

同样，要感谢我的工作单位西安石油大学、西安石油大学经济管理学院对于本书的大力支持，感谢王君萍院长、王宏卫书记、侯晓靖老师、王小鹏老师和郑蕊老师等同事的帮助，感谢中国社会科学出版社老师的付出。

由于笔者水平有限，本书难免存在缺点和不足，敬请广大读者朋友批评指正。

杨帆

2021 年 10 月于西安石油大学